U0552648

本书为"内蒙古自治区高等学校青年科技英才支持计划资助项目"(项目编号:NJYT23129)的阶段性成果,同时由内蒙古自治区一流学科中国语言文学学科建设经费资助出版。

中华谚语
义类体系构建研究

王冲 ◎ 著

中国社会科学出版社

图书在版编目(CIP)数据

中华谚语义类体系构建研究 / 王冲著. —北京：中国社会科学出版社，2024.4

ISBN 978 - 7 - 5227 - 2966 - 4

Ⅰ.①中… Ⅱ.①王… Ⅲ.①汉语—谚语—研究 Ⅳ.①H136.3

中国国家版本馆 CIP 数据核字(2024)第 035419 号

出 版 人	赵剑英
责任编辑	郭晓鸿
特约编辑	杜若佳
责任校对	师敏革
责任印制	戴 宽

出　　版	中国社会科学出版社
社　　址	北京鼓楼西大街甲 158 号
邮　　编	100720
网　　址	http://www.csspw.cn
发 行 部	010 - 84083685
门 市 部	010 - 84029450
经　　销	新华书店及其他书店
印　　刷	北京明恒达印务有限公司
装　　订	廊坊市广阳区广增装订厂
版　　次	2024 年 4 月第 1 版
印　　次	2024 年 4 月第 1 次印刷
开　　本	710 × 1000　1/16
印　　张	16.75
插　　页	2
字　　数	235 千字
定　　价	89.00 元

凡购买中国社会科学出版社图书，如有质量问题请与本社营销中心联系调换

电话：010 - 84083683

版权所有　侵权必究

目 录

前言 ………………………………………………………………（1）

第一章 国内外辞书义类体系构建成果 ……………………（1）
    一 国内辞书义类体系研究 ……………………………（1）
    二 国外辞书义类体系研究 ……………………………（5）
    三 双语辞书义类体系研究 ……………………………（6）

第二章 中华谚语辞书体系构建成果 ………………………（9）
    一 汉民族谚语辞书体系研究 …………………………（9）
    二 少数民族谚语辞书体系研究 ………………………（13）

第三章 中华谚语义类体系构建研究 ………………………（17）
    一 中华谚语义类体系构建的原则 ……………………（18）
    二 中华谚语义类体系各级类名释义 …………………（35）
    三 中华谚语义类体系思维导图 ………………………（48）
    四 中华谚语义类体系构建价值 ………………………（54）

第四章 《中华谚语义类辞典》编纂理论研究 ……………（57）
    一 《中华谚语义类辞典》编纂概说 …………………（57）

— 1 —

二　《中华谚语义类辞典》的整体设计 …………………… (62)
三　创建中华谚语义类辞典数据库 ………………………… (76)
四　用户视角与谚语义类辞典的实践前景 ………………… (80)

结语 ……………………………………………………………… (84)

附录　中华谚语义类体系总表 ……………………………… (86)

参考文献 ……………………………………………………… (255)

致谢 …………………………………………………………… (259)

前　言

　　谚语彰显着人类的智慧，展现着人类发展的轨迹，传承着人类在历史长河中积累下来的经验和文化。中国拥有五千多年灿烂而悠久的历史，文明的进程不仅在史书中被记录下来，同时也在谚语中多有体现。中华谚语包含着汉民族和各少数民族在历史发展中保存下来的谚语，其数量异常丰富，所含内容也特别广泛和深刻。2017年伊始，中共中央办公厅、国务院办公厅《关于实施中华优秀传统文化传承发展工程的意见》明确提出："到2025年，中华优秀传统文化传承发展体系基本形成，研究阐发、教育普及、保护传承、创新发展、传播交流等方面协同推进并取得重要成果，具有中国特色、中国风格、中国气派的文化产品更加丰富，文化自觉和文化自信显著增强，国家文化软实力的根基更为坚实，中华文化的国际影响力明显提升。"这是中华传统文化发展的重要目标和战略任务，谚语作为中华传统文化的重要组成成分，对其进行保护和传承自然也是我们义不容辞的责任。

　　对谚语的传承，首先体现在收集方面。马克思主义哲学中量变、质变的原理告诉我们，要想达到质的飞跃，在数量上就必须要有充足的保证。所以，要想全面而深刻地对中华谚语进行研究，首先必须做到在数量上的充分占有，只有搜集材料足够，才能为我们接下来进行更加具体的研究做好准备。其次，要将所收集的谚语进行整理。整理就要有一个足够大的框架，这一框架必须要有海纳百川的气魄来容纳我们所找到的中华谚语。当然，体系的构建不能马虎，必须要有一定的标准和原则，只有按照一定原则和规律构建的体系才能够更加精准、更加科学地让我们将收集来的全国各民族的谚语"各得其所"。那么，在构建这一体系之前，首先要对已有的、国内外的各种体系进行充分的研究，只有在充分学习和研究前人体系的前提下，才能够构建出属于自己的包容性强、分类适中、结构科学的分类体系。

各类辞书体系构建采用的方式不外乎以下几种：首先是最简单的不构建体系或者直接以序号作为全书框架的辞书，这类辞书面世的不是很多，一般只有收录内容非常少的辞书才会出现这种情况，比如一系列少数民族的谚语选集，它们就是这样类似"小册子"的图书；其次是采用音序编排或者笔画排列的方式，这两种方式是辞书中出现最多的编排体系，也是最稳妥、最常见的方式，我们常用的《现代汉语词典》等辞书就是以这样的体例进行编排的，这样的编排方式只能够满足依据首字进行查阅的功能，在一些功用和特定需求方面往往不具有太多的优势；最后就是采用义类体系进行编排的方式，国内外采用义类体系编排的辞书是比较多的，这种方法打破了固定的按照首字查询的限制，在功能性和实用性等方面体现出较为明显的优势，所以在对中华谚语的整理过程中，我们将采用义类体系进行辞书的编排。

任何客观事物都有自身的属性和特质，但事物又总是在运动变化中不断发展。凡人类所能够感受到的变化，在其思维中总是希望找到合适的描述方式，而对于各种事物进行描述的词语，汇总起来，就会多到无法计算。但是一个人的认知水平和记忆水平又总是有限的，在对某一事物的形容或描述中，不可能把所有关于这一事物的词语全部在脑海中恰当地罗列出来，这样就会产生一种不被人们满意的现象，即客观世界的无限性和人类认知水平及记忆水平有限性的矛盾。这一矛盾，决定了人们必须要有一个可供自己进行挑选、取材的工具书，而按照义类编排的辞书恰恰满足了人们的这一需求。打破传统的按照音序或部首进行排列的编排体系而按照义类进行辞书编排，不仅能够做到传统编排体系拥有的满足人们查阅的功能，而且还能够在查阅的同时为读者在想要查询的范围内提供更多选择的空间，甚至在读者只是拥有对某一事物的模糊概念时为读者提供恰当的、更多的、更好的选材。

近年来，有关谚语的辞典出版得越来越多，其中也不乏按照义类进行编排的辞典。各家谚语辞典各有所长，在分类体系上也各有千秋，但大多数的谚语辞典在编排体系上或多或少都有瑕疵，有的辞典有类目没有纲，有的谚语辞典虽有纲有目但分类过于细致，以至于分出很多零碎细目。此外，许多辞典在谚语搜集方面都只是从一个或者几个民族入手，要么是只就一个或几个地区的谚语进行收集整理，涵盖谚语方面有欠缺不说，随着时代的进步，信息化和网络化的发展，资源早已达到共享，有些只属于这一民族或这一地区的谚语早已打破时空限制为全民所有。所以在编纂一部优秀的谚语辞书之前，谚语数量首先要有必要的保证。其次，确立一个能够包容中华各民族谚语的严谨科学、分类适中、体系完善的谚语义类分类体系也尤为重要。当然，在构建义类体系之前，在谚语的占有、吸收借鉴前人义类体系构建成果以及对体系建构中的一系列原则的把握和后续问题的解决等方面都需要有严谨的态度、充足的准备以及科学的方法。

中华谚语的语义内容具有丰富性、类聚性、系统性的特点，是一个庞大的知识体系。开展中华谚语的整理与研究，根据语义内容进行分类，系统构建义类体系是需要解决的关键问题之一。本书立足数量庞大、内容丰富的中华谚语语料，在深入分析中华谚语的语义特性和语义联系、高度概括语义类型、充分揭示语义系统性、深入探讨分类和分层标准与原则的基础上，构建一套框架清晰、层级分明、体系严谨、方便实用的中华谚语义类体系，并探索中华谚语义类辞典编纂理论。

编纂辞书的过程实则是以语言的形式将人类流传下来的智慧成果进行甄别，择取精华部分，并采用一定的优化手段，使其能够有序地被概括的过程。辞书能够以有限的、压缩的空间和形式荟萃灿烂文化，从而成为传播和普及文化的重要工具书。辞书编纂作为一项系统性的工程，内部拥有着宏观和微观两大部分。这两大部分一个以纵向方式架构辞书的完整性，一个以横向形式丰富辞书内涵。同时，开展辞书编纂工作，需要各方面的配合与统筹，优秀的辞典像一件精美的工艺品，处处体现着工作者的匠心以及其本身的魅力与价值。中华谚语是各民族、各地区人民经验和智慧的总结，世代流传，数量可观。近年来，国家高度重视保护传统文化，同时，国与国之间的交流也更加频繁，优秀传统文化不仅是我们与他国建立友好关系的重要桥梁，也是彰显我国大国气质和优秀文化底蕴的重要标志。因此保护和发扬优秀传统文化是责无旁贷的，谚语作为优秀传统文化的重要组成部分，对其进行保护更是我们义不容辞的责任。近几年来，我们一直致力于收集和考察全国各地区、各民族谚语及有关谚语文化，收获颇丰，而此次中华谚语义类体系的构建，也为将来编纂《中华谚语义类辞典》打下了一个良好的基础。辞书编纂的工程是宏大的，我们希望将来《中华谚语义类辞典》的出版始终沿着规范化、科学化的道路，为中华谚语的保护以及辞书编纂事业的发展作出一定的贡献。

第一章　国内外辞书义类体系构建成果

辞书是各类字典、词典等的统称，自古以来都起着非常重要的工具书的作用。按照义类体系编排的辞书在国内外都有着悠久的历史和丰硕的成果，这些按照义类编排的辞书，在人类知识的发展和开拓的进程中，都起到了非常重要的作用，作出了巨大的贡献。对国内外按照义类体系进行编排的辞书进行详细的整理，在整理中可以学习和借鉴前人的优秀成果，可以为接下来中华谚语义类体系的构建做好准备。

一　国内辞书义类体系研究

我国第一部按照义类方法编排的辞书是《尔雅》。全书收录4300多个词，分2000多个条目，现存19篇。该书后16篇按照义类划分出了"亲""宫""器""乐""天""地""丘""山""水""草""木""虫""鱼""鸟""兽""畜"等类名。这本书虽然在分类上缺少科学的理论作为指导，其归类也不是很严密，但作为第一部按照义类编排的词典，导夫先路，为之后的类书提供了借鉴。魏晋之际的刘劭、王象等奉敕所撰的《皇览》堪称我国"古代类书之祖"。宋代王应麟在《玉海》中提到"类事之书，始于《皇览》"。这部著作秉承"撰集经传"的宗旨和"随类相从"的原则收集前代图书，共分40多部，内容十分广泛，为后来的各种类书提供了体例上的借鉴。自《皇览》之后，我国类书总量和种类逐渐增多，其中被推为"类书之冠"的是北宋时期李昉等著的《太平御览》，这部书是一部具有百科全书性质的综合性类书。以"天""地""人""事""物"为纲，下设55部，之下又设细目，大小类目总计5474类，内容十分详尽。但由于划分过细，好多类目重复，出现了体系上的混乱，此外书中还出现了知识性的错误，甚至有许多所引内容的出处都有讹误，这给读者带来了很大的不便和知识上的误导。明清之际的代表是《古今图书集成》，这部著作较之前代包罗的范围更广，内容更加丰富，分为六编三十二典，包括政治、经济、文化等方方面面，是一部十分有价值的工具书。

　　近代以来，在白话文的推广之下产生的一部"求新求变"的义类工具书，即杨喆的《作文类典》。编者从七个方面全面地总结了义类词典的编纂方法、宗旨原则。该书收录了一些当时的"新语"，但体系较为陈旧，所收的词仍以古语词为主，且在解释词义时过分注重经验性而不是科学的界定。然而作为一本具有现代意义的义类工具书，它首先做到了义类工具书在编纂时要照顾到大众常识的原则，这是非常值得借鉴的。学术界公认的、中国真正的具有现代标准义类体系的工具书是梅家驹等学者于1983年出版的《同义词词林》。这部词典是在新时期语言学理论指导下将国外的义类分类方法和我国特有的分类形式相结合的一次可贵的尝试。《同义词词林》（梅家驹等著，上海辞书出版社1983年版）和《简明汉语义类词典》（林杏光著，商务印书馆1987年版）两部词典在编排时都有一些共同特点，即生僻的、罕见的古语等一概不予收录，关照大众的认知习惯，比如在《同义词词林》中，"人"并未划分到"动物"的下一级，而是和"动物"同属一级，这样一来，既体现出人的主体地位，同时也展示出《词林》服务于人、方便于人的特点。这给我们以很好的启发，就是在编排一部词典时，不仅仅要考虑编排体例的科学性，同时要关照到大众使用时的方便性和实用性。既要以科学的理论作为后盾，又要以人们的常识和思维习惯为重要立足点进行编排，不能厚此薄彼。

　　叶子雄学者主编的、复旦大学出版社于1987年出版的《汉语成语分类词典》，全书类目共分为三级，编者选择了各类学校课本、报刊等常用书籍中出现频率较高的6000多个成语，根据平时人们使用它时所认为的主要意思进行归类。不仅按照义类编排，而且从人们写作的角度出发，具有较强的针对性和目的性。同年，学者高光烈主编的《分类实用成语词典》收录了3000多条成语，分为6大类331小类。分别按照"意义相近""意义相对""意义相近及相对""意义相关"四种分法进行划分。分类体系看似比较清晰，但在实际填充成语时，由于所采用的标准不同，甚至有些成语可以按照多个原则进行分类，所以容易造成成语填充位置不当的问题。比如关于"幻想""面目"等方面的成语全部归于事物类，而关于"马虎"等的成语又归到"动作、活动、关联"类中。

河南人民出版社出版的、李新魁学者编著的《类别词汇释》（1989）收录的全部是古代汉语中的类别词，这本书收录的类别词实际上就是训诂学中常说的"对文"。其中既包含种属概念，又包含着同一事物各部分的名称。该书所收的词都是"两两并见而且分笺共举的词"，这些词在古代往往是一些近义词，后来发展成双音节的合成词。例如，《淮南子·说山训》中提到"尝一脔肉而知一镬之味"。高诱注"有足曰鼎，无足曰镬"。而个别书中提到的"有足曰鼎"或者"无足曰镬"这样凡是以单句形式出现的，《类别词汇释》一书中一概没有收录。该书分为16大类，大类之下设若干细目，虽然所收均为古书中的词语，但作者采用简体字著书，方便读者阅读。大类划分全面细致，但下一层级的类目设置却又过于简单，体系建构上多少有些头重脚轻。

史有为、李云江学者编著的、中国物资出版社出版的《分类双序成语词典》（1990）收录了7500多个常用成语，将全书分为6大类24中类215小类。作者在填充成语时采用了"一语一类"以及"一语多类"的原则，同时增加正序（按首字音序排列）和逆序（按末字音序排列）索引。此外，作者也明确表示，尽管有些成语按照本义来分类并不能够具有十分可靠的说服力放置在该类当中。也就是说，从某种角度来看，编者对很多成语的处理，是从其引申义或者隐喻义出发的。的确，在人们的日常生活中有很多成语的本义，人们完全不使用甚至不知道，而它们的引申义又恰恰是为人们所常用的，作者这样做，从读者查检的角度来看，是非常便捷而且实用的。司空见惯的成语不仅不能够为句子增色，用词不恰当又会使句子陷入没有水平的尴尬境地。一般的成语词典由于过分重视成语本身的释义功能，反而会忽略它们的使用功能。蔡向阳、孙栋编著的，2000年在大众文艺出版社出版的《成语分类应用词典》就注意到了这一点。这部词典按照以"写人""叙事""状物"为纲，下设49辑523类。依据用途以及词义将成语进行分类，为文字工作者提供了极大的便利。同时，编者在编排词典时也意识到了归类困难、类目设计、分类标准等方面的问题，但遗憾的是，未提出明确的解决方案。

近年来，对汉语词汇整体性以及对词群从语义范畴进行研究成为学者们不断努力的方向。徐为民主编的《现代汉语分类词典》（1984）是我国第一部按照义类划分的现代汉语词典。该书是从词性出发，按照义类分类，并按词素义项组词的一部词典。一级类目分别是名词、动词、形容词，下设15个中类，若干细类。与此相类，汉语大词典出版社出版的一部供中等文化水平以上的读者使用的《现代汉语分类词典》（1998）收录近50000词语，分17大类143中类3700多小类；2013年苏新春主编的《现代汉语分类词典》，全书收录8万多词条，此书采用了五级语义层分类体系，并且给每一类别都加入特定编号，所以每一个词都有自己专属、固定的义类编号。三部《现代汉语分类词典》相同之处十分明显，就是并没有像以往的汉语词典按照传统的音序和笔画进行编排，而是按照词语的意义进行分类。当然三者之间存在较大差异。随着时代的发展，所收词汇自然是年代比较近的苏版词典所收词语更新、更全面，分类上也更加科学。同时，苏版很好地将科学性和实用性统一起来。此外，在语义关系上，《现代汉语分类词典》（苏新春版）也较好地做到了上一层级语义类对下一层级语义类有统辖作用，下一层级语义类能够对上一层级语义类义域进行很严密的切分。当然，徐为民版和汉语大词典出版社出版的词典亦有值得我们学习的地方。比如，徐版在分类时不仅考虑到词义，而且从词性的角度出发来进行编排。汉语大词典出版社出版的《现代汉语分类词典》在编排时，所用的类名均为具体的、常见的一些词语，这为读者在使用时提供了很大的便利。在我国，字典、词典由于义类编排体系的发展与成熟，为今后我们建立一个分类严谨、结构清晰的中华谚语义类分类体系提供了既科学又实用的指导和借鉴。

二 国外辞书义类体系研究

学术界公认的最早的西方义类词典是 1852 年英国人罗杰特（P. M. Roget）编纂的《英语词语宝库》（*Thesaurus of English Words and Phrases*），其中收录了 25 万多条词语，该书将英语词分成 6 大类 24 中类 1000 小类，小类之下又分出若干义项，从索引查询已知词的一个义项，就可以查到许多与这个词相关的同义词、近义词。这部英语辞典的问世，成为后来许多国家义类词典的范本。20 世纪 70 年代以后，英语义类词典发展进入繁荣阶段，例如 1984 年出版的《柯林斯义类词典》（*Collins English Thesaurus*）、1991 年出版的《牛津义类词典》（*The Oxford Thesaurus*）、1995 年出版的《简明牛津义类词典》（*The Concise Oxford Thesaurus*）以及《新编牛津义类词典》（*The Oxford Thesaurus of English*）等。《牛津义类词典》（*The Oxford Thesaurus*）按照字母进行编排，其中不仅收录词语的同义词、反义词，还收录了一些方言、俚语等。《简明牛津义类词典》（*The Concise Oxford Thesaurus*）是一部十分大众化的词典，此书中词语的排列顺序主要以人们对该词的使用情况进行排列，使用频率越高，排列越靠前。在词语后面也采用了"知识窗"的形式，为读者查阅和使用以及知识的普及方面提供诸多便利之处。除英语的字典、词典外，其他国家在辞书编排中也有采用义类进行编排的。例如，德国的《德语词汇分类学习词典》、西班牙的《西班牙语义类词典》、俄罗斯的《俄语词汇基础》等。

三 双语辞书义类体系研究

用义类体系编排词典较多的还有一类，是采用汉语和其他语言同时进行编纂的双语词典。北京大学东语系阿拉伯语教研室编写的、商务印书馆于1988年出版的《汉语阿拉伯语分类词汇手册》，选录涵盖社会生活方方面面的词语、短语20000多条，加"附录"共15大类，下设若干二级类目。手册中选用的大部分是日常生活或者各领域常用的一些词语，过于专业或专门化的词语一概没有收录，这方便了初学者入门以及方便人们在旅游时使用。此外，北京大学外国语学院阿拉伯语系与外文出版社阿拉伯文部共同编写的《汉语阿拉伯语常用词分类辞典》选录了35000多条常用的词汇和短语，分"政治""工业""农业""财贸""交通运输""国际关系与外交""军事""文化教育""法律""自然科学""体育""医疗卫生""民族宗教""旅游"等类别，共16大类，在附录中又分出15项新的类别，尽管词典容量不是很大，但分类却十分细致，几乎包含大众社会生活的各个方面。

内蒙古人民出版社1990年出版的《汉蒙名词术语分类词典》，这是一部规模较大的汉蒙词典，全书共分2部，一部为自然科学，另一部为哲学、社会科学。全书收录的名词术语大多来自古今中外各种辞书。但有一些汉语词汇在蒙语中是没有的，编者也给出了处理办法：首先，寻找蒙语中固有的词汇是否有与之对应的词能够用来命名；其次，当固有的词都难以表达的时候，要根据蒙古语的构词规律来重新创造新词；最后，则是向其他民族借词。这部书还对词进行了严格的把控，比如一些原有的词，表意清晰的则直接收录，表意模糊的要一律进行重新界定和整改。并且对蒙文书写不统一的问题也做了统一，即一律按照蒙文正字法进行规范。这本书在编排时的严谨态度是非常值得我们学习的，同时，该书在保护和传承蒙古语方面也作出了卓越贡献。

归定康学者主编的、河北科学技术出版社于1994年出版的《俄汉义类词典》是我国第一部大型的、严格意义上的俄汉义类词典。这部词典收录20000多词条，设7大语义场，下设1000多个义群，总共设置6级类目。这部词典尽管划分全面，然而有些词类仍然没有办法进行恰当的归类。但这部词典在俄语教学和研究方面，是值得依赖的工具书。同年，朱金华主编的、天津科技翻译出版公司出版了《实用汉英分类词典》一书，全书分为21类，设200多项二级类目，下设若干子项。书中基本将改革开放到20世纪末国内各行各业的所用名词基本都概括出来，具有时代的典型特征。李维颐学者编写的、天津大学出版社1998年出版的《汉俄分类常用词语》，全书分为"社会生活常用词语""经贸常用词语""日常生活常用词语""常用成语谚语""短语以及其他常用资料"五个部分，其中"社会生活""经贸活动""日常生活"是主要的三个部分。在该书的"内容提要"中，编者已明确指出这本书是为适应改革开放后，国内外形势变化从而引起的新词新语不断增多的现象，为了方便人们更好地学习和研究俄语而编写的。所以在词典中会看到很多关于党政工作等形势政策的名词以及特效减肥药、卡拉OK等当时涌现出的新词新语等，但全书整体拥有较强的政治色彩。

施正信等编纂的《汉语成语分类英译辞典》（2001）收录3000多条成语，编者深刻总结了以往成语词典在实用性上的欠缺，比如按照音序和笔画排列的词典没有办法寻找成语的近义词、没有办法选择司空见惯的一些词语的近义词以及在所能够想到的词语并不是很满意时，再重新挑选一个更加贴切的成语，这些传统的编排体系没有办法满足的一系列问题。但这部成语词典由于所收成语较少，所以分类比较简单，缺少系统性，此外，最后一类"杂类"明显过于笼统。刘锐诚学者主编的、中国青年出版社出版的《学生实用汉英分类大词典》（2004），这本书是专门为学生编纂的词典，共计6500个单词18500个词目。该书在"前言"中，字里行间都流露着按照义类编排的好处。比如若想表达"生气"，普通词典只有"angry""anger"，它周围的词语和"生气"毫无关系，这样学生记单词只能记一个，而采用义类编排，则可以记一系列的词语，达到类似"头脑风暴"的效果。这部词典由于是为学生而作，所以实用性非常强，不仅将单词按照义类进行分类，此外还增加了更为实用的功能，比如教学生如何应试，例如写作技巧、速记单词的方法等。

  不论是国内外的义类辞书，还是一系列的双语词典，它们的问世都表明国内外对义类体系建构的探索越来越成功，体系构建也越来越成熟。

第二章　中华谚语辞书体系构建成果

谚语是在历史的长河中慢慢积累的，是全人类智慧的结晶。它语言精练、通俗易懂、明快晓畅。著名哲学家培根曾经说过"谚语可以体现一个民族的创造力、智慧和精神"。人们的所见所感往往都能够在谚语中反映出来，所以，谚语可以说是"百科全书"式的存在。我国幅员辽阔、民族众多，不同民族在发展的过程中都拥有自己独特的民族文化，汉民族的谚语充分保留着先人们在历史长河中走过的痕迹，少数民族的谚语更是具有自己独特的民族风情。谚语不仅仅是知识和经验的传承者，更是一个民族历史和文化发展的见证者。

一　汉民族谚语辞书体系研究

学术界普遍认为，专门辑录谚语是从宋代开始。宋代周守忠的《古今谚》是专门收录谚语的著作。元末明初的学者娄元礼所著的《田家五行》是一部介绍农业气象方面的著作，也是一部著名的气象谚语集。明代著名文学家杨慎的《古今谚》，收录了古谚260多则，其中地方谚语有40多则，按照历史年代来排列，最早可推至黄帝谚。此外，杨慎还注意到一些农谚、气象谚等的地域限制，遂在部分谚语的辑录中采用地方记录，如"吴谚""蜀谚"等。在收录的过程中，杨慎不仅收录了民间流传甚广的一些谚语，还收录了古诗词中的谚语，例如"朝霞不出市，暮霞走千里"等，提高了谚语的文学性。这部谚语书籍是作者被贬时为调整心境"借编录以遣岁月之作",因而收录的谚语数量十分有限、编排体例上亦有缺漏。

　　清代咸丰年间杜文澜辑录的《古谣谚》,收录内容广泛,作品除了收录谣谚外,还给出大量书证,对谣谚研究拥有自己独到的见解,分析了古籍中各种谣谚的名称,确立了较为严格的收录和编排标准。《古谣谚》按照收录书籍的性质作为编排的顺序,即以经、史、子、集为序,这样编排不免会打乱某些事件出现的历史顺序。此外,作者没有辑录宋元以来戏曲和小说中的谣谚,甚至对农民起义等直接表达出不屑和蔑视,称其为"贼寇",表现了一定的阶级和时代的局限。清末以及民国时期,李鉴堂先生的《俗语考原》、史襄哉先生的《中华谚海》、朱雨尊先生的《民间谚语全集》等对谚语的辑录较之前朝都有了更进一步的发展,不论是在谚语的收集,还是在谚书的编排上都有了很大的革新和飞跃。史襄哉先生按照地区进行谚语分类,这种分类方法在没有找到更好的分类方法时也不失为一种保守、稳妥的举措,但是随着时代的进步,地区与地区之间的交流融合,时空限制被打破,几乎找不到专属于某个地方的纯粹的谚语了。朱语尊先生将4000多条谚语按大类分成"农谚"和"俗谚"两种,俗谚分23类,农谚分12类,这种分类方法看似结构简单,却将社会生活和农业方面的谚语全部囊括进去,这是比较巧妙而且简单的分类方法。

　　中华人民共和国成立后,随着社会的稳定和经济的发展,文化事业也有了稳定而开阔的发展空间。谚语作为民间文学的重要组成部分,被不断地重视和开发。从20世纪五六十年代开始,学者们就已经在全国各地进行谚语的收集。1961年周见闻先生的《四川谚语》由精选自四川地区的918条谚语编录而成。这本书时代感强烈,所收录的谚语除了农谚和生活谚之外,还有对旧社会的批判以及对新中国的歌颂。

　　1984年,文化部、国家民委、中国民间文艺研究会在全国范围内组建民间文学集成编委会,分省、自治区、直辖市编纂《中国谚语集成》,它是我国民族文学以及民间文学史上一项旷古未有的荟萃之举,也是我国社会主义文化事业中一项意义深远的文化建设性工程。该丛书分大、中、小三个层次，各地区分开编纂，从体系上来看，大类基本相同，允许中类和小类各地区之间根据实际情况进行适当调整。由于是各地区自己收集编排，所以地方特色较为明显，比如《上海卷》中"运用谐音相关，最典型的恐怕要算是'吃尽天边盐好，走尽天边粮好。'上海人用谐音作另外解释：'吃尽天边爷好，走尽天边娘好。'两者'盐'与'爷'谐音，'粮'与'娘'谐音"。

1987年花山文艺出版社发行了《艺人谚语大观》，这是一本关于民间艺人、民间戏曲等方面的谚语专著，收录2600条谚语，大类按"授艺""学艺""行艺""评艺""艺外"五个方面进行编排，大类之下又设"师道""选徒"等32个次级类目，专业性和学术性较强。同年，海峡文艺出版社出版了学者曾阅编著的《闽南谚语》，所收录的包括闽南地区自然环境、人文社会的各类谚语，编排方法按照该地区谚语特性分为"三言""三·五言"等形式编排，行文时采用对联形式，将1860条谚语分为930对，在书前附有"闽南方言字表"，以便读者品读。

朱介凡先生的《中华谚语志》（1989）是一部我国谚学史上拥有巨大价值的谚语书籍。全书收录52115条谚语，分为"人生""社会""行业""艺文""自然"五大纲，下设哲理、生活等33个大类，大类之下又设"社会观""人生观"等157个小类，小类之下又设"天人合一""万物并育"等1789个细目，编排体系完备，收集谚语广泛，是进行中华多民族谚语编排时具有十分重要意义的参考书目。但《中华谚语志》所分类别过于细致，细致固然是好，可是过于细致就容易导致类目包容性狭小、谚语划分困难、类目交叉重叠等缺点。所以，我们在进行体系构建时，类目编排一定要适当，不能少，但也不能太多。

李庆军先生编著的、黄山书社出版的《谚语分类词典》（1991）将5700多条谚语分门别类进行编排，设"人事""人物""人世""修养""家庭"五大类，大类之下设若干小类，大小类目共 74 类，分类细致，但主要以社会谚为主，且个别类目概念模糊，不能够直接反映出谚语的实际内容。厉振仪于 2000 年在上海大学出版社出版了《常用谚语分类词典》，其中收录 3000 余条常用谚语，且每条谚语均有书证，但并没有收录农谚、气象谚和行业谚等方面的谚语。分类上十分细致，共计 46 类。恰恰由于所分类目过于细致，个别类目之间存在明显的交叉。

  温端政主编的、上海辞书出版社于 2004 年出版的《中国谚语大全》《中国歇后语大全》《中国惯用语大全》，被称为"中国俗语大全"。这三部书被认为是近十几年来，有关俗语汇编下功夫最深、规模最大的俗语汇编集。其中的《中国谚语大全》主要采用音序编排，辅以笔画排列，收集谚语全面而丰富，为日后中华多民族谚语的收录和编纂提供了丰富的谚语语料。

  商务印书馆 2005 年出版的《新华谚语词典》，以《新华字典》《新华词典》为基础，在谚语研究方面进一步开拓扩展，加深加宽，作为《新华字典》《新华词典》的补充。这部词典按照汉语拼音为排列顺序，在行文中加入"知识窗"，为读者在了解谚语的同时科普相关知识和常识。此外，这部词典在"前言"中明确提出"以中等文化水平读者为对象"，所以在各类谚语辞书中，属于民众的接受程度和受欢迎程度较高的辞书之一。《人类生活谚语大全》（王士均著，学林出版社 2009 年版），共收集谚语 25000 多条，分为 12 大类及若干中类和小类，从书名就可以直接看出，这本书所收录的谚语是一些人们生活中常见的谚语。其中对于两层意义的复句谚，主要依据后一句的内容进行归类，极少数根据前一句谚语归类。其实很多谚语的确第二句才具有深层含义，这样的谚语直接用第二句来进行归类当然可以，但有些谚语两句话是平行关系，无法找出侧重点，这样的谚语如果单纯按照前后顺序进行归类，还是有欠妥当的。董瑞珍和庄帆编著的、中国文联出版社于 2012 年出版的《谚语分类》将近 15000 条谚语分成二十大类，二十大类下分别按照谚语首字的笔画进行填充谚语，且最后一类为外国谚语。由于在分类中，上一级类目采用了义类编排，二级类目却采用了笔画排列，虽然在查找谚语时能为读者缩小一定的查找范围，但在大类内部想要进行相近谚语的查找仍存在一定的难度。

二 少数民族谚语辞书体系研究

一些部头较大的谚语辞书，如《中华谚语志》《中国谚语集成》等，在有关风土人情的谚语中也会收录一些少数民族的谚语。例如《中国谚语集成·四川卷》中，四川拥有10多个世居少数民族，谚语不仅地方特色明显，民族特色也十分显著。所以在该书中对少数民族谚语也进行了收录。书中针对只在少数民族中流传的谚语在括号中专门标出其所属民族。此外，该书将四川地区各少数民族谚语进行语言学和文学的总结与概括。如彝族谚语喻体位置不固定，可前可后，这与汉族谚语本体在后，喻体在前是不同的。藏族有一种谚语叫作"歌谚"，而且还有自己独特的史诗《格萨尔》谚语，等等。

新疆人民出版社曾出版过多部少数民族谚语专著：1962年出版的《维吾尔族谚语》，其中收录了反映维吾尔族人民与旧社会的抗争以及对美好生活向往的谚语，同时反映出维吾尔族人民坚强、乐观、淳朴的民族特点；1963年《柯尔克孜族谚语》收录柯尔克孜族300多条谚语；1980年出版的《蒙古族谚语选》收录蒙古族谚语668条；同期出版的《乌孜别克谚语选》收集乌孜别克族谚语593条；1984年该出版社又出版了新的《维吾尔族谚语》，这一次所收录的谚语数量有2000多条，采用了维汉对照的形式；1986年出版了《锡伯族谚语选》收录锡伯族谚语500多条，这些谚语书籍所收谚语数量都不是很多，编排方法上不成体系，只用序号进行排列或者直接在罗列谚语时进行模糊分类，并没有直接在著作中清晰地显示出来。同年出版的《哈汉谚语词典》，采用哈萨克语和汉语对照的形式进行谚语编排，共收录3200多条谚语，按照哈萨克字母编排。为了读者查阅方便，编者在翻译上十分考究，对反映哈萨克族的民族特色以及对哈萨克族民间文学的继承与保护有重要贡献。

青海人民出版社1980年发行的《藏族民间谚语选》对所收集的谚语分"十辑"进行整理，分类直接明了，以社会生活和为人处世方面的谚语为主，但搜集不是很全面；1987年该出版社出版的《青海藏族民间谚语选》，收录2600多条谚语，收录谚语广泛，归为16类，在"选编者说明"中也明确提出类与类之间存在着明显的交叉现象，但未能提出解决方案。同时也意识到了在藏族与其他民族交流与融合中，许多原本藏族的谚语发生了变异的情况，以及由于谚语需要进行翻译，在翻译的过程中虽然主观上想要努力保持谚语的原汁原味，努力做到口径一致，但最终有些谚语的翻译还是发生走样等语言现象。

云南民族出版社出版的《傣族谚语》（1985）收录傣族谚语500多条，按照傣文的声、韵、调来罗列谚语。同年出版的《傣族谚语手册》采用西双版纳傣文和傣汉对照的形式选译1300多条谚语收录其中。同年四川民族出版社出版的《中国少数民族谚语选》，收录涵盖全国50多个少数民族的3000多条谚语，并将谚语按照意义进行划分，行文中标出该谚语的族属，这为我们中华多民族谚语提供了很好的谚语语料。黑龙江省朝鲜民族出版社1987年出版的《朝鲜谚语选》编录5000条朝鲜族俗语，分类体系只有一级，分类结构简单，内容涉及较为广泛。

朱荣阿、材音博彦、苏利娅等学者编著的，内蒙古民族出版社出版的《蒙古族格言俗语集萃》（1988）中收录了蒙古族包括格言、谚语、熟语等在内的各种民间文学，所收均为在蒙古族人民中广为流传的格言俗语。划分为35类，所收内容充分展示出蒙古民族的人文风貌，但书中收录的谚语以人、事居多，对蒙古族的畜牧文化、草原文化等并未多加阐释，只在个别类目中稍作列举。

李树新等学者收录了中华各少数民族谚语5000余条，编纂《中华多民族谚语集萃》一书。该书是在细致参考《谚海》《中国谚语集成》等相关的辞书、专著等文献后精编而成。分10大义类,即"修养谚""事理谚""生活谚""家庭谚""时政谚""行业谚""社交谚""文教谚""乡土谚""自然谚",又下设80小类,充分体现出"集萃"的特点,为中华多民族谚语义类辞典的构建打下坚实基础。还有一些谚语选,例如娜日斯学者主编的《达斡尔、鄂伦春、鄂温克谚语精选》等都为保护和发扬少数民族语言和文学作出了卓越贡献。

关于谚语辞书的编排体系,笔者在整理时发现,往往一些部头较大的辞书擅用义类分类,收集谚语较少的辞书在分类上一般采用音序或者部首索引,收集谚语更少的一些谚语书籍,尤其少数民族谚语书籍等,在分类上直接以序号进行排列或者不设置目录和体系直接进行谚语的罗列。例如,新疆人民出版社出版的一系列少数民族谚语选,很多都没有目录,直接以序号进行分类。这些少数民族谚语选集普遍都存在所收谚语不全面、编排不成体系的问题。由此看来,积极收录尽可能多的少数民族谚语成为当务之急。

人们对谚语的认知,一般只在不解其中深层意义的层面,很少情况下对其发音产生疑惑。既然是民间文学的一种,千百年来人们口耳相传,因此并不必要非得用音序进行排列。其次笔画排列也并非谚语辞典最理想的编排方法。笔画和音序排列多以首字为主。例如,《新华谚语词典》《中国谚语大辞典》等就是按照首字字母音序进行排列的。而人们使用谚语,主要是从其实际意义入手的,查到这句谚语的目的并不是想要确认字怎么写或是怎么发音,而通常是想要对其意义进行寻找。更重要的是,人们查阅谚语,往往是在知道其含义之后,对和这一谚语相关或相近含义的谚语进行比较,从而挑选更精当的谚语,以此从事写作或是组织语言,所以,按照义类进行划分才是最好的谚语辞典的应用方式。

在充分学习和借鉴前人研究成果的情况下,我们构建了中华谚语义类体系。笔者将以此义类体系构建遵循的原则为出发点,并运用多学科交叉的方法，例如认知语言学、汉语语义学、人类学与社会学等方面的知识来系统阐释以往谚语辞书中所出现的问题和本课题对这些问题拟采取的解决方法，并力求以更加科学的方法建构出清晰、全面的中华谚语义类体系。

第三章　中华谚语义类体系构建研究

我们所构建的体系分为三级类目。第一层级主要分为五类，分别是："生产生活"、"精神意识"、"国家社会"、"教科文卫"以及"客观自然"。五个一级类目之下又设"日常生活""物质生产""人体人生""社会意识""优良品质""品性不良""宗教信仰""哲理事理""政治权力""军事战争""风气风俗""行为方式""文化遗产""教育教化""医药保健""修身养性""动物植物""自然景观""矿物资源""气候气象""四季更替"等21个二级类目，之下再设130个三级类目。

其中一级类目是整个体系的纲目，起到统领的作用。二级类目是连接第一层级和第三层级的桥梁与纽带。第三级类目是更为细致的、直接能够对所收录谚语进行反映的类目。所以，一、二级类目在设立时，相对而言比较抽象，而第三级则更为具象，由于具体事物在概括性和覆盖面上往往不及抽象事物，因此作为体系的最后一层，也就是第三层，自然会划分出更多的类别。所以，我们所构建的体系，纲目俱全、划分较为合理，既没有在体系结构上有所缺失，同时也在极大程度上为能够收录5万条的谚语提供强大的存储空间。本章首先从构建义类体系所采取的十大原则切入，在行文中阐发此义类体系设计所依靠的基础、秉承的宗旨、展现的主要特征、采用的方法以及体系方便于人、服务于人的理念，进而对中华谚语义类体系构建的意义进行深刻总结，并在总结中反思构建过程的不足和有待提高之处，在综合研究下力求体系完备、理论科学、实践效果显著。

一　中华谚语义类体系构建的原则

中华谚语义类体系设计遵循的原则主要有十点，分别是包容性和周遍性、层次性和逻辑性、科学性和严密性、方便性和实用性以及时代性和民族性。十点原则不仅在大的方向上对体系建设进行指引，同时在内部也包含着差异性、复杂性、实践性等一般体系所拥有的共性。此外，十点原则彼此之间相互联系，相互作用，共同为中华谚语义类体系的构建打下坚实的理论基础。

（一）包容性与周遍性——谚语文化发展状态与义类体系空间维度延展

各民族谚语数不胜数，然而细观所能寻找到的谚语辞书，可以发现谚语收集的数量实在太少，作为中国民间文学的重要组成部分，谚语这一珍贵的宝藏是亟须我们去发掘和保护的。笔者通过以往的谚语辞书对所收谚语数量进行了调查，发现在谚语收录方面，不全面、不平衡是普遍存在的问题。从谚语收集的数量来看，汉族谚语的数量远多于少数民族；从收集到的谚书来看，有关汉民族的谚语辞书居多，少数民族谚语辞书较少。从整体上来看，汉族谚语收录较全面，少数民族谚语多为精编版，出版的谚语书籍，大多只收录关于某个民族的几千条谚语，收录不够全面。例如，《中国谚语集成》在收录少数民族谚语时按照地域划分，其收录的少数民族谚语屈指可数，而新疆人民出版社出版的一系列少数民族谚语辞书最多的也不过几千条。从历史渊源看，黄帝时期汉族先人——华夏族就已经存在，5000年来，汉族的发展从未断绝，因此汉族文化能够在历史演进中依旧延续至今。从文明进程看，作为传承文化的重要载体，汉字的不断发展无疑为文化的传承提供了保障，有些少数民族例如蒙古族、维吾尔族、傣族等都拥有自己的历史、语言和文字，这在很大程度上促进了其文化的保留与传承。然而，有些少数民族根本没有自己的语言文字，所以在历史发展进程中，势必会丢失一些传统文化，这也是少数民族谚语数量偏少的原因之一。从思想上看，汉武帝"罢黜百家，独尊儒术"，正式确立了儒家思想的主流地位，儒家提倡的"修身、齐家、治国、平天下"的思想不仅在谚语中多有反映，同时儒家所提倡的思想中对文化事业的重视也为谚语的发展提供了思想保障，这也为汉谚在数量上的绝对优势提供了重要条件。从民族融合角度看，中华多元一体的民族融合局面由来已久，各个民族的文化相互渗透、相互交融，许多少数民族的谚语已经进入普通话的话语体系，这类谚语消解了民族性，与中华谚语合二为一，它们在形式上与内容上都与汉谚没有区别，让后世的读者误以为是汉谚，从而忽视了其来源。

　　除了以上一些客观原因和历史原因，还有其他一些问题也凸显出谚语收录的不全面或不均衡。比如，从收集的谚语以及出版过的谚书来看，以农谚和社会生活方面的谚语居多。经济基础决定上层建筑，原始社会开始的采摘、狩猎等农副业的发展、封建社会小农经济的发展都决定了农业在我国主要的经济地位。在自然经济条件下，所建构的小农思想自然是伴随着自然经济的发展而生生不息的。在农业社会的大环境下，人们所形成的民族心理中自然也展现着农业文化的缩影。人们对于劳动、实践、农业经验的总结、气象和时令的观察以及人们在劳动中形成的勤劳、淳朴的性格都在谚语中得到了反映。例如，朱雨尊先生的《民间谚语全集》直接将谚语分为"俗谚"和"农谚"两大类，俗谚从为人处世到家庭再到社会百态，农谚从气象到养殖再到农民经济和农民箴言的总结等，可谓包罗万象，应有尽有。在少数民族谚语中，围绕生产和处世的谚语也是比较多的，此外少数民族还会收录一些反抗压迫、追求解放的谚语，其他如修养、文艺以及生活意趣方面的谚语则比较少，尤其在少数民族的谚语中更为罕见。例如在《中国少数民族谚语选》中收录了包括阶级、为人处世、婚姻爱情等许多大的类目，但未见关于享受人生、生活情趣方面的谚语。其次，在文教类的谚语中，戏曲、琴棋书画等文艺类谚语较多，科技类谚语较少。这与我国的传统思想有很大关系。历代王朝，对自然科学的重视程度要低于对人文科学的重视程度。古时人们的生活中，娱乐往往主要以欣赏戏曲、音乐、舞蹈为主，对探索自然等方面的兴趣着实不大。科技进步与经济和时代发展有着密切的联系，古代社会生产力不发达对自然科学发展有一定的限制，近代的战乱也并未给自然科学的发展提供很好的发展空间，直到改革开放以后，科技才真正有了突飞猛进的发展，因此科技谚语的数量非常少，另外由于新词新语的大量涌现和人们讲话的即时性和自由化，很多看起来像是科技类谚语的句子是否真的是谚语还有待进一步确认。在汉族和少数民族谚语中，均缺少新时期以来的谚语，这主要和谚语类书籍的成书年代有关。成书年代较早的谚语书籍，自然没有新时期谚语，而成书年代比较晚的谚书，在收录时会在很大程度上借鉴前人成果，在已有研究的基础上进行增减，因此现代谚语收录得仍然比较少。然而，随着时代的发展，新词新语不断地增多，传统谚语在与现代都市生活、城镇化进程、文化多样化发展的过程中不断融合、演化，甚至中国谚语在和外国文化的交流与碰撞中又会产生符合现代人生活和口味的新谚语。因此在构建体系时，应该在新旧谚语的取舍中找到平衡点。

　　原则上来说，世界上不可能有任何一个体系可以囊括一切事物，所以我们首先要清楚的一点，就是在构建体系时所追求的完整性和统一性是有一定范围的，如果过分地去追求完整与统一，那么所造成的边际成本很有可能达不到我们想要的边际收益，并且对于边际成本的维护也是非常困难的，这样一来，不仅体系划分繁复，同时由于在谚语填充的过程中往往会根据实际需要进行适时调整，尤其是在体系的最后一层，变动将会非常大，很有可能在过分追求完整中与我们想要的效果背道而驰。因此想要既能够满足需求又能够不破坏体系所具备的一系列基本原则，同时还要达到我们所追求的效果，唯一的选择就是让体系拥有更强的包容性和周遍性。在体系构建时，我们尽可能思虑周全，让体系具有非常强的延展性和生命力，这也是一个体系应该具备的特质。

构建的体系中包容性和周遍性的体现主要有两点，首先是在谚语的收录方面所体现出来的。我们所收集和整理的谚语，不再仅仅局限于某个民族或者某个地区，而是整个中华谚语。不仅有汉民族的谚语，还收录了如蒙古族、藏族、维吾尔族、哈萨克族等十余个少数民族的谚语，而且各民族谚语的数量较为均衡。例如，"知恩图报"类收录的谚语中，不仅有汉族谚语"饮水爱念水源头"，还有哈尼族谚语"过河不能拆桥，成事不能忘恩"、侗族谚语"粒米十滴汗，莫忘种田人"、哈萨克族谚语"到了夏牧场，冬窝子不要忘，从井里喝过水，这恩情不要忘"等，这些不同民族的谚语，其主要含义是一样的，都是劝诫人们要懂得感恩。其次，在收录中我们也不拘泥于个别省份、个别地区谚语的收录，而是将中华大地各个地区谚语进行充分发掘，力求做到所收录谚语数量充分、涵盖性大、包容性强、周遍性广。例如，有关商业贸易的谚语，有海南谚语"劝君莫作秋风客，秋风秋雨吃洁洁"（秋风客：肩挑不合时宜货物的生意人；吃洁洁：吃光）；福建谚语"嘴问脚步刷，十个九未瓦"（指边走边问价的顾客，大多不是真买主）等。此外，周遍性与包容性也同样是体系构建的根本出发点。体系中一级和二级类目的抽象性更为明显，第三级类目则更具有具象性的典型特征。抽象概念往往是在具象事物中进行高度概括的，也就是说将第三级类目的普遍特征提炼出来加以概括，就是第二层类目，再将第二层类目进行高度概括，最终形成了一级类目。一、二级类目的抽象性也决定了第三级类目可以在实践的需要下继续填充，并且在填充时我们会发现，所添加的任何一个类目都是在一、二级类目之下能够被包容的。既然需要建构体系，那么所涵盖内容必然不是少数，所以包容性和周遍性是任何一个体系所具备的最基本的要素和原则。体系构建中只有充分把握包容性和周遍性的原则才能保持大的方向不变，后续工作才有保障。

（二）层级性与逻辑性——体系结构模型架构与义类思想核心维度需要

汉语的语义系统是语义单位在聚合关系或者组合关系之下构成的，而语义单位的形成又是由比其更小的义素等构成的，所以谚语的语义系统同样也是以聚合和组合关系为基础形成的。体系容纳的5万条谚语可以看作是5万个义素。这些义素的聚合不仅是整个体系构建的前提，同时也是体系构建所反映的内容。义素是语义对义位的体现，也是对义位的分解，在具体的义类体系当中就表现为上级语义层和下级语义层的相互作用。

谚语数量之庞大也决定了它不可能只形成一个义位，这样体系中的最后一层，即第三层亦随之产生。当然，这一层所体现的文化内涵仍然是具体的，如果具体不加以抽象和高度概括，所形成的语义单位就会和义素一样多。所以我们依然可以将这些没有进行加工的义位看成是一个个的义素，对谚语的归类由于主要是从其意义着手，那么势必会有很多谚语虽然说法不同但却表示相同或相近的意思。将这些表达相同或相近意思并且已经提炼成词语的义素进行归类，在这一层归类时，依然要进行高度概括和对共性的找寻，那么体系的第二层就这样产生。第二层共有21个类目，也就是有21个义素，再将这些义素以同样的方式进行高度概括，就会最终形成五大类目，第一层级随之产生。这些义素是对义位的分解，每一个下级义项也是对上一级义项的分解，就像义素是义位的组成成分，义素对义位的分解那样。

体系设计的层次感是各种学科体系设计上应有的基本特性，而层次感的凸显又和逻辑性密切相关。层级性是体系设计者思维逻辑的外化体现和最终成果，从逻辑性上又可以看出设计者在对于这一问题的研究上的理解和整体辞书能够给读者带来怎样的效果，同时逻辑性对层级性的影响还表现在体系内部的诸要素之间的区别与联系，所以层级性和逻辑性的相互作用是整个体系的"骨骼"搭建的关键所在，也是谚语在对语义进行解读时，是否依然能够找到归宿以及归属感是否强烈的重要保障。

对于中华谚语的收集和整理，谚语收集工作者不辞辛劳，收集数量可观。一个包含许多民族谚语在内的上万条谚语辞书，在归类时我们无法只是简单地采用拼音、笔画或者序号进行收录，这样的收录方法依然停留在收集方面，谈不上是整理。通过对谚语深层语义和常用语义的分析与整合，体系设计者认为，对于义类体系的构建，三层最为妥帖。每一句谚语的深层语义将与体系最低一层（第三层级）直接吻合，第三层级义项选用的具象性，具体事物只有进行高度的抽象概括才能够拥有更大的存储能力，而第三层级语义类尽管作为直接收录谚语的最小语义场，但其本身来说仍然处于具象特征，这一阶段所划分的语义场之多、类名设计之多无法满足查阅便利性的需要，所以第三层级需要进行进一步的归并。归并和切分的使用不可能是一蹴而就的，比如关于"勤俭节约"类谚语："一天节省一颗粮，五年能买一只羊"（回族）、"有勤又有俭，甜上加甜"（苗族）、"别看是零钱，能凑成整钱"（蒙古族）、"年轻不勤俭，老来就可怜"（汉族）、"家大业大，就怕的是手大脚大"（汉族）等，这些谚语差不多表达了同样的意思，即只有勤俭节约，生活才能更加美好。但是我们不可以将"勤俭节约"作为第二层级直接作为"精神意识"的下一级，"精神意识"作为体系的最高一层，其概括性和抽象性也是最高、最强的。如果将"勤俭节约""慷慨大方"等类名直接置于"精神意识"之下，体系可能会"崩塌"。也就是说，这样的体系不仅无法满足谚语填充工作的执行，同时也无法满足读者的使用需要。可以看出，在最具象的类目和最抽象的类目之间，必然需要一个衔接点作为连接两类类名的桥梁和纽带。所以在"勤俭节约"和"精神意识"之间，需要"优良品质"来进行连接才能够保证体系结构的完整性。出于对体系完整性考量的同时，层级性也随之凸显。

层级性是在体系建构完毕后可以一目了然的,这种直观感受是从体系整体框架上直接感受到的,体系整体呈现的最终效果必然是一个树状结构的典型特征,这种树状结构在层级性上的体现是非常直接的,上级对下级的管控以及下级对上级内容的合理切分,并且正因为层级性显著,所以在具体实践中,下一层级的义域仍然可以根据具体实践随机应变,做到机动调节。树状结构实则是一种层级的嵌套结构。这种树状结构的内层与外层之间存在一定的相似性,所以,这种结构多可以以递归来表示。它将自身的语言系统中的语言单位进行划分,逐层排列,在每一层当中又分出若干小类,直到不能再分。这种树状结构思想,很好地形成了上位语义层对下位语义层较强的控制力,下位语义层对上位语义层的域义能够全部覆盖,左右语义类能互补对应;系统内部的义类稳定,对外吸收词语具有完全的开放性。同时,树状结构有利于将错误降至最低点,一旦发现某类名设计不合理,只会影响该类谚语的填充,并且最坏的影响也是对该语义场的上一级语义场的影响,并不会殃及其他大类之下各层的语义场,更不会影响整个体系的完整性。在层级性和逻辑性搭建的树状结构体系中,从纵向来看,体系设计只有三级,横向上,上一层级语义场所能够包含的次一级语义场数量也是可数的。谚语本身的语义虽然是无限的,但树状结构的有限性特征对于谚语来说却是一个无限大的空间。所以,层级性和逻辑性能够直接保证将全部收集来的谚语置于其中。

  此外,体系具有的系统性以及大的框架必有的整体性使得体系中不仅上下类别之间存在这样那样的关系,同时在左右类目之间也存在着千丝万缕的联系。而同一层级之间的关系往往更复杂一些,有基础语义类的聚合,也有相邻语义类之间的系联与区分。相邻之间的语义类划分起来比较不容易,既要保证意义相近的不会分出同级的多个子义场,又要保证每一大的义场下面的子项不是简单的拼合,同时还要保证各个子义场之间的距离和尺度以及每个义场的独立性。

层级性和逻辑性归根到底仍然是体系之内的各级类名之间、相互之间关系的处理。彼此之间的关系在联系上是有差别的。谚语所表达的客观事物之间是处在联系当中的有机整体，从这一点上来讲，对世界进行描绘的语言和概括总结的谚语自然是与外在事物紧密联系的。首先，体系的第一层级："生产生活"、"精神意识"、"国家社会"、"教科文卫"以及"客观自然"主要的设计思路也是从文化层次论中受到的启发。生产生活、精神意识、国家社会以及教科文卫、客观自然等五大类基本是按照层次论中物质、精神、制度以及行为演化而来的，这种演化不是单纯地为了体系的适应性而进行的更改。其中的物质生产和客观自然是对人类发展的基础和生存的基本环境的概括和总结；精神意识是对人类在生存和发展中所形成的各种意识以及思想观念、性格塑造等的全面概括；教科文卫是人类发展中所创造的文明成果，是更倾向于人的行为层面；国家社会是更加上层建筑的，只有在国家社会这一桥梁和纽带中，人们才能够在所拥有的客观物质基础方面创造出更多成果以及在发展中产生更加复杂的社会情感。所以这种本身的联系之间，内在也有着逻辑性的考虑，同时也体现出一定的层次感。最后，层级性和逻辑性除在谚语填充时给予指导作用外，也能够在谚语填充完毕后提高检验效率。因为在验证期间需要测试的功能群组分割区比较小，树状结构中，对谚语的填充是从第三层级开始执行的，而对填充的检验，则是从最高一层开始进行的，然后才在子义场之中进行验证。这样在检验时会具有很强的针对性，根据所设计的类名直接检验谚语语义是否符合这一类名的特质。

（三）科学性与严密性——类名提取、组合及排列与体系管理维度研究

将共性提取出来，并寻找一个更贴切的词加以概括，这个词往往在选取时会更抽象，更模糊。但这个词必须不仅仅能够对自身义场进行高度概括，同时必须能够和其他语义场充分区分开来，这样的词也就是每个语义场的代表词，我们将其称呼为"类名"。

首先，对一个事物的全部认识并不是一个词能够全部概括的，所

以对一事物的命名我们也并不是寻找能够完全概括其表征的所有词语，而是择取这一事物最为典型和代表的性质或者属性对其命名，这种方法叫作"择属命名"。而这种表面上看起来是对于词汇的"择属"工作实则是对语义的一种"择属"。所以，对于谚语的归置，先是从其语义入手的。但谚语语义又会随着时代的发展而不断的变化，很多谚语在对其语义进行深入分析时就会发现，并不是所有的谚语只拥有一种明确的含义，并且对谚语的分类，也并不是只有一种划分标准。体系设计既要能够客观反映谚语的语义世界，同时又只能选择一些有限的类名作为语义的表达方式，这就离不开体系设计者在类名设计时的变通和弥合。比如在中华谚语义类体系之下现有的所收集的谚语中，设计者将"正直的人坐上席，卑鄙的人下地狱"（维吾尔族）、"纯金不改色，好人不瞒姓"（回族）等谚语归入"品行正直"这一第三层级之中，第一句中"上席"的意象的使用，第二句中"纯金"的意象的使用，这些意象的使用也可以作为划分标准来对谚语进行归置。但最终设计者采用其共同表达的"正直"这一谚语的深层语义作为归类的标准。并不是说谚语的其他特征不存在，而是对语义的深层含义的需要是义类体系以及人类思维和逻辑最直接的选择。

其次，我们体系的第三层级和谚语的含义的吻合度也是相对较高的。除了在类名设计上花费功夫外，同时也综合运用了语义场的相关理论进行建构，尤其是在类名的排列上也是进行了细致的考虑。比如人的"生命过程"是从"婴幼儿—青少年—中老年"，这种关系不仅存在一定的顺序，同时也是既定的人的生命所经历的一般过程，所以在谚语的收录中，会特别注意时间上的安排。例如"婴儿爱食，孩童爱衣""青年时种下什么，老年时就收获什么""十五岁不要推说年轻，一百岁不要抱怨年老"等谚语，在"生命过程"这一类名下就是按照时间进行收录和安排的。但是，尽管人的"生命过程"是采用顺序义场进行排列的，但事实上，婴幼儿时期、青少年时期以及中老年时期的划分界限并不是十分清晰，这是由于词义和谚语语义的模糊性而导致的。最典型地采用了顺序义场的应该是反映季节和节气的谚语。每一个季节、节气里的每一种变化，都只是凸显这一季节和节气的特征，而不会夹杂其他季节和节气的特点。类似于季节和节气的顺序义场，往往是封闭的，因为一年只有四季，一年也只有二十四节气。例如："正月寒，二月温，正好时候三月春；暖四月，燥五月，热六月，沤七月；不冷不热是八月，九月凉，十月冷，寒冬腊月冻冰雪"这句谚语虽然与当下的季节变化有一定的出入，但它却基本将旧历的廿四节气在每个月的气温特点进行了基本的概括。

　　世间事物千差万别，但如果从中提取一个普遍的共同特征，并用词语进行概括，那么这一类事物的差异性往往会被模糊掉，但共性却被强烈地凸显。同时，这一类与其他类之间的差异性也会明显地区别开来。也就是说，按照义类进行划分，共性是内部的，而作为整体的语义场成为一个个新的独立的个体，与其他语义场进行区分。但从下一层级向上一层级"仰望"时会发现，尤其是在第三层和第二层中，语义场之间总是在内部寻求着共性，在外部凸显着差异，但差异又总是在一个更大的语义场里找寻着共性，而这样一些共性，又被更大的语义场包容。

　　但是，我们在分类时会发现，类名的提取其实并不是很容易。总是会有个别类目不可避免地出现交叉，交叉虽然不可避免，但绝对是有限度的。交叉过多，或者一个语义场所能够包含的范围甚至已经足以容纳另一个义场时，那么最终体系所呈现的效果必定是混乱的。但如果类名提取是彼此之间有严格而明显的区别时，其实，这样的类名在提取时是非常困难并且实现的概率也是十分渺茫的，因为谚语的使用和说话人的语境以及人们日常的交际是分不开的，如果完全区分开，那么就会影响人们的正常交流；如果划分得泾渭分明，那体系必定也是不完整的，因为彼此之间分类明显，就会有缺口和漏洞，这样势必会出现有谚语没有合适的归属。

类名不仅仅是该类谚语的代表词，更是揭示这一类谚语的主旨、思想的代表词。类名最大的好处就在于它能够让读者一看到就明白这一类的主要内涵，所以类名的设计要具有一定的代表性和典型性。比如某些谚语分类词典中划分的"家庭亲族""婚姻爱情""男人女人""老人青年"等类目，在翻开词典目录时，首先就会给读者造成类名提取不明确，范围相互覆盖的情况。类名的范围过大，尤其是"男人女人"这一类，指称不够具体，导致的结果就是填入其中的谚语也不会精准无误。那么，我们在建构谚语体系时，也就这一问题进行了深入研究。5万条谚语不论是表层含义还是深层含义，彼此之间都会有所关联。提取相同点进行高度概括，并选用十分贴合的词语作为共同性的体现，这个词在选取时随着层级的增高会越来越抽象、越来越模糊，但概括能力却越来越强。所选用的词语不仅要能够体现它所容纳的这一类谚语的主要意义，同时还要拥有足够的独立性与其他类名进行区别。比如"优良品质""品行不良""社会意识""宗教信仰""哲理事理"等，前两类主要体现的是个人品质的塑造，后三类是更大的、具有广泛社会性的价值观的体现，五类所共同体现的就是我们所谓的精神意识的内容，所以，概括五个二级类目，我们得到了"精神意识"这一第一层级的类名。"精神意识"类中的第二层级"优良品质"和"品行不良"在大的方向上有着明显的对立关系，两大义场之下的各次一级语义场之间也存在有明显的意义相反的特征。比如"勤劳付出"对应"好吃懒做"，"慷慨大方"对应"自私吝啬"，"善良美好"对应"虚假伪善"，"勤俭节约"对应"骄奢淫逸"，"知恩图报"对应"忘恩负义"，"不骄不躁"对应"狂妄自大"，"谨慎谦虚"对应"疏忽大意"，"乐观豁达"对应"悲观消极"，"孝敬孝顺"对应"忤逆不孝"，"珍惜时间"对应"玩物丧志"，"团结友爱"对应"挑拨离间"，"坚强勇敢"对应"胆小怕事"，"文明礼貌"对应"不讲公德"，等等。谚语是人们根据日常的见闻积累、总结而成的，人们的所见所闻所感均可以通过谚语表达出来，所以自然会产生出好的、坏的；赞扬的、批评的谚语。并且由于我们对谚语的收录是从其深层意义着手的，所以在类名提取时，对于褒贬意义的明确划分，对于反义特征的明显区别也多是为了更加系统和完整地收录谚语，并且要做到在谚语收录完毕后可以为读者呈现一个体系划分清晰的效果。

在体系中，"国家治理""官职权势""政治斗争""规律法则"这四类属于"国家社会"类下设的"政治权力"这一第二层级的类目当中；"战争情景""战略战术""作战状态"又属于"国家社会"类下设的"军事战争"中；"风俗风化""礼俗文化""红白喜事""传统节日""生活常识""生活理念""社会陋习""违法犯法"等类目属于"国家社会"下设的"风气习俗"当中。这些处于同一语义场的三级类目，彼此之间不仅相互独立，而且之间都有一定的关系。在"国家社会"类当中，绝大部分类名的提取以及语义场的切分主要表现的是对立关系以及相对无关关系，尤以"风气风俗"这一二级类目下所设的一系列子项最为明显，毕竟"红白喜事""传统节日""违法犯法"等并无直接的关联性。而"政治权力""军事战争"这两类二级类目所统领和控制的语义场是明显存在包含关系的，当然是从纵向的角度来说的，但这种包含并不是和其他类的包含性质一样，而是一种子项相加等于母项的基本结构。对于一场战争来说，作战的情景、作战时所采取的策略以及作战的状态，最终会产生什么样的结果是一场战争的基本过程。所以，对于军事战争来说，类名的提取主要围绕以上三点展开。而政治权力系统中，权力、法律以及规则通常是管理的有效机制，所以体系设计者在设计类名时分别从国家治理角度、官职权势系统、政治斗争形势以及规律法则的构建来对"政治权力"这一语义场进行填充。

（四）方便性与实用性——设计者人文关怀与体系实践维度优先性证明

辞典作为传承人类知识的重要载体，它的初衷就是方便人们的使用。辞书的编排需要体现其知识性、方便性以及实用性，重要的是要满足人们的需求。辞书的方便性和实用性可以从体系设计者、谚语工作者以及使用者三方对整个辞书的设计体验和使用满意度来进行评估。

　　首先，对于体系设计者而言，体系的设计所形成的树状结构，是单向而且是单线的，单向的语义系统，最能体现设计者对于辞书编纂的整个过程的理解以及在编排体系上的整个思路。谚语在第三层级被以词的形式进行归纳，但词语的语义系统和谚语的语义系统一样是复杂而且交叉的，而在单向语义结构中，各类名之间、各语义场之间彼此又相互独立，这样一来，谚语的复杂性和交叉性就会在体系的单向性和独立性中被一一分解。比如在农业生产活动中，人是生产活动的主体，天气等为客观因素，在劳动过程中又需要和创造劳动工具，这些在农业生产中所必须具备的天时、地利、人和原本应该是串联在一起的，但在体系中却被一一分解。人是生产劳动的主体，人的生产活动这一行为是人类从事物质生产的行为，所以包括人在内的人自身与人的生产活动均放置在"生产生活"大类下；人在生产中所形成的各种心理以及表现出的或勤劳或懒惰的行为，是属于人在从事生产中形成的一种心理趋向，这种趋向将会直接影响一个人生产活动的绩效，所以将人类在劳动过程中的各种心理、信念等归于"精神意识"大类下；客观因素在传统的农业生产中属于不可抗力，风霜雨雪、雾霾露雹全部是客观自然作用于生产和人之上的一种力量，所以归置在"客观自然"类下。谚语本身的多向性、交叉性与体系设置的单向性和独立性是建立在不同的标准之上的。所以前者的散漫性会在经历第三层级的具象归类后向后者的严格的边界性进行自动妥协与调和，从而以最自然的姿态主动进入体系当中。

　　此外，谚语的填充是对体系搭建是否成功的一种最主要的检验方式。所以对于填充工作者来说，因为类名的选取全部采用通俗易懂的词语，能够更高效地完成谚语填充工作。同时，体系的层次感强，因而不仅第三层级的具象语义场是独立的，方便谚语填充，同时对于一些语义模糊的谚语，在无法确定需要填充到哪个位置时，工作者也可以根据体系所拥有的单线性来进行把握，每一小的语义场的上级都只有一个，每一支的划分都是井然有序的，这为填充工作者减少了歧义，从而获得更快速的精准定位。

其次，体系在设计时，除对类名设计进行精心考量，对于各类名的序号排列也进行了初步的选择。设计者认为，辞书编纂的第一标准就是方便查检、方便使用，各个环节的制作都需要以最简约、最实用的方式呈现给读者。所以在类名设计开始，各级类目的序号便采用了人文社科专业目录进行编写，即第一层级采用"一、生产生活""二、精神意识""三、国家社会""四、教科文卫""五、客观自然"；第二层级采用"（一）日常生活""（二）物质生产""（三）人体人生"等；第三层级采用"1. 饮食文化""2. 穿衣打扮""3. 住房交通""4. 生活所需"等进行体系序号编写。尽管体系层级只有三层，但考虑到辞书目录编写的需要以及读者查阅的需要，所以对序号的选择采用了人们最常用和最能接受的方式。

谚语数量巨大，且根据收录的情况看，数量仍然在增加，海量的谚语容易给读者造成选择困难，使得读者在使用时容易产生疲惫感，无法获取有用信息，寻找到最符合心意的谚语。特别是在读者还未能够有明确的关键词进行谚语检视的前提下，如何帮助读者在海量谚语中快速获取需求信息具有一定的研究价值。所以，谚语分类是有效解决这一问题的方法和途径之一。良好的分类体系是实现人挖掘文本信息的重要途径之一。此外，伴随着民间文学开掘的日益发展，学者们对于谚语的需要也是越来越迫切，所以，必须要有一个足够强大的系统来安置这些谚语材料，并且能够合理有序地进行归类，为读者的选材、研究提供便利。

人类大脑的思维能力以及存储知识的能力会随着年龄的增长而不断发生变化，人们往往会随着阅历和经验的不断丰富而对大脑中已有知识进行更新和修正。对于谚语这种随时都有可能在日常生活中用来交际的言语，自然要随着个体年龄、知识、经验的丰富而不断地去充实和增加。所以当人们对于一句谚语已经认为在交际中使用频次太高或者已经不足以显示个人的文化水平时，人们就会自觉或不自觉地选择更加精当的谚语进行表达。那么义类体系最大的好处就是将相同语义的谚语置于同一语义场中，满足了人们增强语言阻拒性和陌生化的心理需求。

交际中，有些感情、思想是无法用普通的句子表达出来的，再或者一句谚语在某个语境中可以代替许多苍白无力的句子。人们在交际时，随时都有可能使用谚语，个人的记忆水平终究是有限的，就算对某句谚语烂熟于心，但也无法保证在说话时，头脑的运转速度可以达到让它脱口而出的效果。义类体系的方便性和实用性对于辞书的使用者来说，寻找谚语的整个思路将会清晰明了。

（五）时代性与民族性——谚语全民性与辞书编纂价值维度的综合体现

任何一个体系都必须符合时代性和民族性的特征，只有在借鉴国外的优秀的体系构建的同时再加入我们自己的元素，才能构建出符合自己特色的中华谚语义类体系。中华谚语义类体系的构建是以中华谚语为前提和基础的。体系的设计具有深刻的继承和发扬中华优秀传统文化的意识。与此同时，体系建构也紧跟时代步伐，所以中华谚语义类体系是时代性和民族性的统一。

首先，谚语收集紧跟时代潮流，在谚语收录中，我们适当收录了习近平总书记讲话时所引用的部分谚语，一方面为了使谚语收录更加全面；另一方面，通过引谚对谚语赋予的新时代含义来进行体系完整性和时代性的检验。比如习近平同志分别于2014年在布鲁日欧洲学院演讲时和2014年接受拉美四国联合采访时均引用谚语"明知山有虎，偏向虎山行"，这句谚语在日常生活的引用中可作褒义亦可作贬义，但习近平同志用这句话来赞扬中国改革开放几十年来中国人的勇气和智慧并鼓励人们继续坚持不懈向前走下去。所以对于这句话的收录我们择取其中最主要的褒义成分，归于"优良品质"中"坚持不懈"的类下。其次，体系构建是在马克思主义科学理论的指导下完成的。体系设计充分从谚语本身语义出发，并在体系构建完成后,不断地用谚语再进行反复检验,力求体系能够不断完善和科学。同时,体系的构建很好地做到了具体问题具体分析,在面对谚语语义分歧、类目交叉问题以及少数民族谚语翻译问题时,能够根据实际情况及时对体系尤其是第三层级类目进行适时调整。并在保证体系完整性的前提下,尽可能地只针对第三层级作出调整,不去影响体系大的层面建构。

谚语不仅是人在实践中经验和智慧的总结,同时也是民族精神的外在呈现形式之一和客观世界进入人类认知领域的有效通道之一。谚语的人文性就在于它所拥有的民族性,一个民族的谚语反映了这一民族集体的思维方式和生活状态。所以,体系设计不仅要符合当代人的需求,同时还要照顾到民族性。谚语语义丰富,表达形式多样,加之不同民族谚语不论是在结构还是内容上都各具特色,所以中华谚语义类体系在构建时为保证辞书的全民性和通用性,在类名选取时,将基本词汇作为优先选择,以保证类名提取的公正性和广泛性,防止由于民族语言的差异而造成的"义位空缺"。并且基本词汇的选择也是在现代汉语普通话中进行择取的,没有方言词和少数民族语作为类名的现象。这样做不仅对谚语的收录有好处,同时在对日后辞书的普及以及辞书对读者的方便性和实用性上也大有益处。以爱国主义为核心的团结统一、爱好和平、勤劳勇敢、自强不息的伟大民族精神和以改革创新为核心的时代精神均被纳入体系当中,并且由民族精神和时代精神衍生出的其他精神也全部在体系的类名设计中得到反映,因此,义类体系的建设与中华民族的民族精神和时代精神是紧密贴合的。

义类体系的价值在于,可以借由体系的深度与广度让各个民族、各地区不同风格、不同语言的谚语以一种共通的语言形式和结构框架清晰地呈现在一部辞书当中。其次,辞书的编纂高度集中和整合了各民族谚语,从而使用有限的篇幅呈现最精华的成分。而随着时代的进步和民族智慧的不断创造,义类体系又能够不断地根据实际情况进行谚语的填充与删减。因此，以辞典的方式集合各地、各民族的谚语，不仅是对谚语本身的一种搜集，同时也是对各民族风俗、各地方风情的一种搜集和整理，分类编目，以便读者查考，这是一种最简便、以简驭繁的方式，能收事半功倍之效。所以，一部优质的义类辞典，不仅搜罗成千上万的谚语数据，并能够分门别类、条理清晰地为读者提供丰富的知识，更能够提高读者的搜检效率，为读者打开更大的知识窗，带给读者更大的帮助。

在上述问题中，笔者整理了历代学者收录谚语不全面的原因，这一原因虽然是此次多民族谚语义类体系构建的一个重要原因和目的，但也是体系中各枝系分配不均衡的一个主要原因。首先，有些谚语是带有明显的地域性的，比如一些气象类谚语、地形地貌等方面的谚语，只是适合这一地区而不是整个中华大地。其次，农业类等生产生活类谚语明显比其他类别谚语多也是毋庸置疑的，并且由于社会中每个主体所表现出的性格、所拥有的品质不同，自然在对人的性格的描述方面也具有很多的差异，所以，这一方面的谚语较其他方面的谚语也是非常多的。此外，前文中提到，一些生活意趣、精神享受方面的谚语，汉族谚语中居多，但和汉族其他谚语相比也依然是非常少的，但少数民族中，绝大多数的谚语选集并没有过多收录关于生活享受方面的谚语，此处也只能从简。节气类谚语数量庞大，但分类已经足够清晰明确，所以这一类别的类目数量较少，不需要多设列类目，此类别也不需要在类目设计上与其他类目数量匹配。

此外，我们对谚语的收录和整理是从其深层意义着手的。原则上来说，语义应当是明确的，但事实上语义也存在着不明确的现象，这与语义所涵盖的对象和语义的性质以及作用有很大的关系。首先从指称对象来说，指称明确的谚语，这样的谚语在分类时，能够一下子精准定位。但谚语的交际性也决定着它有着不确定的一面，因为人的思维中本身就有很多的不确定性，尤其是我们在讲话时，历来十分重视说话的艺术性，含蓄、暗讽、言在此而意在彼等，都包含着极大的不确定性，甚至原本褒义的谚语，也在不同的说话语境中会用来当作贬义谚语使用。

不确定性还表现为多义现象，那么在谚语的归类过程中，势必要以一个最为折中、最为合适并广泛使用的方法进行谚语归类，标准统一化就可能限制谚语某些其他含义的发展。于此问题，我们初步认为，还是要从谚语最具典型性的、深层的且较为常用的意思为主进行谚语的归置。

二　中华谚语义类体系各级类名释义

（一）生产生活

几乎全部的人类活动都可以用"生产""生活"这两个名词进行概括。物质资料的生产是人类赖以生存和发展的基础。人类在生产中创造一切，同时也在生产中维系生活。作为劳动主体的人类，自然是谚语所反映的重要对象之一，生产生活的一切也是人类靠着勤劳的双手创造的。所以，作为人类发展的一切源泉与基础，生产生活是首要的也是必要的。生产生活下设日常生活、物质生产、人体人生等类目是人类生产与生活的全部必要元素。

1. 日常生活

每一个社会人在生命发展过程中都将把大部分时光置于日常生活之中。围绕日常生活最基本的元素就是衣、食、住、用、行。当然，在看似平淡的衣、食、住、用、行中，也体现着人们生活的艺术和每个民族、每个地区的文化特色。南北方的吃食就有很大的不同，各民族的饮食文化也是各具特色。一种小吃就足够让人爱上一座城。各种自然因素的差异所造就的食材的不同，人们生活经验和习惯的不同使得菜品也各具特色。人们在享受各种美食在舌尖上跳舞的同时，也在不断地用双手创造着属于各民族、各地区特色的饮食文化。"佛要金装，人要衣裳。"穿衣打扮也是人们最基本的生活要素之一。自古以来，人们都对穿衣十分讲究，它是个人社会地位和品位涵养的一种体现。当然，穿衣得体也是一个社会人应该具备的素质之一，毕竟这不仅是自身品位的象征，同时也是对世界的尊重。南、北方由于自然地理环境的差异，在出行和住房方面有着很大的不同。北方的街道中总有车马穿梭，南方的小桥流水中总有小舟划过。不同的民族也有着自己特色的出行和居住环境，牧民在草原上策马奔腾，蒙古包又是适应草原生活的最好的选择。人们根据自身生活条件创造适合自己的出行和居住工具，也是人们在日常经验下积累的智慧。日常生活中所必需的事物也是社会情境的象征物，是中国人价值观念、生活样式、心理状态以及民族文化的存在居所。很多谚语就是在用日常生活现象来说明事理。

2. 物质生产

生产发展是维系社会活力的最主要环节。生产力的发展又随着社会分工而不断的细化。分工的发展使得人们在劳动中不断地在自己所在的领域进行充分的探索，历代经验的积累为各行各业的发展提供了技术和经验的保证。农业、商业、工业、渔业、园艺等副业的发展不仅是社会生产力发展的重要表现，同时也是人类智慧的彰显。

生产劳动是维系社会秩序以及人们正常生活的重要保证，农业是国民经济建设与发展的重要基础产业之一。我国作为农业大国，农业生产方面的谚语也是非常多的，从农业技术、耕作方法再到农民在生产劳动中智慧的总结与传承，都体现出我国农业文化的悠久历史。传统的副业是依靠农业发展起来的，是人们在完成本职工作的同时增加收入的一种方式，副业的发展又促进社会分工的进一步细化，推动着社会的进步。生产的社会分工是商业贸易能够产生的前提，而利益差别的存在却是不同生产部门和不同地区之间发生贸易往来的必要条件。资源分布的不平衡和交通事业的发展促进了商业活动的开展，商业贸易的发展最直接地体现着人与人之间的交往和社会的进步，商业贸易中的营商技能、商业道德等也都蕴含着丰富的文化。工业作为第二产业是国民经济发展最重要的生产部门之一，工业发展有着悠久的历史，也是经济快速发展的关键环节。随着工业的进步，传统的工业生产中，轻工业占据着重要的位置，技艺传承与发展的背后是一代又一代劳动者的辛苦和汗水的流淌。生产劳动是唯物史观的范畴，本质上都是在劳动过程全面提供技术条件和物量关系的基础上，建立了劳动过程和社会生产过程的直接联系，促进劳动和生产的社会结合。

3. 人体人生

人体是非常奇妙的组织。随着人类知识的进步，人们越来越关注人本身的发展，对于人体的关注也越来越多，并最终在探索与实践的过程中形成人本位思想。人们除了通过眼睛去观察、通过耳朵去倾听、通过大脑去思考，同时也在观察着自身的形体器官、仪态样貌，并随着人们观察和了解的深入也将人的身体纳入文学当中。生命如同艺术品，不论其长短，都在生命的过程中彰显着属于它自己的意义，人从出生到死亡，经历着不同的阶段，每一阶段都会有不同的经历，这些经历的不断积累，对于一个人的发展来说有着至关重要的作用。同时，人往往善于总结，也善于回忆，正如普鲁斯特在《追忆似水年华》中提到：随着年华的流逝，一切物质的东西都要被时间销蚀，最终灰飞烟灭，只有感觉到了的、经历过的东西才是真正的存在。虽然那种由人的心灵感受到了的东西，可能沉睡在意识的底层，或者被现在的其他感受覆盖，但它们不会在历史的长河中消失，有朝一日，在某种外界感受的激发下，会从心灵深处浮现，上升到意识的表层，此刻，昔日复活，时光重现……他确信，时光流淌而记忆隽永，生命有限而艺术永恒。

（二）精神意识

谚语不仅反映人的物质生活，同时还反映人的精神层面。精神意识的形成与发展是建立在物质生产之上的。所以在物质生产发展过程中所形成的精神意识也是广泛而丰富的。精神意识从大的方向上主要有社会和个人两个层面，所以，在中华谚语义类体系中精神意识主要分为社会意识、优良品质、品性不良、宗教信仰以及哲理事理。

1. 社会意识

社会意识是整个大的社会群体对世界和社会的一种普遍的认知和态度，它受到社会生产的制约，同时也会影响社会的发展。从社会意识反映社会存在的层次来看，社会意识由社会心理和社会意识形式构成。社会心理是低水平、低层次的社会意识，它是在日常生活和交往中自发形成的、不系统、不定型的社会意识，其主要构成是：阶级心理、民族心理、行业心理、时代心理等。社会意识形式是高水平、高层次的社会意识，它是人们自觉地从社会生活中概括提炼出来的、具有明确分工、相对稳定形式的系统化、理论化的社会意识。主要表现为：哲学、宗教、艺术、道德、政治法律思想和自然科学等。社会心理和社会意识形式虽有低级高级之别、直接间接之分、感性理性之异，但又相互联系、相互作用。从社会意识主体的角度来看，社会意识包括个体意识和群体意识。个体意识是主体为个体的社会意识，它是个体独特的社会经历和社会地位的反映，是个体特有的社会实践的产物。个体意识包括：自我意识、环境意识、个体与环境关系意识等内容。群体意识是主体为群体的社会意识，它是一定的群体所结成的社会共同体的共同意识，是为适应一定群体的实践需要、维持群体的一定社会关系和利益服务的，是对群体共同的社会经历、社会地位和社会条件的反映，是群体共同实践的产物。群体意识包括：家庭意识、部族部落意识、集体意识、团体意识、行业意识、阶层意识、阶级意识、民族意识、国家意识和社会整体意识等。

2. 优良品质

品质的拥有是一个人思想道德修养的集中体现。良好的品质不仅对人格塑造有着重要作用，同时也是一个人立足社会必须具备的素质。社会对人才的需求越来越朝向综合素质等更高级的方向发展，社会成员能否在经济、政治的巨大变革的压力中站稳脚跟也与个人优良品质的塑造有密切关系。中华传统文化中历来把思想道德修养放在重要的位置上，作为修身养性的目标：勤劳付出、慷慨大方、善良美好、勤俭节约、知恩图报、不骄不躁、谦虚谨慎、坚强勇敢、乐观豁达、孝敬孝顺、珍惜时间、团结友爱、尊老爱幼、乐于助人、文明礼貌等都是一个有德行的人应该具备的素质。美好的品质是一种修养，也是一种文化，更是一种引领个体不断进步的精神力量。当今社会的道德结构发生了重大变化。为了迎接新时代的到来，对优良品质的弘扬更要加大力度。不仅要大力继承和弘扬中华民族道德文化的优秀品质，同时还要激发人们与时俱进、开拓创新的精神，创造出适应社会主义市场经济发展要求的新道德、新观念。优良品质的培养引导着人们的行为和精神追求，同时又在新时代人们的实践中不断丰富和发展，我们要继承和弘扬中华民族传统美德，就必须使之随着时代的发展而发展。

3. 品性不良

每个人都处在社会关系当中，对于自己的不良品行如果不加以更正，尽管一是看来是自己的胜利，但走着走着就会发现，最终吃亏的还是自己。一个品性不良的人，容易被他人疏远，被世界冷落。不是人情冷漠，而是他自己放弃了自己。一个温暖的尘世，喜欢品质优良，喜欢有情有义，喜欢爱与被爱。存有恶习又不加以更正的人，陶醉在自我满足之中，不能自拔，最终自己把自己孤立。所以，对于品行不良方面的谚语的收录，更多的是让人们看到在过去品行不良的人的生活状态的艰难以及老一辈是如何规劝品行不良行为的，为当下人们人格塑造起到规劝和引以为戒的作用。

4. 宗教信仰

人的思想和活动很大程度上会受到信仰的影响和支配。谚语中有很多反映信仰文化的内容。在中国，儒、佛、道三家思想影响力最大，对于少数民族而言，图腾崇拜、外域文化也影响着人们的思想和行为。人类发展早期，很多民族都有自己的图腾文化。这些被视作图腾的动物、植物被人们赋予了神力，把他们视作民族的始祖或者保护神。相信他们不仅不会伤害自己甚至还能够在个体有需要的时候帮助和保护自己。图腾文化是人类历史上最古老、最奇特的文化现象之一，图腾文化的核心是图腾观念，图腾观念激发了人的想象力和创造力，逐步产生了图腾名称、图腾标志、图腾禁忌、图腾外婚、图腾仪式、图腾生育信仰、图腾化身信仰、图腾圣物、图腾圣地、图腾神话、图腾艺术等，从而形成了独具一格、绚丽多彩的图腾文化。图腾标志或称图腾徽号，即以图腾形象作为群体的标志和象征。它是中国历史上最早的社会组织标志和象征，具有识别和区分的作用。图腾标志与中国文字的起源有关。此外，儒、佛、道三家对我国的影响最为深远，有很多谚语反映了三家文化，同时三家文化也影响着谚语的发展。儒家思想对中国人的影响最为深远。尤其是孔子思想，对中国人的精神塑造影响非常大。自汉代"罢黜百家，独尊儒术"以来，儒家思想对国人的影响就从未停止。它对于国人的思想文化修养的提高有着不可替代的作用。佛教思想虽然不像儒家思想那样在中国影响深远，但也占据着重要的位置。佛教作为世界三大宗教之一，有着系统而且成熟的理论。其中的"缘起"论、"轮回"说以及一系列的佛教意象都在谚语中有所反映。道教是我国土生土长的宗教。它对中华民族精神的塑造有着深远的影响。道教主要分为"天道"和"人道"。所谓"天之道损有余补不足，人之道则不然，损不足以奉有余"，这些思想对后来助人为乐、扶弱抑强等思想的形成产生了重要影响。其他宗教文化也对不同的民族产生了影响，比如伊斯兰教对回族等少数民族的影响。此外，一些现象由于缺乏科学解释，使得人们对超自然力量的神秘感产生敬畏之心，禁忌和相术变成了他们自我防卫的措施。这些方法虽然消极影响更大一些，但很多人依然对此深信不疑，所以这类文化也在谚语中多有反映。

5. 哲理事理

哲理之中包括人们在日常生活中所总结的常理。这些常理也是合乎发展规律的，是对客观事物运动和发展规律的概括与总结，并且得到了社会集团成员的普遍认可的一种看法或者观念。事理谚是反映民众基本思维规律和经验，通过综合多类事物而高度抽象概括，从世界观、方法论的高度论来说是非、讲道理，从而指导人们的实践活动。是一种人们对伦理、道德以及秩序的认定和遵循，是人们生活和生存方式、方法和准则等精神文化的总和。事物本身所固有的性质称为属性。属性是物质必然的、不可与物质相分离的，一个事物与另一个事物的相同或相异，也就是一个事物的属性与另一事物的属性的相同或相异，由于事物属性的相同或相异，客观世界中就形成了许多不同的事物类。具有相同属性的事物就形成一类，具有不同属性的事物就分别形成不同的类。

（三）国家社会

人类进入阶级社会，就会产生国家。伴随着国家的产生，与国家有关的各种维护国家利益的机制、规则也就应运而生了。政治权力的出现是统治者实现其统治的必要手段。不同的社会集团之间的斗争也从未停止。每个集团的人们所创造的风俗文化、民俗民情也各具特色，在大社会环境影响下的个体关系的发展以及集体的行为方式和生存规则也存在差异。

1. 政治权力

政治权力是政治主体对一定政治客体的制约能力。它体现在政治主体为实现某种利益或原则的实际政治过程之中。政治权力是权力在政治领域中的特殊表现，它是一种政治力量，所要实现的目的与政治相联系。政治权力是人们选择以力量对比和力量制约方式作为实现和维护自己利益要求的过程中，聚集形成的一种力量，它是在特定的力量对比关系中，政治权力主体拥有的对其他社会和政治力量及其他政治权力客体的制约力量。政治权力在本质上表现为特定的力量制约关系，在形式上呈现为特定的公共权力。政治权力一旦实现，政治主体必然要以各种方式和手段将这种权力关系尽可能长久和牢固地维持下去，从理论上和实践上使某些重大的权力关系合法化、合理化、普遍化甚至神圣化，以保证政治主体的意志能够持续地产生作用，其所追求的利益或价值能不断地实现。但政治权力关系本质上是一种动态平衡，永恒的、绝对的权力是不存在的。随着权力运行中各方力量的变化，到一定时间将引起权力关系的变化，一种权力关系模式便发展到另一种权力关系模式。政治权力概念反映的是各种政治实体之间的相互影响、相互作用和相互制约的关系，它强调的是这种影响、作用、制约的一定方向和某种特定的实际结果。由于政治过程中的各种实体不是孤立的和静止的，因此其相互关系中必然贯穿着权力现象，从政治权力的角度分析政治现象是辩证思维在政治学研究中的体现。

2. 军事战争

军事是与国家生死存亡有直接关系的重要国家事务。就算在和平年代，也会有社会集团出现利益冲突的时候。自古以来，中国人对于战争情况的描写，战争中百姓和国家的状态以及战略战术都有着精彩的描写和总结。《孙子兵法》中提到："兵者，诡道也。故能而示之不能，用而示之不用，近而示之远，远而示之近。利而诱之，乱而取之，实而备之，强而避之，怒而挠之，卑而骄之，佚而劳之，亲而离之。攻其无备，出其不意。此兵家之胜，不可先传也。"这些闪耀着哲理与智慧的优秀的战术和理论，时至今日仍然有其积极的作用和价值。

3. 风气风俗

风俗是特定社会文化区域内历代人们共同遵守的行为模式或规范。人们往往将由自然条件的不同而造成的行为规范差异，称之为"风"；而将由社会文化的差异所造成的行为规则之不同，称之为"俗"。民俗文化是一个国家、一个民族或者地区的民众共同创造、共享并传承下来的生活习惯的统称，它反映了某一地区或某一群体间的普遍认同的生活方式、社会习俗，并通过人作为载体来继承和传播的文化现象。

所谓"百里不同风，千里不同俗"正恰当地反映了风俗因地而异的特点。风俗是一种社会传统，某些当时流行的时尚、习俗、久而久之的变迁，原有风俗中的不适宜部分，也会随着历史条件的变化而改变，所谓"移风易俗"正是这一含义。风俗对社会成员具有非常强的行为制约作用，是社会道德与法律的基础和相辅部分。它是人们行为方式和心理认同的重要基石。因此风气风俗又具有很强的社会性、地域性、民族性和传承性。

4. 行为方式

为人处世之道，是以一定的道德观念和规范来指导人的处世行为的。清代金缨所著的《格言联璧》中提到"处难处之事愈宜宽，处难处之人愈宜厚，处至急之事愈宜缓，处至大之事愈宜平，处疑难之际愈宜无意"。意思是说：越难的事，处理起来越要从宽；与难相处的人在一起，应该学会宽厚待人；遇到紧急的事，要淡定；在重大事情面前，要以平和的心态面对；遇到疑难问题，心中应该没有意见。很好地为人们指明了在日常生活中如何处理各种关系的方法。处在社会中的人，和他人之间的交往并且建构出的一定的关系对个体自身的发展有着重要的作用。以血缘关系为纽带形成的亲情、以性格兴趣等的合拍形成的友情、以知识的传承互动形成的师徒关系等各种关系的形成，都是个体日后发展不可或缺的。"居要择邻，交要择人"就是在告诫人们，不论哪种关系的建构，都是个体的选择，良师益友可以改变和影响一个人的一生。所以在对自身人际关系的塑造方面一定要慎重。

(四) 教科文卫

教育、科学、文化、卫生事业是国家财政投入的重要方面。教育者有目的、有计划、有组织地对受教育者的心智发展进行教化培育，以现有的经验、学识传授于人，为其解释各种现象、问题或行为，以增长能力经验，其根本是以人的一种相对成熟或理性的思维来认知、对待世界。教育又是一种思维的传授，而人因为其自身的意识形态，又有着别样的思维走势。所以，教育当以最客观、最公正的意识思维教化于人，如此人的思维才不至于出现偏差，并因思维的丰富而逐渐成熟、理性，并由此，走向最理性的自我和拥有最正确的思维认知，这就是教育的根本所在。教育是一种教书育人过程的同时也是一种提高人的综合素质的实践活动。科学将各种知识通过细化分类进行研究，形成逐渐完整的知识体系。它是关于发现与发明创造实践的学问，是人类探索、研究与感悟宇宙万物变化规律的知识体系的总称。科学是一个建立在可检验的解释和对客观事物的形式、组织等进行预测的有序的知识的系统。文艺即文学与艺术，有时指文学和表演艺术，是人们对生活的提炼、升华和表达。文艺的开始意味着人类的文艺复兴，人类将重新发现人和人格的伟大，肯定了人的价值和能力，提出人要培养人格、个性与智慧。文学艺术的发展丰富人的精神生活，推动世界文明向前发展。卫生，是一个动宾结构的词组。"生"为名词，即"生命"或"身体"；"卫"为动词，即"保卫"。"卫"和"生"组合成词，本意即为维护生命或保护身体。当把"卫生"看作名词时，其意义则转变为维护生命或保护身体的行为，或"维护生命或保护身体所采取的一切措施"，包括预防和治疗疾病、维护和增进健康所采取的一切措施。在现代汉语中，"卫生"也作形容词，意思是"干净""整洁"，而这正是维护健康的措施之一。

1. 文化遗产

文化遗产，概念上分为有形文化遗产、无形文化遗产，包括物质文化遗产和非物质文化遗产。物质文化遗产是具有历史、艺术和科学价值的文物；非物质文化遗产是指各种以非物质形态存在的，并与群众生活密切相关、世代相承的传统文化表现形式。文化遗产是各族人民世代相承、与群众生活密切相关的各种传统文化表现形式和文化空间。文化遗产既是历史发展的见证，又是珍贵的、具有重要价值的文化资源。我国各族人民在长期生产生活实践中创造的丰富多彩的非物质文化遗产，是中华民族智慧与文明的结晶，是联结民族情感的纽带和维系国家统一的基础。文化遗产是珍贵的、具有重要价值的文化信息资源，也是历史的真实见证。保护和利用好文化遗产，对于实现可持续的经济、提高文化软实力有重大意义。文化遗产承载着人类社会的文明，是世界文化多样性的体现。我国的文化遗产所蕴含的中华民族特有的精神价值、思维方式以及文化意识，是维护我国文化身份和文化主权的基本依据。加强文化遗产保护，不仅是国家和民族发展的需要，也是国际社会文明对话和人类社会可持续发展的必然要求。

2. 教育教化

儒家文化比较注重对人的教化，也就是道德的养成和平时的感化，注重道德平民化层面自下而上的教育感化。教育一词源于近代新文化运动之后，从传统儒家教养转向洋为中用的科技文化教育，而教化一词则逐渐淡出了人们的视野。教育和教化的根本价值，就是给国家提供具有崇高信仰、道德高尚、诚实守法、技艺精湛、博学多才、多专多能的人才，培养和培育经济与社会发展需要的人才，培养合格公民。为国、为家、为社会创造科学知识和物质财富，推动经济增长，促进民族兴旺，促进人的发展，推动世界和人类发展。

3. 医药保健

医药是关于人同疾病作斗争和提高人类健康的理论和方法，传统的医药学中包含着医论、病理、药理、药膳等内容。医药保健的最直接目的是维系生命、保护身体。人体健康是人类进行劳动与创造的前提。所以，预防疾病、改善和创造合乎生理与心理需求的生产生活环境是医药保健的重要内容。同时，人们在医药保健的实践中，对病理、药理等知识进行总结，并形成了丰富的医药学文化。

4. 修身养性

修身养性类的谚语主要反映不同的社会阶层对于自我身心的塑造的经验的总结。具体包括休闲垂钓、茗茶文化、种花养草、琴棋书画、体育活动、公益活动等行为。修身，即修养身心，包括修德和修智，德才兼备是修身的最终目标和理想效果。《礼记》中提到："古之欲明明德于天下者，先治其国；欲治其国者，先齐其家；欲齐其家者，先修其身；欲修其身者，先正其心；欲正其心者，先诚其意；欲诚其意者，先致其知，致知在格物。物格而后知至，知至而后意诚，意诚而后心正，心正而后身修，身修而后家齐，家齐而后国治，国治而后天下平。"儒家将"修身"置于"齐家""治国""平天下"之首，意在提醒人们修身是做人的基本要求，也是实现人生价值的基础。

（五）客观自然

环境主要分为自然环境与社会环境。自然环境是社会环境的基础，而社会文化环境又是自然环境的发展。自然类谚语就是反映自然中的各种现象以及其规律的谚语，涵盖动物植物、自然景观、矿物资源、气候气象以及四季更替等内容。

1. 动物植物

动植物是生态系统的重要组成部分。它不仅对人类的生存和发展起着重要作用，同时也造就了多姿多彩的大自然。野生动植物不仅具有重要的经济、科学、生态、文化以及美学方面的价值，同时也大大丰富了人类的文化生活。作为和人类一样共同生活在地球之上的物种，动物植物不仅在人类生存和发展方面有着重要的利用价值，同时也是人类在地球上生活的重要伙伴。

2. 自然景观

我国幅员辽阔，山川秀美，南、北方地理环境差异大。人文和地理的优势，使得中国人对祖国山河产生浓郁的自豪感和深深的眷恋之情。各地的山川景物所孕育的文化、养育的民族都存在很大差异，所以在对山川景物的描写的谚语中，大多包含着本民族原汁原味的家乡话。在看到描写自己家乡的谚语时，会勾起人们深深的思念之情。自然景观类谚语以某一地域所特有的风土民情为主要反映对象，涵盖乡情、山水、名胜古迹、特产和民族特色以及地域特色等。这类谚语无论是意象选择还是话语表现力都十分生动而有特色,通过自然景观类谚语,可以系统地了解一个地方、一个民族的风土人情、山川物产,对研究地方和民族历史有重要价值。

3. 矿物资源

矿物资源指经过地质成矿作用而形成的,天然赋存于地壳内部或地表,埋藏于地下或出露于地表,呈固态、液态或气态的,并具有开发利用价值的矿物或有用元素的集合体。矿物资源属于非可再生资源,其储量是有限的。它是经过几百万年,甚至几亿年的地质变化形成的,是社会生产发展的重要物质基础,现代社会人们的生产和生活都离不开矿物资源。

4. 气候气象

气候气象类谚语是大气中风雨雷电等各种物理现象的反映。气候气象的变化也直接影响着农业生产,甚至影响着交通事业的发展,因此人们研究和解读前人对气候气象类谚语的总结,对农事活动、交通运输事业的发展甚至军事活动的开展都有着重要的意义。

5. 四季更替

一年分为春夏秋冬四个季节。春季是农历正月、一月、二月。人们一般把"立春"作为春天的开始。在春季,气温开始回升,鲜花开始绽放,冬眠的动物也逐渐苏醒,鸟类开始迁徙,所以春天也被称为万物复苏的季节。夏季是农历四月、五月、六月三个月。夏季气温显著升高、炎热天气较多、雷雨季也主要集中在夏季,但夏季也是万物生长最旺盛的季节。秋季主要在农历的七月、八月、九月三个月。秋天是收获的季节,但是气温下降,万物开始枯萎,鸟儿南迁。冬季是最后三个月,也是一年中最冷的时候。动物由于寒冷而减少活动,植物也停止生长。所以冬天在很多人眼里也意味着清冷和孤寂。廿四节气是中国先秦时期开始订立、汉代完全确立的用来指导农事的补充历法,是通过观察太阳周年运动,认知一年中时令、气候、物候等方面变化规律所形成的知识体系。民间还有广为流传的《二十四节气歌》:

"春雨惊春清谷天,夏满芒夏暑相连,秋处露秋寒霜降,冬雪雪冬小大寒。"

三 中华谚语义类体系思维导图

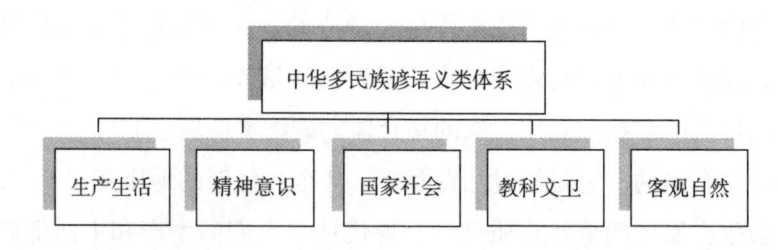

```
中华多民族谚语义类体系
├── 生产生活
├── 精神意识
├── 国家社会
├── 教科文卫
└── 客观自然
```

（一）生产生活

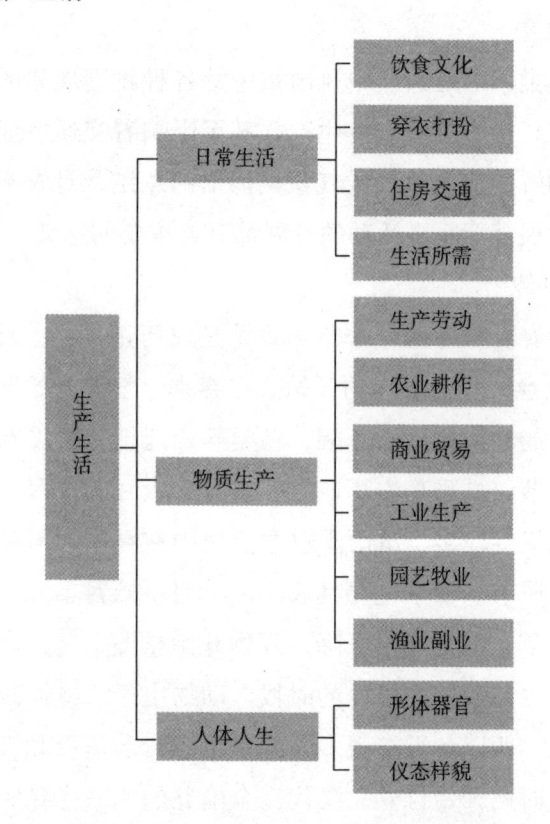

```
生产生活
├── 日常生活
│   ├── 饮食文化
│   ├── 穿衣打扮
│   ├── 住房交通
│   └── 生活所需
├── 物质生产
│   ├── 生产劳动
│   ├── 农业耕作
│   ├── 商业贸易
│   ├── 工业生产
│   ├── 园艺牧业
│   └── 渔业副业
└── 人体人生
    ├── 形体器官
    └── 仪态样貌
```

（二）精神意识

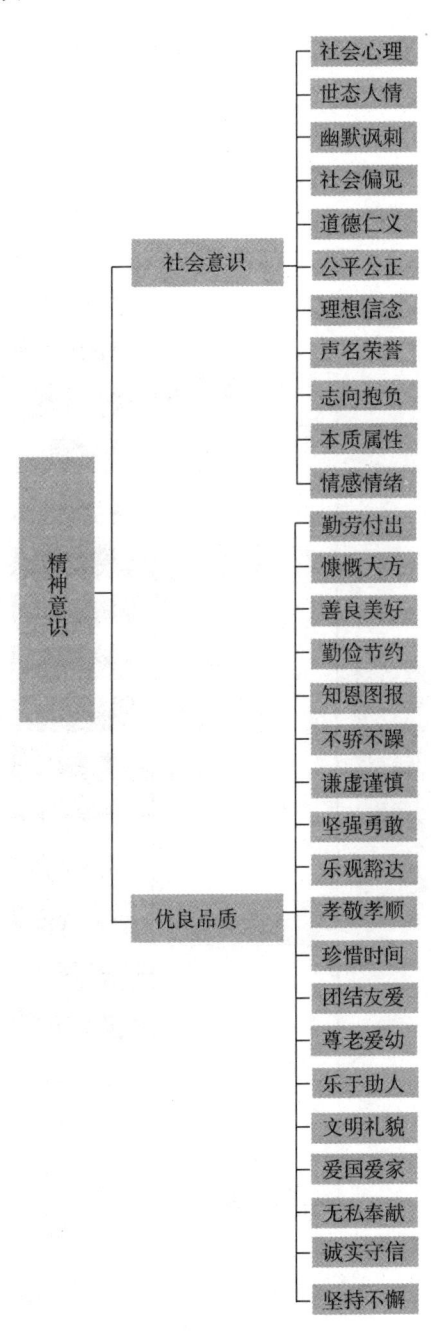

```
                    ┌─ 社会心理
                    ├─ 世态人情
                    ├─ 幽默讽刺
                    ├─ 社会偏见
                    ├─ 道德仁义
          ┌─ 社会意识 ├─ 公平公正
          │         ├─ 理想信念
          │         ├─ 声名荣誉
          │         ├─ 志向抱负
          │         ├─ 本质属性
          │         └─ 情感情绪
          │
          │         ┌─ 勤劳付出
 精神意识 ─┤         ├─ 慷慨大方
          │         ├─ 善良美好
          │         ├─ 勤俭节约
          │         ├─ 知恩图报
          │         ├─ 不骄不躁
          │         ├─ 谦虚谨慎
          │         ├─ 坚强勇敢
          │         ├─ 乐观豁达
          └─ 优良品质 ├─ 孝敬孝顺
                    ├─ 珍惜时间
                    ├─ 团结友爱
                    ├─ 尊老爱幼
                    ├─ 乐于助人
                    ├─ 文明礼貌
                    ├─ 爱国爱家
                    ├─ 无私奉献
                    ├─ 诚实守信
                    └─ 坚持不懈
```

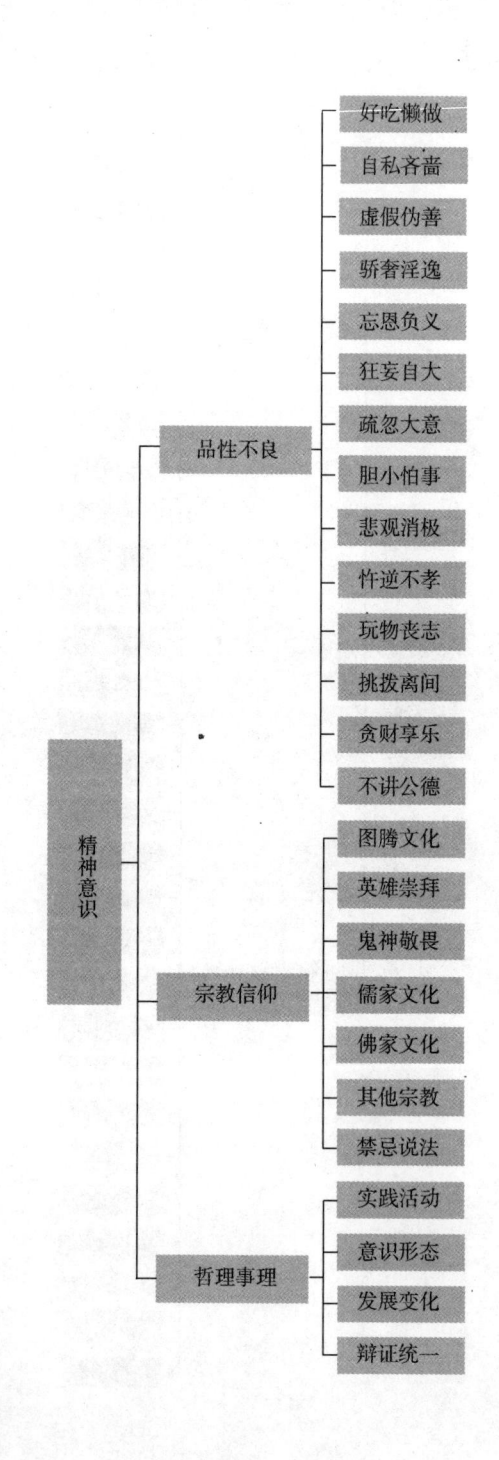

```
精神意识 ─┬─ 品性不良 ─┬─ 好吃懒做
         │            ├─ 自私吝啬
         │            ├─ 虚假伪善
         │            ├─ 骄奢淫逸
         │            ├─ 忘恩负义
         │            ├─ 狂妄自大
         │            ├─ 疏忽大意
         │            ├─ 胆小怕事
         │            ├─ 悲观消极
         │            ├─ 忤逆不孝
         │            ├─ 玩物丧志
         │            ├─ 挑拨离间
         │            ├─ 贪财享乐
         │            └─ 不讲公德
         │
         ├─ 宗教信仰 ─┬─ 图腾文化
         │            ├─ 英雄崇拜
         │            ├─ 鬼神敬畏
         │            ├─ 儒家文化
         │            ├─ 佛家文化
         │            ├─ 其他宗教
         │            └─ 禁忌说法
         │
         └─ 哲理事理 ─┬─ 实践活动
                      ├─ 意识形态
                      ├─ 发展变化
                      └─ 辩证统一
```

（三）国家社会

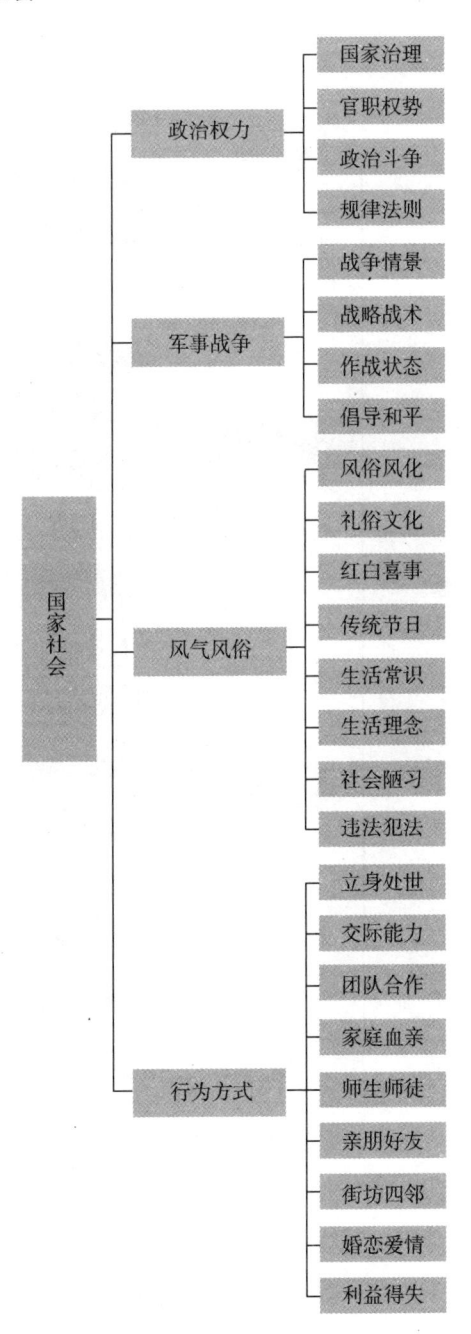

```
                    ┌── 国家治理
          ┌─ 政治权力 ─┼── 官职权势
          │          ├── 政治斗争
          │          └── 规律法则
          │
          │          ┌── 战争情景
          ├─ 军事战争 ─┼── 战略战术
          │          ├── 作战状态
          │          └── 倡导和平
          │
          │          ┌── 风俗风化
          │          ├── 礼俗文化
          │          ├── 红白喜事
          │          ├── 传统节日
国家社会 ─┼─ 风气风俗 ─┼── 生活常识
          │          ├── 生活理念
          │          ├── 社会陋习
          │          └── 违法犯法
          │
          │          ┌── 立身处世
          │          ├── 交际能力
          │          ├── 团队合作
          │          ├── 家庭血亲
          └─ 行为方式 ─┼── 师生师徒
                     ├── 亲朋好友
                     ├── 街坊四邻
                     ├── 婚恋爱情
                     └── 利益得失
```

（四）教科文卫

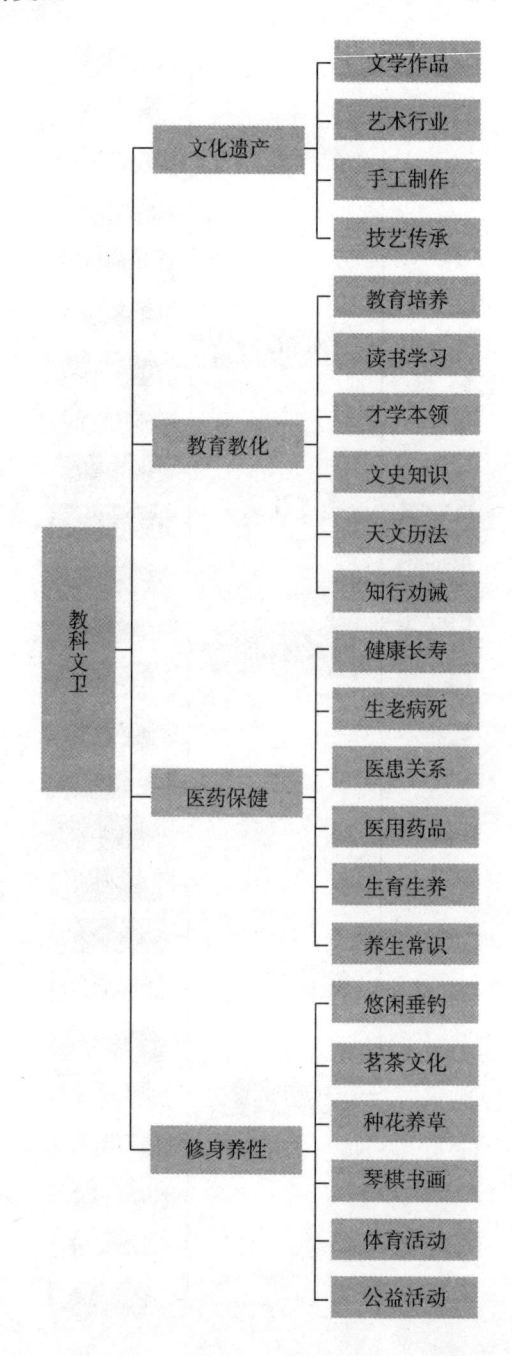

```
教科文卫 ┬─ 文化遗产 ┬─ 文学作品
        │          ├─ 艺术行业
        │          ├─ 手工制作
        │          └─ 技艺传承
        │
        ├─ 教育教化 ┬─ 教育培养
        │          ├─ 读书学习
        │          ├─ 才学本领
        │          ├─ 文史知识
        │          ├─ 天文历法
        │          └─ 知行劝诫
        │
        ├─ 医药保健 ┬─ 健康长寿
        │          ├─ 生老病死
        │          ├─ 医患关系
        │          ├─ 医用药品
        │          ├─ 生育生养
        │          └─ 养生常识
        │
        └─ 修身养性 ┬─ 悠闲垂钓
                   ├─ 茗茶文化
                   ├─ 种花养草
                   ├─ 琴棋书画
                   ├─ 体育活动
                   └─ 公益活动
```

（五）客观自然

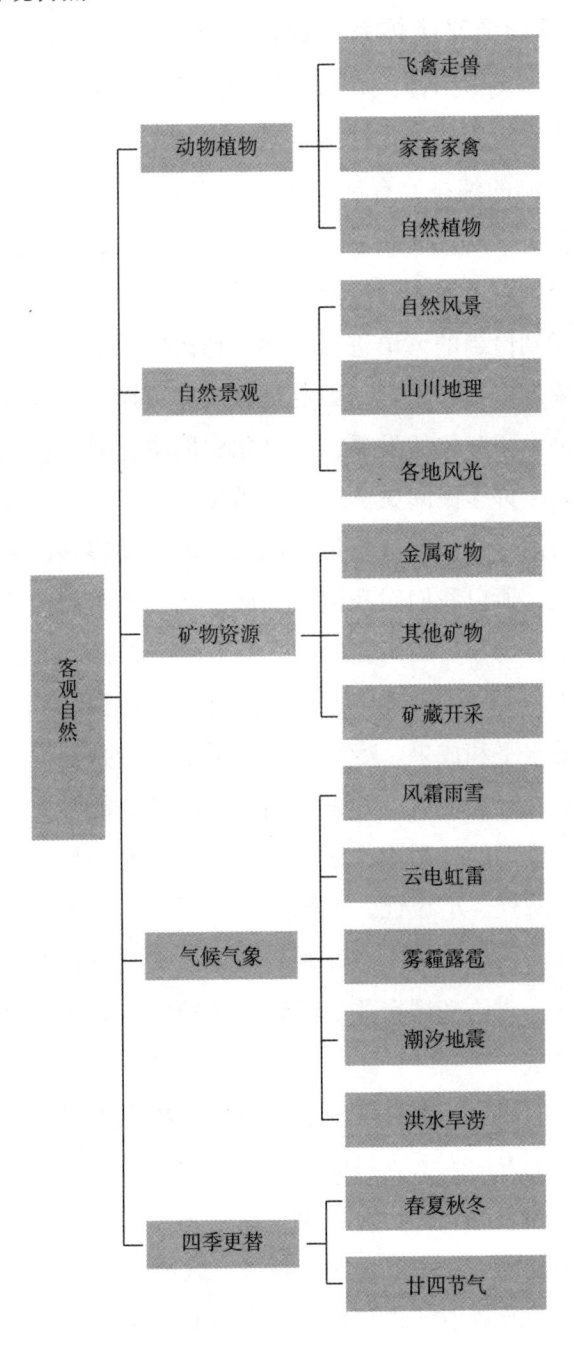

```
客观自然
├── 动物植物
│   ├── 飞禽走兽
│   ├── 家畜家禽
│   └── 自然植物
├── 自然景观
│   ├── 自然风景
│   ├── 山川地理
│   └── 各地风光
├── 矿物资源
│   ├── 金属矿物
│   ├── 其他矿物
│   └── 矿藏开采
├── 气候气象
│   ├── 风霜雨雪
│   ├── 云电虹雷
│   ├── 雾霾露雹
│   ├── 潮汐地震
│   └── 洪水旱涝
└── 四季更替
    ├── 春夏秋冬
    └── 廿四节气
```

四 中华谚语义类体系构建价值

谚语具有全民常用性，谚语辞书与大众日常生活、学习工作息息相关，语言文字应用在现代社会生活中发挥着越来越重要的作用，中华谚语义类辞典的编排，有利于人们共享辞书资源，共享谚语成果。谚语是人们在各个时代所积累下来的。从谚语中，我们能够窥探出不同时代人的经历以及前人的经验，谚语内容广泛，人类的所见、所闻、所感都可以找到恰当的谚语进行描述。谚语数量庞大，但并不是孤立的存在，如果加以细心整理，必定是有规律可循。此次谚语义类体系建构，主要是由于时代的发展，信息化和网络化对于古典文化的淘汰速度实在太快，许多民间文学来不及被发现和保存就已濒临亡佚，这其中就包括谚语。谚语的数量虽然庞大，但其实很多谚语早已不被使用或已经亡佚，所以我们对我国多民族谚语的大规模收集整理，就是为了保存文献，为今后的研究搭建一个平台，从而尽可能真实、全面、准确地反映中华谚语创作和流传的面貌，体现民间谚语搜集、整理、翻译、研究的水平和成果。尽管谚语辞书有不少是根据义类编排和分类的，但各家在分类之后，并未有强有力的理论能够支撑自身体系的科学性，且在成型的体系中，多多少少都会存在一些问题。所以，本着包容性、周遍性、层级性、逻辑性、科学性、严密性、方便性、实用性、时代性与民族性等十点原则，对谚语义类体系划分进行系统性的探讨和梳理，对语义逻辑关系进行深入研究，并建立多层次、科学的谚语义类体系。

语义系统的研究，本身就是学术界的一项重大科学研究。但大部分学者多从词汇方面入手，目前未见国内学者进行谚语义类体系的系统研究。谚语和词汇一样，有多重语义、多重感情色彩等，但谚语毕竟是短句并不是词，它不仅在使用频率、流传背景方面与词汇也不同，甚至很多少数民族谚语的语法使用也与汉语有着很大的差异，这样一来，对谚语的研究也为其他语言学分支学科研究打开了大门，除了在语义学方面有涉及外，在文化语言学、认知语言学，甚至方言、少数民族语、古语的研究方面都有着非常重要的价值和意义。

由于所收谚语中包含少数民族谚语，所以翻译问题的解决也成为中华谚语研究中的一个重要环节。翻译的效果直接影响到该句谚语的归属。所以，将谚语按意义分类，就有可能为翻译机器提供更加准确、详细、可靠的语言信息，使提高机器翻译的质量有了可能。翻译水平的提高，不仅对谚语的传承有诸多好处，同时在对少数民族语的研究、学习和传承方面也有着重大的意义。而国外也有诸多谚语选集与谚语研究成果，如果我们能够与其他语种也作出类似的语义分类，并编纂成册，那不仅有利于对该语言的学习与使用，而且还有助于进行两种语言或多种语言的谚语对比研究，并提供确切的对等翻译。一部完整的按意义分类的词典在写作和翻译中肯定能发挥很大的作用，这几乎是公认的事实。语义与概念有着密不可分的关系，概念是语义的基础，语义是概念在语言中的反映，两者相辅相成。不同的语言之所以能够相互对译，那是因为人们的思维对客观事物反映的概念基本上是一致的，只是表现的语言形式不同罢了。因此，以反映概念的语义为核心编纂对译辞典便有了可能，也有其现实意义。这种词典在所表达的语义类别一致的前提下，收集两种或多种语言的同义词群，可供读者进行对比和研究。编纂义类对译辞典中的一个最主要问题，就是需要有一个科学合理的、可以统一使用的语义体系。我们建立的义类体系看来基本上也适用于外语，当然还需要经过进一步验证，至于实词中不同民族、文化特有事物的名称，以及某些特定词无法找到对译，对这些方面的处理办法还需进一步研究解决。

在语言教学方面，中华谚语义类体系也将发挥不可小觑的作用。要想学好一门外语，不能仅从语言本身出发，同时还要对这个国家历史、文学等方面进行学习和了解。对于外国留学生来说，汉语确实是一门非常难学的语言，所以在学习汉语时，对中国文化的了解也是十分必要的。谚语通俗易懂而且十分地道，而语义体系恰恰是以中华谚语为基本单位的,并且也十分符合学习的规律,所以在学习汉语时,对外国留学生进行谚语的讲授可能效果会更加好,但大部分老师总是将谚语和语义关系分离开来,学生死记硬背,最终就算背会这一谚语,于其交际也并无多大益处。如果按照义类进行谚语讲授,不仅能够让学生真正地理解谚语的含义,同时能够掌握更多的谚语,从而能够对汉语的学习更加精进。

第四章 《中华谚语义类辞典》编纂理论研究

义类体系搭建之后为出版《中华谚语义类辞典》奠定了基础，本章将通过对其他类型的字典、词典理论研究的分析和借鉴以及辞典编纂具体流程的详细介绍，进而构建《中华谚语义类辞典》的理论框架。

一 《中华谚语义类辞典》编纂概说

《中华谚语义类辞典》的编纂首先与时代的发展有着直接的关系，伴随时代发展的辞典工艺的不断进步、传统文化的大力弘扬与需求的不断增长是当今时代文化软实力提高的重要表现。中华谚语在时代的发展中从未断绝，已经积累到十分可观的数量，对其进行保护也势在必行。党的十八大以来，习近平总书记大力提倡对中华优秀传统文化的传承与保护，在外交中大量使用谚语，传播和弘扬我国的谚语文化。已有的、常见的谚语需要我们进行整理，并应当使其能够在日常生活中得到更加广泛的应用，新挖掘到的谚语以及少数民族谚语等更应该得到我们的保护以防止其亡佚。词典学作为一门应用类学科，主要分为理论和实践两个部分，它们是相互依存、相互联系的。词典理论的不断完善以指引实践的发展，实践的发展也能够促进理论的深化。近年来，词典学不论是理论研究方面还是词典的问世，都取得了非常丰硕的成果，这在很大程度上促进了词典学理论的发展，并且在发展中也革新了词典编纂的技术和编纂思想。但是，同样作为辞书，俗语类的辞典，特别是谚语义类辞典的出版，无论是数量还是质量都远低于字典、词典，谚语类辞书的出版并未达到理想状态。而从对谚语义类辞典的相关理论研究上来看，研究不够深，缺乏系统性和专门性更是一直以来未能够解决的事。此外，辞典作为传承人类知识的重要载体，它的初衷就是方便人们的使用，辞书的编排需要体现其知识性、方便性以及实用性等特性。人类大脑的思维能力以及存储知识的能力会随着年龄的增长而不断发生变化，人们往往会随着阅历和经验的不断丰富而对大脑中已有知识进行更新和修正。全民文化素质的提高，对于谚语这种随时都有可能在日常生活中用来交际的言语，自然要随着个体年龄、知识、经验的丰富而不断地去充实和增加。所以当人们对于一句谚语已经认为在交际中使用频次太高或者已经不足以显示个人的文化水平时，人们就会自觉或不自觉地选择更加精当的谚语来进行表达。而已有的很多谚语义类辞典一方面收集谚语数量有限，另一方面很多谚语都是人们非常熟知的谚语，已经不能满足人们涉猎新谚语的需求，这也是我们要编制一部全新的谚语义类辞典的原因之一。

  谚语是中华民族世世代代智慧的结晶，作为中华传统文化发展的见证者与传承者，其中蕴含着丰富的民族性，中华民族气质与中华民族精神都能够通过谚语反映出来。并且谚语本身的表现力和生动性又是极强的，本身所拥有的独特性使其能够在任何时代都可以保持其原有的活力并经久不衰。此外，谚语文化发展拥有悠久的历史，其中所蕴含的风俗习惯、经验总结、社会道德等都是中华传统思想的重要内容，这些所体现的谚语文化的人文性也是其为人民大众所喜闻乐见的重要原因。从语言学的角度来看，谚语具有巨大的研究价值，中华谚语数量巨大，处在一个复杂而巨大的系统当中。一句谚语是语音、词汇、语法的结合体。通过不同地区的谚语、不同民族的谚语，我们能够感受到各地区、各民族在语言上的差异，甚至通过谚语能够看出我国几千年来语言发展的变化。同时，通过谚语能够看出一个地方或者一个民族语言使用习惯和语言特征，并且谚语对各种修辞手法的应用也是修辞学研究的重要材料之一。其次，谚语语义的丰富性也是谚语拥有强大生命力的重要原因，谚语当中富含的哲理以及哲理背后人们经验和智慧的浓缩都是谚语语义的重要组成部分。所以，编纂一部谚语义类辞典，不仅对谚语自身有好处，同时对语义学学科来说，谚语也是极为丰富和宝贵的语料。

包括谚语义类辞典在内的俗语词典，都是收集和积累人类智慧的工具书。谚语义类辞典作为工具书的一种，除了拥有其他类的辞典工具书的共通性质，也拥有自身的特殊属性。辞典一般具备功能性、方便性、知识性和稳定性四个特点。谚语义类辞典的功能性主要表现在三个方面，首先，谚语义类辞典应该具有查阅的功能。辞典作为辞书的一种，应该具有其他辞书拥有的所有功能。人们查阅辞书类工具书最主要的作用是答疑解惑。谚语义类辞典作为俗语类辞典的一种，也拥有同样的性质和功能。但俗语类辞典的侧重点和字典、词典有所不同，人们翻阅俗语类辞典，除了想要弄明白一句俗语的意思外，更多的是为了查找更多俗语。那么，谚语义类辞典同样也能够满足人们查询谚语含义和查找谚语的需求，所以，作为一部谚语义类辞典，查阅功能是其基本功能，也是任何一部谚语义类辞典不可缺少的功能。其次，谚语义类辞典应该具有满足人们阅读需要的功能。谚语义类辞典在市面上数量远少于字典、词典。因而一般情况下，人们一旦拿起一本谚语义类辞典，翻阅的时间也会稍长一些，这对谚语的普及和传播来说也是有好处的。另一方面，因为谚语都是完整的句子，更符合人类说话的习惯，所以，谚语义类辞典往往能够让人们在体验上拥有比字典、词典更快的适应性和阅读性。另外，谚语本身具有丰富的语义，这些语义都是人类智慧的体现，在谚语辞书中，读者不仅能够获得自身需要的谚语语条，同时能够在谚语中获得丰富的知识和人生智慧的启迪，这也是谚语本身发挥其文学作用的一种体现。最后，谚语义类辞典也应该具有教育教化的作用。内向型词典能够满足母语者的需要，外向型词典能够满足第二语言获得者的需要。谚语中蕴含着丰富的中华传统文化和传统美德，所以谚语词典不仅能够满足本国人的需求，同时也能满足外国人的需要。对于中国人，谚语义类辞典的好处自然不必多说，而对于学习汉语的外国人来说，经常翻阅谚语义类辞典，不仅可以增长知识，同时能够感受中华传统文化的魅力。谚语中蕴含着丰富的语义，也就意味着蕴含着丰富的中国人的独特思维，外国人通过对谚语义类辞典的翻阅和使用，不仅对学习汉语有好处，同时也能够感受到中国人的说话方式、思维方式以及思考方式，这样对于学习一口地道流利的中文是大有裨益的。

　　方便性也是辞书具有的基本特性之一。辞典类工具书是集结人类智慧最多的图书，从辞书的发展上我们能够看出一个国家的文化发展水平和历史沉淀。方便性是读者评价一部辞书好坏的首要标准，也是使功能性能够得到发挥的重要保证，方便性主要体现在两方面：首先，方便性体现在一部辞典的外部。辞书外部主要表现在辞典的外观设计、部头、纸质手感等，过去由于经济和工艺发展水平较低，辞书在装订以及纸质材料的选择上受到很大限制，所以现如今保存下来的20世纪的字典、辞典大多纸质都比较粗糙，手感也不是很好，有的辞典印刷也不是很清楚，长年累月下来字迹模糊，人们使用的也就越来越少了。另外，在中华人民共和国成立以后，词典学的兴起使人们将对知识的渴望全部倾注于词典当中，所以很多辞典都是部头非常大，包含范围十分广的"百科全书"式的辞书，比如，笔者曾经翻阅过的《中华谚语志》就有好多册，辞书记录详细固然是好事，但是册子太多，一方面查阅困难，另一方面，保存也是一个问题，能够完整地凑齐一套《中华谚语志》确实不太容易。其次，方便性也体现在辞典的内部。辞典内部便是辞典的主要内容了。内容不仅要满足读者寻求知识的需要，同时还要满足读者使用方便的需求。辞典内容排版的舒适感、辞典内容与读者文化水平的匹配程度以及语句的流畅性都是辞典使用方便性的重要保障。比如一些辞典，排版不是很好，要么字体过小，要么内容排列不符合大众阅读习惯，这样的辞典，大众是很难接受的。

所以，一本好的辞典应该要做到设计简明清晰、查询方便快捷，此外，还要很好地进行受众的文化水平调查，做到辞典与受众文化水平相符，只有相互匹配才能满足方便性，才是一部辞典能够满足读者需求的第一标准。

科学技术的飞速发展，各个领域的信息都不断增多，但是任何辞典所能够提供的空间都是有限的。在这有限的空间里，只能要求它去存储关于这一领域的准确的、典型的、对未来发展有益的知识。所以，这些"有用信息"的存储汇集成的辞书就具有了知识性。一部辞典也正是因为具有知识性，自然也具有了普及知识的义务。那么作为辞书的编纂者，为了保证辞书的知识性，就必须要做到严谨科学、细致周到。首先，在辞书语言材料上严谨筛选。不能因为是辞典，就必须追求信息量大，而要追求所录入信息是否具有价值。所以，作为辞书编纂者必须要筛选符合大众诉求、符合历史进步、有利于人民和社会健康发展的语言材料录入辞典。其次，在辞书整体结构上严谨设计。在辞典设计时，要考虑辞典各部分的详略，掌握好各部分应该有的深度和广度，比如在谚语义类辞典中，是否有必要对每一个字注音，是否必须像普通字典、词典一样必须按照音序、笔画排列。最后，知识性还应该满足普及的需求。在编纂辞典时，编纂者要经常站在读者角度去思考问题，不能将个人情感和个人文化水平作为编制辞典的标准，不能因为自身文化水平高而对辞典内容进行任意删减，也不能出现因为偏爱某句谚语而对这句谚语进行大篇幅讲解，其他谚语只是寥寥数语的情况。辞典正是因为具有知识性，所以也担负着普及和传承人类文明的重担。人们在答疑解惑时，比起其他途径，人们更相信辞典，认为辞典具有权威性。而这种权威性恰恰是因为辞典具有稳定性。只有在历史长河中经过不断淘洗而依然毫不褪色的事物，才是经典，人们也更觉得其珍贵。同样的，辞书中的内容很多都是经过长久的保存和时间考验的，因而人们才会承认辞书的权威性。

陈炳迢先生认为"写进辞书的词目或条头、释文资料和观点应该是经过社会认可的定型知识,或是根据科学预见具有生命力的新事物而不是处于摆动、变幻莫测或其命运难以预补的现象"[①]。所以,基于稳定性这一点,在编纂辞书时,除了要注意语言材料的筛选外,还应该要注意编纂内容的客观性。客观性主要要求编纂者不要偏激,在进行内容编纂过程中,要尽量全面,避免绝对。尽管每一位编纂者都有自己的编纂风格,这种编纂风格也会通过辞典体现出来,但不能因为要追求个性而在字里行间中大肆发表个人见解,这不仅无法保证辞书的知识性,同时,也无法保证观点和知识的稳定性。当然,这种稳定并不是一成不变的,而是在稳定中促发展,在发展当中保持辞书的永恒价值。

所以,对于一部辞书来说,功能性、方便性、知识性以及稳定性都是其应当具备的基本特性,那么我们的谚语义类辞典作为辞书中的一种,自然也应该保持和充分发挥这些基本特性,同时,在保持基本特性的同时,《中华谚语义类辞典》也应当具有自身特殊的编纂原则和编纂宗旨。

二 《中华谚语义类辞典》的整体设计

《中华谚语义类辞典》的整体设计是对整部辞典所涉及的各个部分的安排和部署。确定所要容纳的中心内容,并进行高效而合理的统筹与安排,为工作者提供完整的设计思路以进行辞书编纂的实践活动。辞书的框架一般分为宏观和微观两个部分。宏观结构指的是辞典中按一定方式编排的词目总体,因此也可以称为总体结构。与之相对的是微观结构,指的是条目中经过系统安排的全部信息,因而也可称作词条结构。这两个部分分别从纵向和横向来指导谚语义类辞典设计的各个环节。

---

① 陈炳迢:《辞书编纂学概论》,复旦大学出版社1991年版,第17页。

第四章 《中华谚语义类辞典》编纂理论研究

（一）谚语义类辞典的宏观结构

宏观结构主要包括辞典编纂的原则与宗旨、辞典编纂的体例设计、辞典正文部分谚语语料的甄选、谚语义类辞典的义类索引系统的设置以及辞典的版式与装帧等部分。这些作为一部谚语义类辞典的主体部分，基本囊括了一部辞典该有的全部要素。完成一项巨大的工程，首先需要确定既定目标，这一目标必须是指引我们编制辞典全程的明灯。所以，辞典的编纂必须要有明确的指导原则和编纂宗旨。辞典编纂的原则和宗旨不仅要作为理论和正确方向来指导辞典的完成，同时也将在辞典的"前言"中得到明确体现，并且在辞典各部分的结构中也会得到体现。《中华谚语义类辞典》的编纂在保留一部辞书具有的性质与特点的同时，也具有自身的特殊属性。

明确辞典收集的核心内容和主要对象是划分辞典和其他类型辞典的主要依据，同时也为辞典收集内容的明确性和针对性提供了前提。《中华谚语义类辞典》所收集的主要内容具有明显的倾向性，即中华谚语。中华谚语所体现的一方面是谚语的来源；另一方面也是辞典收集内容的广度与深度。我们的辞典所收集的谚语来源广泛，在前期的工作准备中，编纂者进行了大量的谚语收集工作，力求囊括全国各个民族的谚语和全国各地区谚语，其中民族性尤为显著。中国有56个民族，各民族都拥有自己独特的民族文化，并且通过谚语能够更真切地感受到每一个民族的文化魅力。但大部分辞典，除个别少数民族谚语义类辞典标识出明确的族属外，大部分谚语义类辞典并未注明。一方面是由于大部分谚语类书籍收集的谚语多以汉族谚语居多；另一方面编纂者并未进行深刻细致的民族问题的考察，就算使用了少数民族谚语也可能无法标注出族属。所以，《中华谚语义类辞典》将包容性作为编制的基本要求，将容纳更多民族的谚语。因此，中华谚语义类辞典势必会成为一部收集谚语丰富、内容饱满且具有鲜明中国特色的一部辞典。不论是历史还是现实的缘故，种种原因确实造成了很多民族文化的丢失，那么，对于民族文化的收集和整理工作就显得十分重要。

除了已有的谚语书籍所收集的谚语之外，一些口头流传、民间采风得来的谚语更要精心留意，认真筛选。这样一来，以包容性为前提的《中华谚语义类辞典》首先在语言材料上做到各民族文化的兼顾，同时也是因为包容性的存在，使得谚语义类辞典在问世后势必能够得到读者的认可和接受。

实用性与舒适感是谚语义类辞典的功能能否得到充分发挥的重要评价指标。实用性不单是辞典本身收集对象价值的评判，同时还包括辞典的视觉效果、索引的复杂度、信息的贴合度等都会对用户选择和使用辞典产生影响。实用性是功能性和方便性的集合体，同时又比功能性和方便性所辖区域更大一些。首先，从辞典外观的设计上，能够满足读者阅读的心理承受和阅读舒适性也是辞典具有实用性的一种表现。《中华谚语义类辞典》主要针对中等文化水平及以上的群体，这一范围的读者囊括了社会群体的绝大多数，所以在辞典的视觉效果上就要做到能够满足这一文化程度的不同年龄段读者的需求，包括字体字号、颜色区分度、内容排版等多个要素，同时还要适合读者的阅读习惯，一页当中应该罗列多少谚语才能够既满足人们进行视线快速扫描的需求，又能够满足人们仔细阅读和思考的需要。而在版面设计上，也应该注意每条谚语之间的空间，谚语和谚语之间适当的距离可以增强可读性，便于用户查找信息。其次，编纂辞典的初衷是我们希望能够使谚语得到更广泛的普及和应用，并能够更好地满足读者的需要。所以我们在辞典的索引设计上也十分重视实用性这一编纂原则。辞典的索引部分体现的是我们对谚语的分类方法，即采用义类分类。这种分类方法是不同于音序和笔画索引的一种分类方式，我们希望读者在使用我们的辞典时，看到或者想到一句谚语时，其他虽然是不同民族、不同地区、不同表达方式，但是同义或反义的谚语都能够在我们的辞典中呈现出来。确立这样的一种编排设想和方法后，工作者还专门进行了义类体系的设计，并将大量谚语在义类体系当中进行反复试验，最终设计出一套完整的义类体系。义类体系出自谚语本身，又经过谚语的反复检验，所以以义类体系为主要检索系统的谚语义类辞典，实用性更为凸显。

　　语言是一种符号系统，也是人类文明传承的载体，但不论是作为符号的语言还是作为传承文化载体的语言，都是各民族人民共同创造的，因而语言具有鲜明的民族性。中华谚语不仅仅是中华民族的宝贵的精神财富，更是一代代中华儿女共同的民族心理的遗传和民族共性的烙印，每个人都无法摆脱民族性的影响。《中华谚语义类辞典》作为集结民族性的一本典型的辞典，不仅仅要将谚语作为语言材料的特性表现出来，更重要的是要表现出谚语背后的民族性的特质，而对于辞典编纂者来说，这是一种对人文性的感悟，是作为辞典编纂者对时代、对中华各民族以及读者感受的一种摸索和体悟。很多谚语义类辞典可以说基本是将谚语作为符号并从语言学角度去编制的，人文性体现得并不是很强，这是一种完全从语言学角度进行语言本体性研究的反映。这种语言本位的思想往往会让谚语义类辞典停留在专家层面，反而忘记了辞典真正服务的对象。人文性所要求的是编者能够更多的以读者为中心进行辞典设计，能够站在用户角度去思考如何让谚语文化更好地被读者接受，如何更好地让读者体会和感受谚语文化的魅力。许多辞典力求大而全，在追求全面的过程中忽视了很多细节的东西，精微性是近年来各类辞典编纂的普遍趋势，《中华谚语义类辞典》也不例外。精微性最好的体现就是义类体系在辞典当中的应用。义类体系从系统的角度出发，明确对谚语语义的针对性使得谚语的价值发挥到最大，所以《中华谚语义类辞典》并不仅是单纯的谚语数量巨大，更多的是对庞大数量谚语进行更精细的加工和整理。而对于从历时和共时两个层面来研究谚语的一部大型辞典来说，就更加应该注意对精微性的处理。通常，按照音序编排、笔画编排或者序号编排的辞典，我们是无法看出设计者的编排方法和上下左右谚语之间的逻辑关系的，但一部辞典应该有其最主要的编纂方法和编纂目的，谚语从收集到整理的每一道工序都应该是围绕着这一最主要的编纂目的展开的。因而

《中华谚语义类辞典》在义类编排的方法上必须保证其精微性。精微性的编纂要求又需要编纂者能够做到完善义类体系的系统性、科学性以及最终所呈现的整个系统的明晰性。

义类体系将谚语通过层层分类，将谚语划分在各个不同的语义场之内，这些语义场彼此之间相互独立，界限分明，因而读者在查阅时能够十分准确地定位到需要查询的部分。而这样的语义场内部又是十分完整的系统，除了对读者查阅有好处外，对谚语填充工作者也十分有好处。对填充工作者来说，除在填充时给予指导作用外，也能够在谚语填充完毕后提高检验效率。因为在验证期间需要测试的功能群组分割区比较小，而完整的义类体系又呈树状结构分布。在树状结构中，对谚语的填充是从第三层级开始执行的，而对填充的检验，则是从最高一层开始进行的，然后才在子义场之中进行验证。这样在检验时会具有很强的针对性，根据所设计的类名直接检验谚语语义是否符合这一类名的特质。此外，分类的清晰性也是辞典设计精微性的一个表现，清楚地指引读者寻找到自己想要的内容是辞典在读者心中和市场上能否占有一席之地的直接影响因素。现如今，人们更加追求的是效率，在为读者提供想要的答案和满意结果的同时又能够缩短时间才是读者心目中的好辞典，因而辞典的明晰性也是辞典必须做到精微性的一个要求。

任何一部辞典都是完整的系统，为了使辞典的价值发挥到最大，就必须形成一定规范化和程式化。因此，编纂一部谚语义类辞典，必须要有一个合适的辞典体例设计。体例是辞典在设计和编排上的具体规定，是所有参与辞典编纂的工作者必须遵循的书写规定。由于体例设计也是辞典"前言"的一部分内容，所以体例的设计一定要能够将辞典的通用性质和我们辞典所要坚持的编纂原则全部统筹起来。体例不单纯是编纂者想要向读者传递的语言信息和辞典相关介绍，更是保证谚语义类辞典在内容和形式上一致性的重要屏障。一般而言，部头越大的辞书，由于信息量较大，体例也越复杂。对于《中华谚语义类辞典》来说，每一条谚语都是辞典系统当中的一个元素，而每一谚条又至少包含语音、词汇、语法、语义、释义、特别标注等元素，只有这些元素彼此相互协调才能使辞典成为有序的系统。各元素在辞典中所占比例不同，其中谚语语条与释义内容所占比例最大，其他标注相对少些，这时除了严谨的文字表述外，还需要一系列明确的规定和细则来保证系统内部的有序性。辞典编纂将围绕体例展开，因此体例设计必须符合辞典实际并能够具有明显的针对性。简约而不繁复、完整而无遗漏是体例设计的基本要求。试想体例设计如果不完备，每条谚语下设内容的罗列都不统一，这样的辞典设计出来一定是杂乱无章的，根本无法发挥辞典的功能性。体例在辞典的宏观结构中主要表现为对辞典收集内容的选择，在微观结构中主要表现为对辞典中释义信息、注释信息以及其他细节性标识的处理。比如辞典主体部分采用黑白印刷，这样能够使字迹更加清晰醒目；在族属问题等特殊标注上采用"【】"；在释义时，如果一句谚语拥有多层含义，彼此含义相近时用"，"隔开，彼此含义相距较远就用"；"隔开；同时在对同义谚语中的多个个别方言、古语等作出解释时，用112233……来进行区分。这些规定虽然是其他辞典都采用过的，但为了使谚语义类辞典能够更快适应人们阅读习惯，决定保留传统规定，这样一来，辞典的制作不仅可以更加简约，同时也能够大大增加读者的方便性。此外，由于谚语收集来源广泛，涉及很多少数民族语和方言，这就需要进行特殊标识。比如，辞典中将采用【方】代表方言；【旧】代表旧称；【口语】代表口语；【少】代表少数民族语，并在其后用（）标出所属民族，这些标注均会从细节上凸显出辞典编纂的用心程度与编纂方式。

辞典采用义类索引，这是我们在对前辈辞典的大量考察和分析中做出的选择。相比音序检索、笔画索引、数字序号编排以及无目录的辞典，义类编排更适合谚语义类辞典。谚语反映世间万物，世间万物又是主观与客观的统一。义类体系就是以这种统一的观点去寻找每一条谚语合乎逻辑的自然语义位次。各类辞书体系构建采用的方式不外乎以下几种：首先是最简单的不建构体系或者直接以序号作为全书框架的辞书，这类辞书面世的不是很多，一般只有收录内容非常少的辞书才会出现这种情况，比如一系列少数民族的谚语选集，它们就是这样类似"小册子"的图书；其次是采用音序编排或者笔画排列的方式，这两种方式是辞书中出现最多的编排体系，也是最稳妥、最常见的方式，我们常用的《现代汉语词典》等辞书就是以这样的体例进行编排的，但这样的编排方式只能够满足依据首字进行查阅的功能，在一些功用和特定需求方面往往不具有太多的优势；最后就是采用义类体系进行编排的方式，国内外采用义类体系编排的辞书是比较多的，这种方法打破了固定的按照首字查询的限制，在功能性和实用性等方面体现出较为明显的优势，但是现行的谚语义类辞典的义类体系设计并不是很理想。

　　首先，各类辞典中各民族谚语数量差距悬殊，无法做到平衡性。从谚语收集的数量来看，汉族谚语的数量远多于少数民族；从收集到的谚书来看，有关汉民族的谚语辞书居多，少数民族谚语辞书较少；汉族谚语收录虽各类辞书有多有少，但从整体上看，汉族谚语收录较全面，少数民族谚语多为精编版，所出版的谚语书籍，大多只收录关于某个民族的最多几千条谚语，收录不够全面。例如，《中国谚语集成》在收录少数民族谚语时仍按照地域划分，所以收录的少数民族谚语屈指可数，其中《河北卷》收录的少数民族谚语不过100条，《广东卷》约有300多条少数民族谚语，而新疆人民出版社出版的一系列少数民族谚语类辞书最多也不过是几千条。

　　其次，各类辞典中义类体系义项分配不均衡。从收集的谚语以及出版过的谚书来看，以农谚、社会生活的谚语居多。经济基础决定上层建筑，原始社会开始的采摘、狩猎等农副业的发展、封建社会的小农经济的发展都决定了农业在我国的地位。在自然经济条件下，所建构的大众的小农思想自然是伴随着自然经济的发展而生生不息的。在农业社会的大环境下，人们所形成的民族心理中自然也展现着农业文化的缩影。人们对于劳动、实践、农业经验的总结、气象和时令的观察，以及人们在劳动中形成的勤劳、淳朴的性格都在谚语中得到了反映。例如，朱雨尊先生的《民间谚语全集》主要将谚语分为"俗谚"和"农谚"两大类，俗谚从为人处世到家庭再到社会百态，农谚从气象到养殖再到农民经济和农民箴言的总结等，可谓包罗万象、应有尽有。在少数民族谚语中，围绕生产和处世的谚语也是比较多的。此外，少数民族还会收录一些反抗压迫、追求解放的谚语，其他如修养、文艺以及生活意趣方面的谚语就比较少了。例如在《中国少数民族谚语选》中收录了包括阶级、为人处世、婚姻爱情等许多大的类目，但未见有关享受生活、生活情趣方面的谚语。此外，在汉族和少数民族谚语中，均缺少新时期以来的谚语。这主要和谚语类书籍的成书年代有关。成书年代较早的谚语书籍，自然是没有新时期谚语了。而成书年代比较晚的谚书，在收录时，大多数的谚书会在很大程度上借鉴前人成果，在已有研究的基础上进行增减，因此现代谚语收录比较少。然而，随着时代的发展，新词新语不断增多，传统谚语在与现代都市生活、城镇化进程、文学多样化发展的过程中不断融合，甚至中国谚语和外国文化的交流与碰撞中又会产生符合现代人生活的新谚语。

最后，谚语义类体系框架尚未完善。谚语义类体系构建方面，有的谚语书籍直接按照一级、二级类目进行划分，没有纲目进行统领。武占坤先生的《中华谚谣研究》就没有纲目作统领，直接将谚语按照"事理""社会"等大类进行划分。有的谚语书籍有纲有目，但越往下级划分，细目越多，甚至划分出上千个。例如《中华谚语志》尽管在谚语的收录和编排方法上，都是值得后辈借鉴的具有重大价值和意义的谚语辞书，但是在第三级类目的划分中，分出近1800个细目。没有纲目作为统领的体系容易在分类上缺乏层次感，细目过多又容易造成体系的混乱，不便于读者阅读、查询。前者体系一般常见于谚语收集数量中等的书籍当中，后者往往是一些收集谚语多、囊括范围广的书籍容易出现的问题。此外，没有纲在大的方向进行指导，细目划分过细，都会造成一个共同的问题，就是缺乏包容性。

类名不仅仅是该类谚语的代表词，更是揭示这一类谚语的主旨、思想的代表词。类名最大的好处就在于它能够让读者一看到这个词就明白这一类的主要含义。比如《常用谚语分类词典》中划分的"家庭亲族""婚姻爱情""男人女人""老人青年"等类目，在翻开词典目录时，首先就会给读者造成类名提取不明确，范围相互覆盖的情况。其次，类名的范围过大，尤其是"男人女人"这一类，指称不够具体。所以类名的提取，在尺度和范围上必须进行严格的把关，提取时必须要明确，不能模糊。我们所构建的体系分为三级类目。第一层级主要分为五类，分别是："生产生活"、"精神意识"、"国家社会"、"教科文卫"以及"客观自然"。五级类目之下又设"日常生活""物质生产""人体人生""社会意识""优良品质""品性不良""宗教信仰""哲理事理""政治权力""军事战争""风气风俗""行为方式""文化遗产""教育教化""医药保健""修身养性""动物植物""自然景观""矿物资源""气候气象""四季更替"等21个二级类目，之下再设130个三级类目。其中一级类目是整个体系的纲目，起到统领的作用。二级类目是连接第一层级和第三层级的桥梁与纽带。第三级类目是更为细致的、直接能够对所收录谚语进行反映的类目。所以，一、二级类目在设立时，相对而言比较抽象，而第三级类目则更为具象，由于具象事物往往在概括性和覆盖面上不及抽象事物，那么，作为体系的最后一层，也就是第三层，自然会划分出更多的类别。所以，我们所构建的体系，纲目俱全、划分合理，既没有在体系结构上有所缺失，同时也在极大程度上为能够收录10万条谚语提供强大的存储空间。尽管谚语辞书有不少是根据义类编排和分类的，但各家在分类之后，并未有强有力的理论能够支撑自身体系的科学性，且在成型的体系中，多多少少都会存在一些问题。按照义类划分，功用性目的的直接体现就是解决人们的"词穷"问题。人们交际中，有些感情、思想是无法用普通的句子表达出来的，再或者一句谚语在某个语境中可以代替许多苍白无力的句子。人们在交际时，随时都有可能使用谚语，然而个人的记忆水平终究是有限的，就算对某个谚语烂熟于心，但也无法保证在说话时，头脑的运转速度可以达到脱口而出的效果。那么，义类体系的作用就是帮助人们进行系统性的"记忆"，人们只需要从中挑选符合口味的谚语即可。这样看来，义类辞典与着重进行谚语罗列或是重在解释意义的辞典终归是不同的。其实谚语本身是劳动人民创造出来的，本身是一种十分"亲民"的文化，并没有太多生僻的谚语需要专门进行意义的解释，所以对于谚语词典的建构，不能说义类体系最恰当，但它一定是目前最好的选择，毕竟在给出类名时就可以知道一系列谚语的意义，就没有必要将辞典做得太过繁复。辞典最终要投放市场，所以也需要进行包装。辞典的版式与装帧是辞典的整体呈现，版式美观、条目清晰不仅方便查阅，同时也能够让辞典更好地适应市场。一般包括辞典的纸张材质、尺寸、页数以及封面的装潢设计等。辞典的版式和装帧往往由出版机构负责，也可以由辞典编纂者设计。

（二）谚语义类辞典的微观结构

"如果将词典的宏观结构比作楼房的钢筋铁架，那么微观结构就是一砖一瓦。这些砖瓦的质量将直接或间接影响整个楼房的质量。"[①]谚语义类辞典的微观部分能够增强辞典的饱满度，如果缺乏了某些必要信息，那么就是辞典微观结构的缺陷了。微观结构主要包括谚语语条的排列、谚语义类辞典中的释义和注释信息的处理以及谚语义类辞典的附录收录内容以及收录标准。微观结构应当具有一定的固定性。对于微观部分的规定，必须在辞典当中得到明确实现，并且要从始至终得到保持。其次，微观结构也应当具有一定的层次性，在每一谚条下设的内容，必须按照严格的既定顺序进行罗列，不能随意变换。在大的方向上，正文部分谚语语条的排列必须符合义类体系的收纳标准，

---

① 张金忠、袁丹、陈晶：《俄汉—汉俄科技术语词典—编纂理论研究》，光明日报出版社2010年版，第129页。

严格按照义类体系中给出的类名进行判断和填充，填充时必须有充分的理由来证明该谚语可以填充到该类名下，切不可随意填充。再次，同一类名下的谚语，按照首字的首字母进行排列，这样做的好处是能够让含义相同的谚语保持一定的有序性，提高读者的查检效率。最后，如果首字字母相同的谚语，可以根据首字的第一个韵母进行排序，以此类推。每一条谚语所管理的全部内容的基本顺序为：

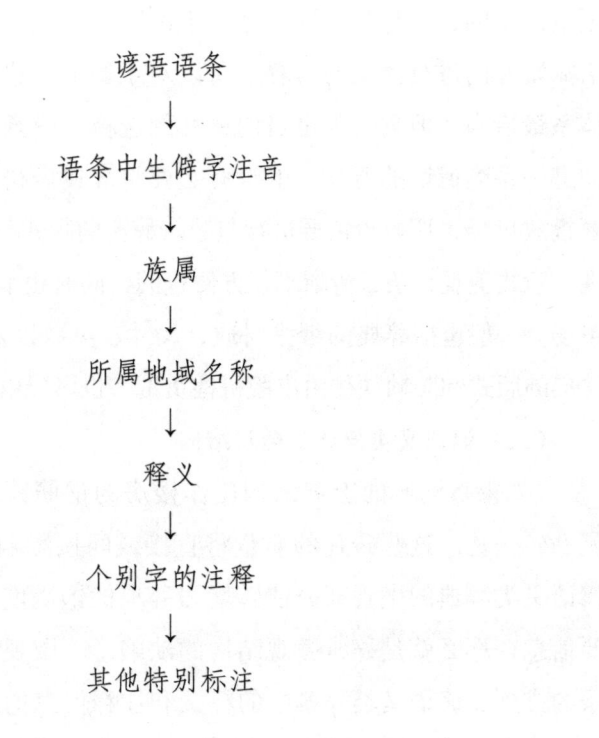

谚语语条
↓
语条中生僻字注音
↓
族属
↓
所属地域名称
↓
释义
↓
个别字的注释
↓
其他特别标注

谚语语条的字体设计，汉字采用适用范围最广的宋体字，数字、拼音等采用 Times New Roman，其中，谚语语条采用加粗字体。所有谚条采用小四号字，释文采用五号字，其他信息内容为小五号字。正文部分为黑色字。

由于受到辞典篇幅限制，我们不能将收集来的谚语都收录进来，只能进行筛选。谚语语料的甄选首先要考虑谚语本身的价值，谚语所反映的内容几乎包括了各个历史阶段全部的人类对自然和社会的认识，

第四章 《中华谚语义类辞典》编纂理论研究

所以谚语中所含内容并不都是符合现阶段时代发展需求的。其次,要注意谚语的使用广泛程度,使用越广泛,越为大众熟知的且符合时代发展的谚语,越应该被收集进来。最后,中华谚语义类体系的设计是全面而完整的,所以谚语的收录还必须要符合中华谚语义类体系的需要。对于收集到的谚语,我们首先进行初步的过滤和筛选。第一步便是对谚语本身价值的分析。谚语义类辞典不仅对人们学习谚语有好处,更重要的是在阅读谚语义类辞典的同时对读者身心的影响。为了能够始终把握主旋律,弘扬正能量,我们对谚语进行了初步的筛选。一些弘扬正能量,体现中华优秀传统文化和文明发展的谚语是一定要留下来的,为的就是能够继续传扬下去以引导人们去传播正能量。一些体现消极方面的谚语,例如表现一个人吝啬、自私、虚伪的谚语我们也进行了甄别和保留,为的是能够给人们以警示的作用。我们剔除的是一些明显带有迷信色彩、侮辱和歧视性的谚语。这些谚语不论是对社会还是个人发展都只有阻碍的作用,因而并未收录。

很多谚语是人们口耳相传留下来的,因而有些谚语我们非常熟悉,像这样的谚语,如果不是带有明显阻碍作用的,应该优先纳入辞典。这样的谚语,都是我们非常熟悉的,这样一来,对谚语填充工作者来说,不仅在填充时节省时间,同时还能够检验义类体系中类名设计是否合理,甚至还可以根据这句谚语去评价其他谚语是否与之意义相近而应该纳入该类名下。对于读者来说,因为熟悉这句谚语所以可以准确定位到类名,能够极大地提高查找的效率。每一类名之下的谚语,我们尽量做到各民族谚语平衡。尽管汉族谚语在数量上占据绝对优势,但少数民族谚语也不容小觑。我们辞典的一个重要编纂原则便是包容性,包容全国各民族谚语,因而在每一类名下,尽量寻找与之贴合的少数民族谚语也是谚语填充工作者们努力的目标。所以,我们选择的谚语基本做到五十六个民族全覆盖。相对来说,汉族谚语选经典的、为人熟知的、通行范围广的,但是这样的谚语比例不会太高。同时特色鲜明的、谚语整理成果成熟的少数民族谚语(藏、回、维、蒙、壮、苗等）比其他民族的谚语占比相对高一些。只有能够在同一类名下收集到更多民族的谚语，才能够真正凸显《中华谚语义类辞典》的特性和价值。

中华谚语义类体系是科学而严谨的分类系统，所以义类体系也有足够的信心能够容纳数量巨大的谚语。那么谚语收集也应该尽量适应义类体系的需要。体系设计包容性强，周遍性广，内外的层次性、逻辑性鲜明，在层层划分之下，是完全能够满足所有收集来的谚语的。但是由于辞典篇幅所限，不可能将收集来的谚语全部纳入体系当中，所以在甄选谚语语料时，要尽量保持义类体系的平衡性。人们使用谚语更多的是对其语义的使用，因而释义信息也是一部谚语义类辞典微观结构的核心部分。释义部分一般是一部辞典最难处理的部分，释义过宽、过窄、概念混淆等都极容易招致读者的不满和业界的批评。所以，在释义时，除了要符合普通辞典释义的规范性、正确性之外，还应该满足释文信息的对象性、释文信息的定义性以及释文信息的描述性。释文尽管在语言表述上是对于这一谚语的解释，但事实上它反映的是谚语背后人们复杂的心理问题。一句谚语进入大脑，人们会构建出对这一谚语的认知语义结构。因此，释文信息在处理时一定要能够激发读者心理上的认同感。事实上，离开了具体的语境，我们无法给出释义的准确含义，这时就需要释义的对象性。正是因为没有办法做到像数学定义一样精确，那么就会容易造成释文信息过宽、过窄、概念混淆的情况出现。但是，我们的辞典是义类辞典，在谚语安置时，谚语本身是在类名的统治之下的，那么谚语在释义时就不能够偏离类名。所以，类名就是谚语在释义时的对象。既然有了类名，那么在进行释义时就有了目的性，有了目的性，谚语就和类名有了对应关系，谚语作为人类交际中经常使用的语句，且在不同的语境之下会有微妙的变化。所以释义并不需要像词语一样做到十分准确，只要做到精确即可。也就是说并不需要在谚语与类名必须完全对应、完全等同的条件下才能够释义，正确的做法应该是释义时准确把握主题词即类名，

第四章 《中华谚语义类辞典》编纂理论研究

在以类名为中心的圆周之内进行释义,当然,释义时还要遵循释文信息的定义性和描述性。

明确释文信息所要把握的核心主题词之后,我们需要对谚语进行进一步分解。在分解的过程中,我们首先要注意释义本身的目的。释义本身就是一种对某事物的解释行为,具有"下定义"的作用。下定义时,首先要采用陈述句语序,不可以出现反问句、疑问句。如果对谚语进行释义时,采用问句,只会使读者更加迷惑。其次,在释义时,也要注意释文信息词句的选择,应当选择最简单、最直接、最容易为人们理解的词语,不能在解释时采用比喻式、形容式,更不能让谚语和谚语之间相互引用作为解释。谚语具有知识性,对于每一谚语条目,谚语的来源、疑难字词、风景名物、文化背景等"知识窗"我们也会适量增加。但并不代表我们在释义时必须要将明确的谚语中含有的知识性释义出来,这主要还是因为谚语在使用时拥有语义环境。我们无法判断读者在什么条件下使用谚语。所以,如果采用表述性谚语,该句谚语比喻……、形容……,就会将读者思维固定在我们事先设立好的围栏里。同时出于谚语自身发展的考虑,就算该谚语的主要比喻义和引申义能够被一眼看出,我们依然不打算使用表述性语句进行释义。很多谚语随着人们的使用和时代的发展,加入了新的含义,我们没有办法将每条谚语的所有含义全部考察完毕,所以只能采用描述性语言,将谚语基本含义解释出来,其他引申义一概不进行解释。

最后,就算对于某句谚语的某层引申义,人们非常熟悉,人们使用也十分广泛,这样的释义,我们依然不打算将其直接编入辞典,一方面无法保证这层引申义的稳定性,另一方面,在对引申义进行解释时,无法保证言语和措辞符合大众口味以及谚语翻译的准确性,既然不能完全保证准确性,就不能够以我们的一己之见对读者形成误导。辞典注释信息主要包括对辞典中个别字、词的说明。个别字、词主要指谚语中明确包含的少数民族语或者少数民族风俗特产、地方方言或地方特别风俗、生僻字词等内容。比如"厨房里有熟人,能吃饱肚子；衙门里有熟人，能戴上翎子"（蒙古族），其中"翎子"指清代官帽上的孔雀翎，戴上翎子指做官。类似这样大众不是很熟悉的字词是需要标识出来的。注释信息主要置于释文内容之后，采用【 】+内容的形式。

三 创建中华谚语义类辞典数据库

　　随着大数据时代的到来，辞典编纂领域也发生了巨大的变革，如何让《中华谚语义类辞典》适应时代发展，也是辞典编纂实践中的重要问题。传统的辞典编纂过程耗时长、效率低且很快就跟不上时代的发展。所以，我们在编纂辞典时，希望以前人的传统研制过程为基础，结合辞典学发展的新兴技术，应用计算机和网络在大规模语言数据资源和互联网上人机交互机制的支持下，把语言数据建模、语言信息处理与辞书编纂过程结合起来，改变以往辞书编纂和修订全部由手工操作的工作方式，提高辞书编纂的质量、效率和科学性，同时为辞书研究和汉语词汇研究提供数字化的语言资源。

　　编纂系统的总体设计思路是：以语言数据资源的开发和管理为基础，借鉴语言信息处理的相关研究成果，融入汉语语文辞书编纂的知识和经验，用人机交互方式管理编写辞典的工作流程，提供编者需要的各种资料和信息。整个编纂系统由人机交互式工作流程控制平台、在编辞典数据库和语言数据资源库三个子系统组成人机交互式工作流程控制平台：按照辞典编纂的流程，根据词典编者的不同权限，提供从词条结构定制、选词立目、词条编写、修改和审定、编者信息交流，到词条过录、排序、生成检字表、输出词典的各种处理功能和操作界面。在处理过程中编者可以随时调用语言资源库的内容，进行语料检索或统计，查询各种参考词典，也可以回溯在编辞典库中保存的谚语语条修改和编审的历史记录。在编词典数据库：在编辞典是编纂系统人机交互式工作流程的主要操作对象和产出目标。在编辞典的每个谚语语条以义项为单位存储，每个义项的内容由各种属性或特征组成。

第四章 《中华谚语义类辞典》编纂理论研究

在编辞典数据库建立之初，要先由义类体系设计者根据编纂系统提供的词条结构模型来确定谚语语条的内容结构，再由编纂系统生成语条编写界面。编者就在这个界面上编写语条。编好的语条可以再修改或提交审定，在编词典数据库会保留修改和审定的记录（包括：修改/审定者、改动内容、修改/审定时间等）以供日后查询，也能为每个编者保存个人编写日志。在编辞典一旦编写完成，编纂系统会自动把它的副本转为参考辞典。语言数据资源库由词目总表、参考词典数据库、语料库及其检索统计模块组成。词目总表用开放的方式尽量多地收录谚语语条，记录每个语条的各种属性或特征，主要为选词立目提供素材，也可以为义类体系设计者参考。参考辞典数据库收集各种已有辞典的各个版本，供用户在编写语条时随时调阅参考。语料库里集成了编纂辞典需要的各种语料。检索统计模块在编写语条时随时调用，对集成在系统里的语料库和数据库进行检索和统计。在整个编纂系统的设计中，自然语言数据资源的形式化描述和结构化处理是基础性的工作，有两个主要内容：一是用数据建模的方法研究谚语义类辞典的内容结构和谚语语料库的文本结构，建立辞书内容结构模型和语料库文本描述模型；二是制作辞典内容结构化处理和语料文本描述的软件工具，建立基于 XML 的辞典数据库和语料库。这些语言数据资源支撑着整个编纂系统的构造和运行。在编纂系统中，利用语条内容定制可以控制在文本形式下语条输出的体例或版面格式。控制语条输出体例的意思是，指定语条中部分属性名和属性值的标志符或缩略符，用于文本形式的语条数据输出。例如在有的辞典文本里，词条的属性"词性"用外加"□"表示；属性"例词""例句""比喻例"用"◇""｜"等符号表示。通过词条结构定制可以给属性值指定表达符号和位置信息（分为属性值前附加、属性值间附加或属性值后附加等几种位置）。控制文本形式下词条输出的版面格式，是为了把词条从编纂系统的词典数据库里取出来，按照印刷文本的形式呈现给词典编者。

版面格式的控制主要包含语条中各个属性排列的顺序、各属性值的显示格式（例如空格、折行、缩进等）。处理得当的版面格式能够在辞典的编写过程和排版过程之间起到沟通的作用，编者可以比较直观地看到语条的基本排版样例。语条内容定制也可以在辞典修订时用来变更原有的内容格局，还可以在已有辞典的基础上减去一些属性项，不需改动内容，直接自动生成原辞典的属性缩减本。辞书内容结构模型 XSD 定义的是抽象的辞典数据，它描述语条所有可能的属性，也定义每个属性所有可能的属性值，跟语条及其属性在具体词典中的表现形式没有关系，这样就把辞典数据的内容和形式分离开了。这种分离的作用是，利用语条内容定制功能可以控制文本形式下语条输出的体例或版面格式，还可以规范语条输出格式、标点符号、特殊标记等。并且编纂系统必须提前对非正体、词类、语体说明、语用说明、注释、用例、外来语等语条属性的表达方式做一致性处理，以避免输出时的随意性。辞典数据的内容与形式分离，还使我们能够在不同的设备上用不同的格式表现同一部辞典的内容，输出便于人们查阅的各种文本形式。排版印刷格式是其中之一，还可以是网页格式、在移动设备上表现的格式（比如手机上显示）等。

每一条在编写、审校过程中，编写人员和审校人员可能做出多次修改。保留语条编写和修改的记录并根据需要回溯语条的编写过程，对于辞典编纂来说十分重要。以前人工编写的时候，编者大都在卡片上用不同颜色的笔来做历次记录。通过这些记录可以追溯词条编写的过程，反映语言和词汇的变化，回顾历任词条编者的工作思路。编纂系统提供了"保存修改记录"和"回看修改记录"的功能，根据编者的要求，把每一次编写和审校的信息记录和保存下来，供日后回溯。这些信息包括：修改者、修改前后的内容、修改时所处的进程、修改提交日期，还可以留下修改备注（包括修改原因、参考资料、遗留问题等）。回看修改记录时，会突出显示修改前后不同的内容。另外系统还有"撤销修改"的功能，在编写过程中可以根据需要随时恢复某次修改前的语条内容。这些功能有助于追溯辞典的编审历程，不仅对编写语条有用，对辞典修订和辞典研究也有用处。在语条编写过程中，编者可以在自己的语条编写界面中看到当前语条的操作进程、修改状态、当前进程是否完成等信息，明确自己的任务和工作进度，还能通过进程处理功能与其他编者交流信息、配合工作。语言技术、计算机网络技术和词典编者智慧之间的相互联结，当然还需要在实际运行中验证和完善，编纂系统和用户之间也应该经历一段较长时间的磨合，所以我们依然还要继续根据用户的体验和意见不断改进系统的设计和功能。随着社会的不断发展和科技进步，词典出版的方式也变得多种多样：有传统的纸质版词典，现代的电子词典或称为嵌入式词典，以及在线词典。电子词典的问世离不开信息技术的发展，网络词典的出现自然是网络时代发展的结果。从某种意义上讲，电子词典和在线词典都属于机读词典范畴。无论哪种方式都是为了方便词典使用者。一部词典如果以传统的纸质版形式出版会涉及前期与出版社进行联系，如发行日期、数量、版面设计等关于一些细节方面进行商榷。如果是以电子词典或在线词典形式出版，就要联系好开发者，为词典软件开发者提供相应的词典内容，如"金山词霸"等。《中华谚语义类辞典》的初稿将制作成纸质型辞典，纸质版辞典是辞典出版的传统方式，它的载体是纸张，它所列举语义或相关信息是通过排版形式、字体、符号等方式传达，结合宏观结构与微观结构的理论要求进行辞典编排，并以义类分类作为主要的检索手段。纸质版辞典与电子词典（嵌入式词典）和在线词典相比可以说历时之久，市场潜力巨大，读者也更多。同时，纸质辞典收词广泛且规范，释义详尽，具有全面性与权威性。在线词典是指建立在因特网环境之上的、可为用户提供实时共享查询服务的重要网上参考工具，是比电子词典更为领先的词典形式。如 Google、译酷词典、维基百科等在线词典，它主要是通过在线进行查询来获得信息，更方便快捷些。如果客观条件允许，也会考虑将我们编写的《中华谚语义类辞典》嵌入在线词典中，这样更方便词典使用者查询。如使用者想要查询关于"客观自然"类的谚语，可以在检索处直接输入"自然",查询关于自然类的谚语。同时,我们也会考虑到在线辞典的动态性,不断调整该本辞典的信息量。随着社会发展、语言现象以及人们对各种科学研究的深入随时更新完善,它的检索方式也更加多样,使用者可以根据自己的需求在检索框中输入要查阅的内容,快捷方便。词典在传统的纸质版的基础上又产生了电子词典,包括袖珍电子计算器型词典和光盘词典两种新形式,可以说电子词典是当今社会科技与经济不断发展的时代产物。词典的光盘(CD-ROM)版是最初的传统词典内容和计算机技术的简单结合。随着电子技术的迅猛发展,这种出版形式几乎已被"淘汰",还有电脑软件词典产品,如"金山词霸"等,以软件形式相继安装应用到电脑和手机上。但由于《中华谚语义类辞典》并不和词典相同,所以我们指的电子词典是可供使用者随身携带,随时查阅的袖珍电子词典,这种出版形式一般比较受笔者青睐,同时它的应用前景也是很广阔的,并有将《中华谚语义类辞典》以此种形式出版的想法。

综上所述,词典出版形式包括传统的纸质版词典、电子词典和在线词典。而对于《中华谚语义类辞典》而言,如果客观条件允许,我们会先选取传统的出版方式——纸质版词典。

四 用户视角与谚语义类辞典的实践前景

辞典初稿完成后,在出版前也应当做好市场调查工作。辞典最终投向市场,所以在入市之前,辞典编纂团队向全社会发放问卷调查,试图通过读者反馈来精进辞典。同时对于辞典问世的价值,我们也将从辞典设计的全部过程和用户反馈中进行综合评估。

传统的辞书在编纂过程中,以研究对象为主要内容,以编纂者自身的意图和思维为中心进行辞书编纂。而在《中华谚语义类辞典》的编纂宗旨和原则中,笔者在之前提到了《中华谚语义类辞典》的一个重要的编纂原则就是人文性。人文性就要求辞典的编排必须将用户体验放在第一位。谚语义类辞典的用户体验首先需要满足时代的需求,不能闭门造车。用户调查问卷能够反映的不仅是用户对这一简单问题的看法，更多的是用户的期盼。这样通过问卷间接反映的用户期盼是结合着不同社会阶层和年龄段的认知水平，其中还夹杂着很多本能的、感性的认识。用户虽然有需求，他们有自己的看法和意见，但却不可以自己根据自己的喜好去制作词典，这样一来，就需要编写者通过大量的问卷去加工提炼读者的思想，将这些最终上升到谚语义类辞典编纂的理念当中。为了解决用户薄弱的问题，我们也尝试让广大读者参与到谚语义类辞典的编纂工作中。在编纂辞典的过程中，我们同时也做了调查问卷，调查问卷的发放是唯一的也是最好的能够收集各年龄段、各个阶段知识水平人的想法的一种形式。我们也并未拘泥于对《中华谚语义类辞典》的调查，而是将问卷的目标设置为全部已经面世的谚语义类辞典使用满意度的调查。这样一来，一方面能够看出，现阶段谚语义类辞典在市场的投放情况；另一方面能够从问卷中分析出什么样的辞典更适合市场、适合大众。用户意识还有一个更大的好处在于，可以让编者始终站在读者的角度去思考如何能够编纂一部大众喜欢和广泛使用的谚语义类辞典。同时在谚语义类辞典编纂过程中难免会遇到一些困难，这样编者就可以变换角度去思考并解决这个问题。用户体验的调查要全方位，不仅仅是对正文部分，同时辞典的每个细节都要认真打造并且要认真听取建议和吸取经验。包括专家、出版商以及其他工作者的建议、意见都应当被收集。不同行业的审美情趣也是不一样的，尤其是一些在谚语义类辞典的整个制作过程中参与进来的人员。他们是不同领域的行家，所以他们更具有发言权，他们更知道市场在他们所在的领域需要的是一本什么样的辞典，所以这些都是用户体验调查的重要环节，都将体现在问卷以及对问卷的分析当中。最后，由于消费者在选择词典时会考虑出版社、词典名气以及教师的推荐影响，因此出版社应努力出精品、出名品，提升自身形象并扩大品牌宣传。尽管辞书的编纂是体现在专家层面的，但谚语却是全民性的。谚语辞书是与大众日常生活、学习工作息息相关的。语言文字应用在现代社会生活中发挥着越来越重要的作用。《中华谚语义类辞典》的编排，有利于人们共享辞书资源，共享谚语成果。

谚语是人们在各个时代所积累下来的。从谚语中，我们能够窥探出不同时代人的经历以及前人的经验。谚语内容广泛，人类的所见、所闻、所感都可以找到恰当的谚语进行描述。谚语数量庞大，但并不是孤立存在，如果加以细心整理，必定是有规律可循的。《中华谚语义类辞典》主要是由于时代的发展，信息化和网络化对于古典文化的淘汰速度实在太快，许多民间文学来不及被发现和保存就已濒临亡佚，这其中就包括谚语。谚语的数量虽然庞大，但其实很多谚语早已不被使用或已经亡佚，所以我们对我国多民族谚语的大规模收集整理，就是为了保存文献，为今后的研究搭建一个平台，从而尽可能真实、全面、准确地反映中华谚语创作和流传的面貌，体现民间谚语搜集、整理、翻译、研究的水平和成果。《中华谚语义类辞典》作为一部专门收录谚语的辞典，在结合前辈理论研究的基础上，努力尝试做到以读者为中心，让读者能够更加快捷方便地查阅到自己需要的信息。同时，考虑到辞典的系统性，采用宏观结构与微观结构相结合的编纂手段，在谚语类辞典乃至俗语类辞典研究方面都是一次大胆的尝试。这样看来，我们不仅完成了辞典的实践工作，也完成了辞典的理论研究。这在很大程度上实现了产、学、研相结合的目标。同时，《中华谚语义类辞典》在编纂中采用的各种方法打破传统的辞典编撰方式，充分考虑用户的实际需求。语义系统的研究，本身就是学术界的一项重大科学研究。但大部分学者都是从词汇方面入手，目前未见国内学者进行谚语义类体系的研究。谚语和词汇一样，拥有多重语义、多重感情色彩等，但谚语毕竟是短句并不是词，它不仅使用频率不同，流传背景和词汇也不同，甚至很多少数民族谚语的语法使用也与汉语有着很大的差异，这样一来，义类体系的构建也为其他语言学分支学科研究打开了大门，除了在语义学方面有所涉及外，在文化语言学、认知语言学，甚至方言、少数民族语、古语的研究方面都有着重要的价值和意义。《中华谚语义类辞典》的编纂理论研究范围主要是词典学理论相关研究，因此理论研究的基本框架可以沿着词典学理论的相关研究进行摸索。《中华谚语义类辞典》作为一部辞书，首先拥有一般辞书的编纂共性。在研究背景方面，《中华谚语义类辞典》产生于词典学理论发展取得丰硕成果以及国家对中华传统文化发展的大力支持的背景下。其次，辞典的编纂也有一般辞典具有的功能性、方便性、知识性和稳定性，这是辞典的共通性质同时也是辞典作为一部辞书的基本功能。

创建《中华谚语义类辞典》需要有完备的方法论作为指导，方法论不仅包括必要的理论层面的分析，同时在辞典设计的各个环节也应该拥有合理的方案。《中华谚语义类辞典》的总体设计主要分为宏观和微观两个部分，在宏观部分，首先对辞典编纂坚持的正确方面进行总结，《中华谚语义类辞典》要具有包容性，保证有足够数量的谚语能够被吸收进辞典中。其次，提高谚语义类辞典的实用性，实用性是辞典能够受到大众欢迎，普及度更广的保证。再次，作为一部收录具有典型民族文化的辞书，人文性也是其应该坚持的编纂宗旨。最后，谚语义类辞典的主要特色就在于能够更好地实现精微性，保证谚语义类辞典在知识性和方便性等方面的大众诉求。体例设计、收录对象、索引系统、版式装帧等是一部辞典在宏观结构上必须要反映的内容。正文部分的谚语语条的排列、释义要坚持的原则、注释信息的处理方式以及辞典最后的附录是辞典微观结构的组成要素。这些要素，完整地构成了谚语语典的各个组成部分，并使辞典在完整的同时得到丰富。此次《中华谚语义类辞典》构建理论研究，为今后的谚语义类辞典成书提供了指导方向、搭建了理论平台，从而尽可能科学、全面、准确地收录中华谚语。

结 语

　　谚语是中华各民族历经千年历史不断积淀的智慧成果，它具有旺盛的生命力和独特的文学魅力，它音韵和谐、形式简练，它包罗万象、富有哲理，它凝聚着中华民族丰富的智慧和实践经验，表现着中华民族深厚的思想感情，它为我们传授劳动知识、生活经验、教化后代。同时，谚语又能够反映出不同的民族、不同地区的山川风貌、风俗习惯、语言文字。在中华谚语体系构建与辞书编纂过程中，我们始终坚守中华优秀传统文化的本质立场，传承中华优秀成果，弘扬以爱国主义为核心的民族精神和以改革创新为核心的时代精神，取其精华，去其糟粕，不断增强优秀文化对社会发展的影响力。中华各民族的谚语，反映着不同民族、不同地方居民的经验和历史，这些谚语都拥有中华民族共同的文化思维形式。作为经久不衰、约定俗成的智慧结晶，它折射着人类各个时期的文化风貌，反映着日常生活、物质生产等人类生产生活方式的变革，包含着社会意识、宗教信仰、哲理事理等中华民族在精神意识上的追求，展现着风俗风化、政治军事等具有地域性、民族性的国家社会的发展，传承着中华民族在社会历史发展的过程中留下的丰富文化遗产，以及在漫漫历史长河中中国人所形成的独特的个人道德修养与民族精神，表现着中华民族在发展中对自然规律的把握与对人与自然和谐相处的理念的追寻与实践。

　　谚语不仅体现着本身所具有的语言方面的魅力，更是中华民族文化源远流长、博大精深的见证，同时也影响着广泛的社会心理、大众认知等精神文化的诉求。党的十八大以来，党和国家一直倡导建设社会主义文化强国，树立高度的文化自觉和文化自信，构建中华优秀文化传承发展体系，积极建设和发展中国特色社会主义文化。因此，构建中华谚语义类分类体系，对我们探析各民族文化内涵，深入了解传统文化，促进各民族文化交流，揭示中华民族广泛的社会文化心理以及发展民族的、科学的、大众的社会主义文化事业等方面具有重要的意义和内涵。

附录　中华谚语义类体系总表

一　生产生活

（一）日常生活

1. 饮食文化

人是铁，饭是钢，一顿不吃心发慌。（陕西）

吃着湿的，拿着干的。（山东）

富贵三世半，方知饮食全。（台湾）

冷粥吃得快，热粥费小菜。（江苏）

先吃后不得，后吃饱到黑。（河北）

头锅饺子二锅面。（河南）

越吃越喝越够味。（湖北）

多吃油盐少吃米。（贵州）

春头，夏尾，秋脊背。（宁波）

姜辣口，蒜辣心，辣椒辣耳根。（四川）

吃了午饭睡一觉，吃了晚饭走一里。（湖南）

清早起来吃开水，赛于太原府里坐。（山西）

来去三十六，吃来不长肉。（上海）

吃狗肉吃不得绿豆粥。（桂北）

桃子得病，李子送命。（宁波）

肚饥好吃麦米饭。（武汉）

萝卜就茶，医生气得磨牙。（安徽）

宁吃舒心汤，不吃皱眉羊。（鲁南）

少饮如蜜，醉饮似毒。（蒙古族）

肉一起煮，汤分开喝。（藏族）

吃肉长肉，喝汤润肤。（哈萨克族）

话要当众说，肉要当天吃。（彝族）

冬忌生鱼，夏忌狗肉。（壮族）

一年粮不接，十年赶不上。（布依族）

竹笋要吃嫩，芋头要吃老。（布朗族）

吃饭别忘田，吃鱼别忘水。（傣族）

肚子饿了，就自然会想到搞面包吃。（俄罗斯族）

饿了给一口，强如饱时给一斗。（回族）

酒喝多了醉死人，饭吃多了撑死人。（基诺族）

酒是清的，喝酒的人是浑的。（锡伯族）

蔗是老的甜，笋是嫩的鲜。（拉祜族）

鲜肉要加盐才成佳肴，好米要加曲才成美酒。（苗族）

冬吃萝卜夏吃姜，不用医生开药方。（瑶族）

浅潭浅沟鱼儿小，深水急流鱼儿肥。（赫哲族）

不爱护牲口，倒愿意吃肥肉；不爱惜乳牛，倒愿意吃奶油。（鄂温克族）

2. 穿衣打扮

有行头，好行走。（台湾）

冇食无食无人知，衣衫褴褛受人欺。（粤东）

好衣整装木头人。（广东）

烂衫不要好身穿，留待老年好遮羞。（广东）

鞋子烂了狮子口，裤子烂了马龙头。（广西）

外面穿的光，家里吃的糠。（陕西）

富人四季衣裳，穷人衣穿四季。（陕西）

千层单，不如一层棉。（河北）

一层麻布遮层风，三层麻布好过冬。（浙江）

笑寒不笑夏，三根筋，挂一夏。（苏北）

靴穿靴冷，袜穿袜冷，不穿不冷。（江苏阜宁）

四季衣衫雨季帽，乡下亲家老一套。（江苏扬州）

爱俏不穿棉，穿棉不值钱。（山东）

鞋袜当得半边衣。（湖南）

衫无领，裤无头。（江西）

年轻时凭岁数美，年老时靠服饰美。（蒙古族）

熟的人好，新的衣美。（藏族）

人要衣服修饰，地要树木点缀。（维吾尔族）

女子爱俏，脸儿受罪；男子爱俏，马匹受罪。（哈萨克族）

人靠衣服显示出自己的丽质，树靠叶子显示出自己的风姿。（哈萨克族）

人要衣裤，山要树木。（彝族）

人选合适的衣帽穿戴，鸟择高大的树木搭窝。（满族）

人靠一身衣，树靠一层皮。（拉祜族）

打扮不合群，漂亮遭人咒。（傣族）

经过严寒的人，知道皮袄的可贵。（锡伯族）

十件单衣，不及一件棉衣。（布依族）

饱时不忘拿干粮，热时不忘拿衣裳，进山不忘拿刀枪。（土族）

鸟美在羽毛，人美靠服饰。（布朗族）

男爱宽裤裆，女爱绣花衣。（黎族）

衣服单薄身体寒。（毛南族）

马好不在鞍，人美不在衫。（傈僳族）

3. 住房交通

宁住庙前庙后，不住庙左庙右。（河南）

有钱不住东西房，冬不暖，夏不凉。（河南）

有吃没吃，勿住朝西朝北。（浙江宁波）

有福住得朝南屋。（浙江金华）

若要起大屋，先备十食谷。（浙江义乌）

租房受气想造屋，造起屋来气更多。（江苏扬州）

有路无搭船。（台湾）

只南走一千，不北走一天。（安徽）

十年道路千年用。（贵州）

漏屋不漏房，漏房不漏床。（湖南）

行船走马三不算。（湖南湘潭）

三桨不如一篙，三橹不如一桡。（湘西）

过有便船，起早还乡。（四川）

船靠岸，不要乱。（江西）

新媳妇一间房，半间是火炕，半间摆嫁妆。（鲁东）

要在绿草充足的地方放羊，要在阳光充足的地方盖房。（蒙古族）

坏人扰乱地方，圆石破坏墙基。（藏族）

树从树尖枯萎，墙从墙基动摇。（维吾尔族）

与其独自去寻路，不如随大家迷路。（哈萨克族）

暖得快的房子冷得也早。（朝鲜族）

冰凌棒做不得拐杖，弯曲木做不得屋梁。（彝族）

喝水要先尝味道，走路要提防跌跤。（壮族）

中柱不稳屋倾斜，上梁不正屋倒塌。（侗族）

打房基要用好夯，做房梁要用好材。（白族）

做客虽好，不如在家。（俄罗斯族）

盖房子要用老树，破篾要用嫩竹。（布朗族）

不识路，莫迈步。（拉祜族）

新房子易造，旧房子难修。（满族）

湿柴难烧，泥墙易倒。（哈尼族）

要让房子牢，石脚要下稳。（纳西族）

住房要想到种树，喝水要想到挖井。（布依族）

会探水的人不会失足，爱问话的人不会迷途。（傣族）

4. 生活所需

鱼塘打鱼要留秧，留得小鱼变大鱼。（浙江）

三年不食井中水，也没井水过井弦。（浙江）

有米无水难煮饭。（浙南）

三天不吃饭，饿成圆瓜蛋。（河南）

少油少盐不烧（少）柴，争米争面不蒸（争）馍。（河南）

三斤嫩姜，不如一斤老姜。（江苏）

生姜汤自暖肚。（江苏）

老怕春冷，少怕秋凉。（江苏南京）

吃得马齿苋菜，一年无病无害。（湖南）

生根的要肥，生口的要吃。（湖南）

吃肉不如喝汤，烤火不如舂糠。（湖南）

不吃糁子粑，不晓得粗细。（湘西）

小暑吃粟，大暑吃谷。（湖北）

力气用不尽，井水挑不干。（湖北）

男也懒，女也懒，三餐茶饭叫艰难。（江西）

生鸡一只，熟鸡一笼。（江西瑞金）

三天打鱼，两天晒网；接连晒网，饿得饥荒。（广西）

烧柴看腊月，吃饭看二月。（安徽）

凉粉下酒，五味俱有。（四川）

越到歉年越苦干，预先防荒多生产。（山东）

白天满街打话，下晚点灯剥麻。（辽宁）

打鱼摸虾，耽误庄稼。（山西）

省着省着，喉咙等着。（陕西）

物品全凭保管，牛羊全凭草垛。（蒙古族）

一碗酥油，是用千滴牛乳制成的；一碗糌粑，是用万滴血汗换来

的。（藏族）

黄糖虽甜，但没有糌粑耐饥。（藏族）

落在脸上的水珠不能解渴。（维吾尔族）

若要身体好，天天要起早。（维吾尔族）

马由马驹子长大的，钱由一分分积多的。（哈萨克族）

要想吃肉需养羊，要想吃面需种田。（朝鲜族）

种棉有衣穿，种田有饭吃，喂羊有投毡。（彝族）

熟饭不撤火，白米也成炭。（白族）

下雨别做鸡生意，吃饭说话会哽咽。（傣族）

煮着不如蒸着，蒸着不如烙着。（回族）

（二）物质生产

1. 生产劳动

阳春三月栽枣树。（河南周口）

阳坡桃，背坡果。（河南周口）

看什么田，下什么肥。（湖南汨罗）

霜降不割禾，一日去一箩。（湖南攸县）

种田莫种七十早，人家晒谷我晒草。（湖北安陆）

不到芒种人不忙，不到夏至不了秧。（湖北随县）

秋分晴到底，砻糠会变米。（浙江）

处暑已过，种粟像羊屙。（浙江）

阳雀来在清明前，高山顶上要种田；阳雀来在清明后，正淘田里种黄豆。（四川）

秧栽五皮叶，谷打三个节。（四川）

阳山倒垄，阴山上粪。（甘肃）

阳坡麦子阴坡谷，渠边核桃沟里椒。（山东）

陌雀开口地皮松。（贵州）

看去黑，揣去润，长得庄禾苗又壮。（内蒙古）

看苗捋嘴须，割稻面忧忧。（福建莆田）

要得晒麦五月半，圈到囤里好过年。（陕西）

麦子轧天，高粱轧干。（天津）

旱收芝麻涝收枣。（鲁南）

四月初八雨洒，秧稻田内种芝麻。（安徽）

芒种芒出，夏至禾出。（江西）

小暑小割，大暑大割。（福建）

白露不可搅土。（台湾）

又出太阳又下雨，栽黄秧，吃白米。（云南）

三年桃树九年梅，要吃杏子转世来。（江苏宜兴）

杀牛吃肉，不如留着挤奶。（藏族）

瘦牛可以喂得流油，荒地可以耕成良田。（维吾尔族）

少时栽下的果树，晚年可以享受。（维吾尔族）

大豆田里生大豆，赤豆田里生赤豆。（朝鲜族）

今年幼苗来年材，今年嫩笋来年竹。（壮族）

犁田不怕下雨，下雨更得犁田。（哈尼族）

稗草虽高是害禾之苗，禾苗虽矮是粮食之宝。（哈尼族）

养牛没有巧，有坡地就有红薯，有力气就有金钱。（黎族）

米酒甜，要酿造；蜂蜜甜，要采集；生活甜，要开荒。（德昂族）

土是粪里金，无土不沤粪。（土家族）

九月种麦子，十月种豌豆。（布依族）

春雨浇地鲜花开，汗水洒地禾苗壮。（纳西族）

个人勤劳千样得，自种自吃甜有味。（侗族）

丢了河就丢了鱼，丢了鱼就丢了米。（苗族）

旱谷好，水田糟。（傣族）

清水里的鱼，能见不能拿。（景颇族）

追两只兔子，一只也逮不住。（俄罗斯族）

吹糠见米。（仫佬族）

稻谷撒到田野，插秧插到田坝。（水族）

早种装满囤,晚拾干柴根。(乌孜别克族)

2. 农业耕作

干锄黍子湿锄花,不干不湿锄芝麻。(山西)

苦不过秋霜,肥不过春水。(山西)

禾耘三道米无糠,棉锄七道飞过江。(陕西)

麦种泥窝窝,狗都吃蒸馍。(陕西)

腊月有三白,猪狗亦吃麦。(陕西)

池塘积水须防旱,田地深耕足养家。(台湾)

六月田中拔棵草,冬至吃一饱。(台湾)

椿头发盘大,锄头放不下。(福建)

种田寒,耘田颤。(河北)

春耕随着耢,秋耕白背耢。(山东)

庄稼不收年午种。(鲁西)

哈口气,麦下地。(鄂北)

小春太冷麦空忙。(贵州)

寸麦能吃尺水,尺麦不吃寸水。(河南)

冷尾暖头,春播早筹。(上海)

若要麦,雪三白;冬无雪,麦白白。(浙江)

坷垃压得绵,苗苗抓得全。(内蒙古)

有了阳光雨水,青草才会发芽。(蒙古族)

刀耕火种粮一箩,精耕细作粮满仓。(彝族)

春常干旱,夏有暴洪;不雨就旱,一雨成灾。(彝族)

芒种有雨水淹岸,芒种无雨火烧岸。(壮族)

二月惊蛰撒谷种,春分到来要保苗。(壮族)

清明种芋头,谷雨种生姜;若误了季节,连本也丢光。(瑶族)

清明一担绿肥,能顶半担粪肥。(瑶族)

夏锄斩草就要除根,去草留苗实在不易。(达斡尔族)

插秧过夏至,稻叶比针细。(侗族)

冬腊月间无雨雪，正二月间难耕种。（布依族）

深耕细作保质量，荒时暴雨有余粮。（黎族）

春天下雨，清明撒秧。（水族）

下了河才能得鱼虾，犁了田才能得豆谷。（毛南族）

撒秧要撒在较高的田块上，土地疏松好拔秧。（傣族）

今年收获一颗，来年种上十颗。（乌孜别克族）

雨水充沛，山花烂漫；天气干旱，庄稼枯坏。（锡伯族）

清明种蒜，谷雨种姜。（满族）

要吃胡麻油，伏里晒日头；要吃缸里米，伏里三场雨。（回族）

月亮离开太阳不能发光，禾苗离开雨水就要枯黄。（苗族）

耕田兼耕圃，做到两头乌。（客家族）

3. 商业贸易

砂锅捣蒜，一锤子买卖。（河南）

懒纺棉，多喂蚕，四十五天捞现钱。（河南）

船家守舵，买卖守货。（山东）

养鸡下蛋，纺棉花卖钱。（山东）

养猪不赚钱，小钱变大钱。（鲁西）

要想富，卖油醋；再不富，开药铺。（鲁南）

一碗什，两个食。（福建）

赚冬钱，不如犁冬田。（福建）

养猪积粪两合算，猪赚钱，粪肥田。（四川）

人情送匹马，买卖争毫厘。（四川）

舍不得憨钱，买不得庄田。（浙江）

不懂天文地理，不足为将；不谙风俗人情，不可行商。（浙江）

十天省一把，十年买匹马。（陕西）

八十岁的老财东，休忘上门来的买卖。（陕西）

六月半，枣尝甜淡，七月半，枣当饭；八月中秋，枣落场，九月重阳，卖枣还乡。（江苏）

洋烟越老越过绵，秧田越老越管钱。（贵州）

庄稼要早起，买卖要算计。（山西）

三不买，三不卖。（河北）

买卖如修行。（北京）

别到蓬蒿里耕地，别和奸商做交易。（蒙古族）

对无信用的人，别商议事；对有信用的人，别隐瞒话。（蒙古族）

坐贾行商，不如开荒。（蒙古族）

巴依不会给穷人分财产，穷人也不会自己寻短见。（维吾尔族）

要是你的秤没有虚假，就别惧怕尼克甫检查。（维吾尔族）

莫与商人共事，勿与富人结交。（维吾尔族）

骆驼见草吃不够，商人见财贪不完。（维吾尔族）

奸商出卖自己的良心，贪便宜的人不顾脸皮。（哈萨克族）

不会瞄准别放枪，不会买卖别经商。（哈萨克族）

过水看前人，生意看行情。（壮族）

砍柴须有刀，经商须有钞。（傣族）

多嘴的人搬弄是非，经商的人声音悦耳。（傣族）

赶羊要看头羊，经商要看市场。（傣族）

钱不多别做大买卖，被子不多不要靠火睡。（傣族）

商人看货堆，农人看粪堆。（达斡尔族）

一天节省一颗粮，五年能买一只羊。（回族）

先置鞍子，再买骏马。（塔吉克族）

4. 工业生产

三分耕，七分盖，多耕多盖，出齐长快。（甘肃）

正月雨水惊蛰连，生产计划订周全；总结经验挖潜力，选种积肥莫迟延。（甘肃）

千条线，万条线，工业生产第一线。（东北）

生产一通路路通，工业一兴百业兴。（东北）

造屋请个箍桶匠，造个房子团圆样。（山东）

要想日子强，全家生产忙。（鲁西）

打了千斤铁，要烧万箩灰。（河北）

要想生产好，每天起个早。（河北）

要想生产搞得好，又须勤来又须早。（河南）

闭门造车，一门不摸。（河南）

千日造船，一日过江。（闽南）

要想生产更高强，合作互助多商量。（山西）

选种积肥搞生产，修渠打井防灾荒。（甘肃）

一条线织不成氆氇，一个人建不成佛塔。（藏族）

要想吃好酥油，先要喂好乳牛。（藏族）

一根木头盖不成房，单枪匹马成不了王。（维吾尔族）

路旁造房子，三年也不成。（朝鲜族）

一家盖不起天王庙，一日造不起洛阳桥。（彝族）

缝衣裳是阿木查查开创的。（彝族）

懒木匠无凳坐，懒铁匠无菜刀。（苗族）

做事磨洋工，吃饭打冲锋。（苗族）

房子再高是人盖的，力气再大是锻炼的。（白族）

地基不稳，房子要倒；小时不学，大了无靠。（白族）

上路先找同伴，造屋先找邻居。（傣族）

核桃木当柱，枣木树当梁。（保安族）

喂养水牛娘，牢记事两枚；夏天挖个池，冬天修个房。（侗族）

种庄稼是失尔俄铁开创的，盖房屋是木尔惹此开创的，擀毡衣是阿约阿霞开创的，织布别怕线头多，建房别怕流汗多。（壮族）

5. 园艺牧业

七十二行，庄稼为王。（汉族）

千行万行，庄稼是头一行。（汉族）

养猪要养荷包肚，养牛要养爬山虎。（汉族）

养猪不赚钱，回头望望田。（汉族）

西风栽松，徒劳无功。（汉族）

西瓜不打杈，光长蔓蔓不结瓜。（汉族）

西瓜不怕地没粪，只怕地里不干净。（汉族）

西瓜怕热雨，麦子怕热风。（汉族）

西葫芦要好，栽秧苗要早。（汉族）

惜苗无粮，惜枝无果。（汉族）

稀播结荚多，密了收柴多。（汉族）

稀播荞麦，匀撒菜籽。（汉族）

稀播秧成片，密播秧成丝。（汉族）

稀泥胡麻还墒谷，糜子地里冒土土。（汉族）

虾蟆叫，春佬到，拔竹笋，割藜蒿。（汉族）

稀豆稠麦，收不会坏。（汉族）

美丽的原野，也应该预防长毒草；肥壮的畜群，也应该预防掉肥膘。（蒙古族）

母牛三头，牛奶像海水；骡马三匹，赚钱的宝贝。（藏族）

羊圈里多生一只羊羔，渠边上多长一把青草。（维吾尔族）

牲畜全凭喂养，庄稼全凭耕耘。（哈萨克族）

牛鼻不冒汗，可能有病患；牛耳不太括，服药快治疗。（壮族）

田不耘生杂草，马不骑性子野。（毛南族）

种田靠锄，收谷靠肥。（毛南族）

给老实马戴上笼头，给烈性马架上羁绊。（鄂伦春族）

栽花要栽月月红，种树要种不老松。（满族）

痘牛角大，病马鬃长。（乌孜别克族）

牛栏不透风，耕牛好过冬。（苗族）

嫩笋衣，好插不比烂泥田。（瑶族）

腊月宜种蕉，三月宜种树。（傣族）

养牛无巧，靠水近草。（基诺族）

田里施肥足，谷粒就饱满。（布依族）

土地肥沃，稻子就长得好。（黎族）
地不挖长草，草铲了肥地。（佤族）

6. 渔业副业

西风要到酉，钓鱼切勿守。（汉族）

稀蚕结大茧。（汉族）

稀种玉米稠种麻。（汉族）

下流鱼花上流鱼。（汉族）

下浅水只能抓鱼虾，入深潭方能擒蛟龙。（汉族）

夏鱼吃鲜，冬鱼吃腌。（汉族）

七月流霞鲍鱼肥，九月起风鲈鱼美。（汉族）

水田当鱼塘，副业收入强。（汉族）

水太凉，鱼不长。（汉族）

水下小鱼多，大鱼不在窝。（汉族）

田头没望头，副业有奔头。（汉族）

甜菜怕重茬。（汉族）

鸡粪种瓜，最好到家。（汉族）

鸡粪上倭瓜，捎带生菜和芝麻。（汉族）

基肥施得足，麻高又厚肉。（汉族）

家家养蚕，户户刺绣。（汉族）

骑马需要鞍鞯，捕鱼需要钓竿。（蒙古族）

不上高山猎不到香獐，不下深水摸不到金鱼。（藏族）

猪月汗水浸断线，蛇月鸡蛋冻破裂。（彝族）

近山使木，近水食鱼。（达斡尔族）

不湿脚者，捕不到鱼。（赫哲族）

谷在田里，鱼在水里。（傣族）

养鸭莫过有虾时，养鹅莫过嫩草期。（侗族）

竹笋小时不挖，大了挖不动。（仫佬族）

吃饭靠种田，吃鱼要下河。（布依族）

笨木匠手里木头哭，笨裁缝手里布料哭。（锡伯族）

（三）人体人生

1. 形体器官

脖颈短，不是瘸腿，就是瞎眼。（汉族）

不说自己眼发花，还说人身净疙瘩。（汉族）

赌气伤财，怄气伤肝。（汉族）

吃得慌，咽得慌，伤了胃口伤了肠。（汉族）

多心乱肺。（汉族）

两耳垂肩，贵不可言。（汉族）

劝了耳朵劝不动心。（汉族）

预防肠胃病，饮食要干净。（汉族）

眼大要有神，耳大要有轮。（汉族）

牙齿不剔不空，耳朵不挖不聋。（汉族）

眼痛鼻子病。（汉族）

过饥伤脾，过饱伤胃，过忧伤心。（汉族）

春补肝为升补，夏补心为清补，秋补肺为平补，冬补肾为滋补。（汉族）

不熟的肉损坏肠胃，失信的话伤害朋友。（汉族）

不要以为自己的鼻子是当阳的，别人的耳朵是背阴的。（汉族）

百根柳条能成笤帚，五个指头能握拳头。（汉族）

酒喝多了伤心肺，盐吃多了伤脾胃。（汉族）

看清楚东西不在眼睛大，记住东西不在脑袋大。（汉族）

心里脏比身上脏更脏。（蒙古族）

心里没有的事，嘴里说不出。（蒙古族）

猎人的眼睛，在风雪中也能看见狼群。（蒙古族）

镶金的嘴巴，利斧的心肠。（蒙古族）

心善如奶汁，口良似钥匙。（藏族）

人看一颗心，鼓打两张皮。（藏族）

对肺没滋补，却毒化了肝。（藏族）

指甲和肉分不开。（维吾尔族）

眼睛害病是从手上得的，肚子害病是从嘴里得的。（哈萨克族）

五个指头是同日同时生，但是他们并不一样长短。（朝鲜族）

嘴边挂蜜糖，心里藏刀尖。（壮族）

皮肤坏了伤在表面，悲痛深了苦在心里。（鄂伦春族）

眼睛是心的镜子，行动是人的本质。（鄂伦春族）

鼻出血可止，心出血难治。（鄂伦春族）

耳听不如眼视，安坐不如出行。（鄂温克族）

好人的心肠像莲花，坏人的心肠像毒蛇。（赫哲族）

使人胃疼的不是好饭，使人心疼的不是好人。（柯尔克孜族）

手越用越巧，脑越用越灵。（黎族）

耳朵是先长的，力大却数犄角；眉毛是先长的，论长不如胡子。（珞巴族）

牛凭犄角，人凭舌头。（塔吉克族）

没有智慧的脑袋，与葫芦何异。（乌孜别克族）

心与肺是好邻居，兄与弟是相帮者。（达斡尔族）

2. 仪态样貌

爱美是人的天性，爱飞是鸟的天性。（汉族）

不知自家生得丑，反而怨镜子。（汉族）

说归说，笑归笑，动手动脚没家教。（汉族）

白璧不可为，丑容多后福。（汉族）

丑人多作怪，秃子找花戴。（汉族）

丑煞的有个朋友，俊煞的有个冤家。（汉族）

丑的家中宝，俊的惹烦恼。（汉族）

马好不在叫，人美不在貌。（汉族）

美色无美德，好比花无香。（汉族）

人不能看脸，恶貌不一定阴险。（汉族）

人矮多巧计，大汉多刚强。（汉族）

只有长子多穿衣,哪有矮子少走路。(汉族)

少年发胖,土相;中年发胖,财相;老年发胖,福相。(汉族)

生就的面貌长成的骨。(汉族)

凡人不可貌相,海水不可斗量。(汉族)

花脸气贯于顶,老生气贯于腹,武生气贯于胸。(汉族)

画上的桃子不解渴,漂亮的脸蛋不顶食。(汉族)

脸上有块疤,情人眼里是朵花。(汉族)

三杯美酒唇边过,一朵桃花脸上开。(汉族)

光头圆脑,不一定是和尚。(汉族)

青葱的松林,显出山峰的秀丽;黑大的眼睛,显出姑娘的俊美。(蒙古族)

好坏马,别以长相辨认;好坏人,别以相貌区分。(蒙古族)

骏马不在于鞍鞯,貌美不在于打扮。(蒙古族)

枯树没有叶子,秃子没有头发。(蒙古族)

走马矫捷骑手笨,姑娘美貌丈夫丑。(藏族)

再穷也是寺庙的喇嘛,再丑也是父母的宝贝。(藏族)

别看大哥长得丑,大哥生在巴廓街。(藏族)

用华丽的衣服美化自己不过是染匠,追求知识的人绝不购买花哨的衣帽。(维吾尔族)

笑盈盈的表情,能使锦上添花。(维吾尔族)

人从耳根胖,畜从蹄腕壮。(维吾尔族)

阿米子没有不想自己漂亮的,小伙子没有不想自己英俊的。(彝族)

阿爸年轻英俊的时候,儿子没有看到;阿妈年轻漂亮的岁月,女儿没有见过。(彝族)

名山不在高,而在于景;人美不在貌,而在于心。(朝鲜族)

懒惰催人衰老,勤劳使人健壮。(壮族)

人不知己丑,马不知脸长。(傣族)

衣服可以破旧,人品不可丑恶。(傣族)

深山大箐藏不住开放的蔓腊花，穷家竹楼遮不住俊俏的姑娘。（独龙族）

老如青竹，幼如笋。（侗族）

丑人打洋伞还是丑，美人戴斗笠还是美。（布依族）

二　精神意识

（一）社会意识

1. 社会心理

一方水土一方人。（河北）

好事不背人，背人没好事。（河北）

人不识好，狗不宜饱。（四川）

年轻人爱穿爱戴，老人爱猪油炒菜。（四川）

不对别人好，别人哪会对己好。（江苏）

烂墙好扶，烂人难扶。（江苏）

小要骗，老要哄。（湖北）

土生土长，易长易大。（湖北）

城里人讥乡下人，乡下人笑城里人。（浙江）

宁给挑葱卖蒜的，不给出门在外的。（陕西）

千好万好，没有家乡好；千亲万亲，没有乡土亲。（河南）

三勤合一懒，懒也勤；三懒合一勤，勤也懒。（湖南）

宁落一群，不落一人。（东北）

好心无好报，好柴烧烂灶。（广西）

升米养恩人，斗米养仇人。（安徽）

大指压着二指，井水不犯河水。（山东）

宁做大山和尚，也不愿当城里的县爷。（福建）

钱债好还，人债难还。（台湾）

有情饮水饱，无情食饭饥。（广东）

人老奸，马老滑。（甘肃）

好亲朋不如穷夫妻。（拉祜族）

和挚友相处，事事如意；和坏人相处，事事悲哀。（景颇族）

找错了妻子苦终生，种不好庄稼饿一年。（傈僳族）

是真金不怕火炼，是婚姻就拆不散。（达斡尔族）

儿强父，父担忧；儿弱父，父害羞。（布朗族）

客人上门，福运来临。（塔吉克族）

祸福同受，近邻胜似双亲。（哈尼族）

乱竹不成竿，乱子不成家。（布依族）

头脑有文化，胜过有钱花。（基诺族）

不要看人穿的衣裳，要看人的心肠。（德昂族）

任你再聪明，没有知识事难成。（普米族）

只有想得好，才会做得好。（佤族）

2. 世态人情

好人要敬，歹人要弄。（山东）

宁可和明白人吵一架，不可和糊涂人谈一话。（山东）

交官穷，交客富。（东北）

向情不向理。（东北）

肚子饿，勿吃冷萝卜；人穷，勿走亲戚人户。（四川）

逢人且说三分话，未可全抛一片心。（四川）

有酒有菜好待客，无钱无事莫见官。（江西）

做客莫在前，做官莫在后。（江西）

若要好，大敬少；若要精，人前听。（河北）

有钱不买老骡子，有儿不娶后老婆子，置地不要沙坨子。（河北）

软人要站硬地。（台湾）

同行找小伙儿，问路问老头儿。（湖北）

天上下雨地皮湿，自己跌倒自己立。（山西）

顺情说好话，耿直惹人嫌。（北京）

敬光棍，怕财主。（南京）

三莫惹：叫花子莫惹，伢细的莫惹，女子家莫惹。（湖南）

衣是皮毛，钱是胆。（福建）

亲戚远离香，邻居高打墙。（陕西）

无牙美食离弃，无钱亲友离弃。（彝族）

对于没有知识的老牛，圣旨不如棍棒管用。（门巴族）

众人的唾沫能淹死人。（锡伯族）

老实的马任人骑，老实的汉子任人欺。（傈僳族）

邻居失火，不救是罪。（纳西族）

豺狼要吃羊儿，羊儿不得安宁；官家压迫人民，人民不得安生。（普米族）

说你长处的不一定是朋友，说你短处的不一定是敌人。（拉祜族）

皮肤白的也许心黑，皮肤黑的也许心美。（基诺族）

虚伪的朋友骗你时，说出的话都是甜的。（京族）

饱者不知饥者饿，牛虻不知黄牛瘦。（布依族）

背后来的箭最难防。（毛南族）

弱者的话语没有力量，乞丐的棍子没有宝石。（珞巴族）

破罐总装脏东西，人穷总受窝囊气。（仫佬族）

失群的孤雁难活，离山的猛虎无威。（赫哲族）

老说自己不懂的人，恰恰他心里最亮堂。（哈尼族）

吃饭莫吃过头饭，说话莫说过头话。（瑶族）

在黄昏时让客人走掉，就该到河边照照自己的脸。（景颇族）

不要打开客人的背囊，不要询问客人走的时间。（塔吉克族）

笔直的树用处大，善良的人朋友多。（德昂族）

教子不严阿爸的事，教女不严阿妈的事。（撒拉族）

3. 幽默讽刺

白首贪得不了，一世能用多少。（辽宁）

白天逍遥走四方，黑夜熬油补衣裳。（广西）

办点亏心事，近在自己，远在儿孙。（湖北）

爱叫的猫捉不到老鼠，好吹的人办不成事。（湖南）

三年清知府，十万雪花银。（安徽）

官声好比戏场。（江苏）

财主门前孝子多。（浙江）

慌慌张张，打破尿缸。（陕西）

狗肚里没人话。（河北）

跌倒还要抓把沙。（甘肃）

雨后送伞，贼去关门。（福建）

丑人多作怪，秃子要戴花。（山东）

说的比山高，做的比蛋小。（内蒙古）

不听劝告的人，是真正的聋子。（宁夏）

半瓶醋，好晃荡。（山西）

笨木匠爱跟工具吵。（贵州）

鼻孔朝天，死没人管。（河南）

不怕黑李逵，就怕哭刘备。（四川）

不甜的瓜蛋籽儿多，好忘的喇嘛经卷多。（青海）

说起话来没个完，一见干活就摇头。（蒙古族）

不说刀不快，却怨肉没熟。（藏族）

滑头的人会掉帽子。（藏族）

懒驴总嫌驮子重。（维吾尔族）

贱买的肉，炖汤不香。（哈萨克族）

还未长毛就想飞。（朝鲜族）

如果你喜欢和乌鸦交朋友，你最熟悉的地方一定是乱葬岗。（彝族）

乌鸦说猪黑，其实猪还有白脚白尾。（白族）

阿谀的人嘴里从来说不出实话。（鄂伦春族）

公鸡总是在自己的粪堆上称雄。（哈尼族）

毡袋子的灰尘多，学问浅薄的人傲气大。（门巴族）

若要金鞍配瘸马，不如木鞍配健驴。（锡伯族）

平时不修栏，虎咬猪时忙。（壮族）

枯树多疙瘩，坏人多口舌。（仡佬族）

满炕的儿女，不如半路的夫妻。（回族）

谁也没有骗子的理由多。（柯尔克孜族）

挑衣服的人要挨冻，挑饭菜的人会挨饿。（满族）

吃多肚子痛，不能怪鬼神。（纳西族）

鸭子再打扮也变不成天鹅。（塔吉克族）

4. 社会偏见

百无一用是书生。（湖北）

男人三十正后生，女人三十老婆娘。（河南）

寡妇门前是非多。（甘肃）

八字衙门朝南开，有理无钱莫进来。（北京）

无谎不成状。（山东）

财主就能当官，当官就是财主。（湖南）

十个梅子九个酸，十个官儿九个贪。（云南）

男要俏，一身皂；女要俏，三分孝。（贵州）

天下行业有三苦：打铁、撑船、磨豆腐。（江西）

少年木匠老郎中。（宁夏）

人老一聋三分痴。（新疆）

三个女人抵一潮鸭。（广东）

爸矬矬一个，娘矬矬一窝。（河北）

半路夫妻硬如钢，从小夫妻软如棉。（福建）

本地的和尚看不中，外来的和尚会念经。（内蒙古）

不交僧道，便是好人。（江苏）

不做猪娘嘴不尖，做起猪娘嘴会尖。（浙江）

丑婆娘，好搽粉。（山西）

最毒辣的语言骂不倒聋子，因为他也从没听到过表扬。（彝族）

富人嘴甜，穷人嘴硬。（傣族）

两个婆娘一面锣，三个婆娘一出戏。（鄂伦春族）

疾风暴雨，不入寡妇之门。（回族）

多男烧揩屎柴，多女喝洗盥水。（苗族）

会讲话的人能想到的事，聋哑人不一定能想到。（哈尼族）

好药生长在高处，次药生长在低处。（黎族）

当皇帝的要种树，当圣贤的要修路。（土族）

宁喝穷人的凉水，不喝富人的牛奶。（锡伯族）

乱竹做不成竹竿，露水夫妻不成家。（瑶族）

男爱女，犹如草原上射箭；女爱男，犹如石沉于大海。（藏族）

刨光的木头没有皮，害人的奸雄没知己。（蒙古族）

媳妇常说婆婆有，婆婆老嫌媳妇丑。（乌孜别克族）

5. 道德仁义

爱社如家，爱人如己。（辽宁）

白是白，杀人贼；黑是黑，自贤德；唯求贤德，不求颜色。（陕西）

帮育无帮钱，好心有好报。（湖北）

诚心能叫石头落泪，实意能叫枯木发芽。（四川）

说话要诚实，办事要公道。（西藏）

钱财如粪土，仁义值千金。（江苏）

结有德之朋，绝无义之友。（山东）

穷人不穷志，穷理不穷词。（安徽）

君子以功报德，小人记仇忘恩。（福建）

施恩图报非君子，忘恩负义是小人。（河北）

恃德者昌，恃逆者亡。（河南）

刻薄不赚钱，忠厚不折本。（新疆）

远处朝山不如近处积德。（广东）

人生一世，道德二字。（云南）

君子怀德，小人怀宝。（青海）

与人为善便是德。（浙江）

买田不如买书，积钱不如积德。（贵州）

天凭日月树凭根，做人凭的是良心。（甘肃）

积德如积福。（江西）

宁可折断骨头，也不损害名声。（蒙古族）

大丈夫在生死难关也不会舍弃高尚的本性。（藏族）

以德报德是人情，以怨报怨是遇见。（维吾尔族）

越谦虚越伟大，越骄傲越渺小。（哈萨克族）

专心致志，是学业丰收的母亲，是勇攀高峰的挚友。（壮族）

为了友谊故，头颅也可抛。（朝鲜族）

为财而死，不如为众而死。（达斡尔族）

像山鹰一样勇敢，像松柏一样坚强。（景颇族）

看鸟要看它的飞翔，看人要看他的品行。（独龙族）

别在人前夸自己，别在背后论人非。（鄂温克族）

内心好坏看不出来，行动好坏数得出来。（哈尼族）

进了别人家，要学好品德。（基诺族）

愿牛死，不愿牛栏破；愿丢财，不愿失情义。（黎族）

看碗，知你的酒量；看伴，知你的德行。（傈僳族）

刀快全在钢好，人好全在品高。（塔吉克族）

木要实心，人要忠心；莫做泡桐木，要做实心人。（瑶族）

6. 公平公正

一匹马，大家骑。（江苏南京）

大娘舅分家。（江苏宜兴）

不要烧香，也不要泼粪。（福建）

平堵平斗。（福建）

藤条举上手，不管亲戚与朋友。（台湾）

天下饭碗平平大。（台湾）

小人狡猾心肠歹，君子公平托上苍。（江西）

世间无冤枉，牢里无犯人。（江西瑞金）

水母没目虾作目。(广东)

公道食有了。(广西)

公道世间唯病死,贵人身上不曾饶。(陕西)

秤平斗满不亏人。(河南)

人心要公,火心要空。(东北)

公道贫也富。(山东)

理无两不是。(四川)

夫妻之间和睦的好,人生处世公道的好。(蒙古族)

官吏要是不公正,人心就散了;统帅要是不公正,军心就乱了。(哈萨克族)

自身长得歪,说话可要正。(维吾尔族)

蓝天金座上的太阳,普照四洲无亲疏;掌管地狱的阎王,判断生死无亲疏。(藏族)

骑马要端正,办事要公平。(鄂伦春族)

职权就像脚绊,不正派就会倒下。(达斡尔族)

劈柴对节眼,评理站中间。(侗族)

分得平,做事成。(瑶族)

墨线不让弯木。(布依族)

路可以弯,心不可以弯。(纳西族)

谁的马谁骑,谁的罪谁担。(傣族)

雪堆里埋不住尸体,公正话不必窃窃私语。(傈僳族)

心歪话也歪。(乌孜别克族)

身正不怕影子斜,船稳不怕浪来颠。(土家族)

要求太平,处事公平。(回族)

水响只因地不平,人闹只因理不正。(回族)

门歪难开关,歪理难服众。(回族)

7. 理想信念

航船不能没方向,青年不能没理想。(浙江)

侬穷志大骨头硬。（浙江义乌）

穷人志气高，弗好也会好。（浙江宁波）

烧香要烧萧山香，做人要做人上人。（浙江绍兴）

酒无不成礼仪，色无人绝路稀，财无不成买卖，气无反被人欺。（湖南）

放开肚皮吃饭，立定脚跟做人。（湖南）

鸡屎落地三寸烟。（台湾）

有志气查晡会长志，有志气查某会伶俐。（台湾）

好马在力气，好汉在志气。（山东）

不怕困难大．就怕志气小。（贵州）

人怕失志，狗怕夏至。（广东）

男子十八替父志。（四川）

人先穷志气。（陕西）

好汉不花有数钱。（河南）

宁伤一事，不伤一志。（安徽）

爷娘生身，自己立志。（江西瑞金）

生活自受用，志气众人用。（江苏苏州）

天不能没有星星，人不能没有理想。（独龙族）

野草枯萎草根在，牙齿脱落志气在。（珞巴族）

有志者，自有千方百计；无志者，只有千难万险。（满族）

刀可以砍掉头颅，却砍不掉意志。（柯尔克孜族）

草若无心不发芽，人若无志不奋发。（纳西族）

有劲的能用盐杵剃头，有志的能用木勺填海。（彝族）

只要意志坚，石滩变良田。（傣族）

失去生活的信心，等于断绝了生命。（达斡尔族）

坚硬的石头烧不化，坚强的意志摧不垮。（鄂伦春族）

天高没有人心高，路长没有人脚长。（布朗族）

人无志，白在世。（哈尼族）

鸟贵有翼，人贵有志。（苗族）

好马是铁青色的，好汉是有大志的。（维吾尔族）

没有意志的人，一切都感到困难。（景颇族）

理想是人的翅膀。（哈萨克族）

8. 声名荣誉

人留个名，牛留条绳。（浙江义乌）

肉在锅里，香闻在外。（浙江嘉善）

钟鼓在楼，名声在外。（浙南）

为人在世，不过一时，人的声名，树的影子。（陕西）

人有义声，卖药宋清。（陕西西安）

贼名难受，龟名难当。（四川）

不怕三十而死，只怕死后无名。（四川）

恶名儿难解，好字儿难得。（河北）

强盗易做，贼名难当。（湖南）

一名透京城。（台湾）

名声在世上，行情在市上。（河南）

鸟惜羽毛虎惜皮，丈夫立世惜名声。（山东）

只有千里的名声，没有千里的威风。（江苏）

飞禽爱惜自己的羽毛，明人珍惜自己的声誉。（达斡尔族）

马美在尾巴，人美在名誉。（满族）

人爱面皮，雕惜毛，世上名誉价更高。（侗族）

孔雀比雄鸡好看，名声比金子珍贵。（彝族）

花香随风飘，名声到处传。（傣族）

花谢留子，人过留名。（傈僳族）

树靠一张皮，人靠一个名。（拉祜族）

喝了毒药的好汉朝坟地里跑，喝了毒药的狼往羊圈里跑。（哈萨克族）

甜蒲上架，人死留名。（黎族）

人们为开屏的孔雀叫好，人们为珍惜荣誉的战士称道。（白族）

骏马在于鬃毛，好人在于名声。（塔吉克族）

好名声传千里，坏名声万里传。（畲族）

尊敬得之难，失之易。（俄罗斯族）

树皮要从小保养，名誉要自幼珍惜。（壮族）

树有树荫，人有名声。（锡伯族）

马贵在千里路，人贵在万年后。（哈尼族）

金银买不到好名誉。（苗族）

失去名声等于失去父亲。（维吾尔族）

黄金买不到好名誉。（回族）

9. 志向抱负

好马凭肥壮，好汉凭志强。（河北丰宁）

好马登程达到千里，好汉立志达到目的。（河北丰宁）

母亲的宝贝是子女，好汉的宝贝是志向。（河北丰宁）

为人肯学好，羞甚担柴卖草。（河北）

生活自受用，志向众人用。（江苏苏州）

情愿搭有志气人相骂，勿愿搭无志气人白话。（江苏）

穷要有志，富要有德。（陕西）

人有志铁有钢。（陕西）

灭人志气，不为丈夫。（陕西）

人穷不失志，天阴也开晴。（山东）

人往高处走，水往低处流。（山东）

甘言夺志，糖食坏齿。（湖北）

行路莫看脚趾头。（广西）

人往高处走，鸟向亮处飞。（安徽）

与人争志，切勿争气。（福建）

生气不如争气，斗气不如斗志。（台湾）

干，能学到知识；赛，要胜过别人。（蒙古族）

志向不变事必成，行走不停路必达。（蒙古族）

人总奔向乐园，鱼总游往深渊。（蒙古族）

只要有根，就会开出花来；只要有志，就能做出事来。（藏族）

不敢翻越高山，哪能到达平原。（藏族）

尽管大风呼啸，高山决不动摇。（藏族）

为人立定志向，钉子戳进石头。（维吾尔族）

不攀雪峰，怎能采到雪莲。（维吾尔族）

人无志向和迷途的盲人一样。（朝鲜族）

燕子虽小，能去江南。（朝鲜族）

有决心的人，脚底板比山还高。（白族）

人有向上的心，犹如树木长大了总有疙瘩。（傣族）

无邪念，心胸开朗；有志向，精力旺盛。（瑶族）

水朝下流，人往上游。（毛南族）

虎老牙不黄，人老志不衰。（拉祜族）

爬山怕脚懒，做事怕志短。（德昂族）

网无纲，是一团乱麻；人无志，是一个废物。（赫哲族）

有志者，自有千方百计；无志者，只有千难万难。（满族）

饭食给人体力量，抱负使人思想闪光。（哈萨克族）

10. 本质属性

天怕浑亮，人怕心横。（浙江）

先进大门为大佛。（浙西）

上等之人，口说为凭；中等之人，字墨为凭；下等之人，样样不能作凭。（浙江）

蛇无头，不会行；草无根，不会生。（台湾）

树身树得正，不怕树尾声。（台湾）

正人君子，不存防人之心。（台湾）

明白人好讲，糊涂人难缠。（河南）

下等人争利，上等人争义。（河南）

三正夹一邪，想邪不得邪；三邪夹一正，想正不得正。（陕西）

青山易改，热土难移。（陕西）

路难行，一百锄头刮不平。（山东）

好狗抵不了狼多。（东北）

城墙高数丈，里外要人帮。（四川）

树从根发，人从心发。（湖北）

什么大人，什么孩子；什么木头，砍个什么楔子。（江苏）

低人好做，低路好行。（广东）

牛的毛多，蠢人事多。（藏族）

损人的话不能说，害己的毒不能喝。（藏族）

没有香味的树木，说成檀香有谁信？行为不正派的人，自封君子也白搭。（藏族）

热粥难喝，人心难摸。（壮族）

穷汉坚硬，富佬病弱。（壮族）

在森林里生活久了，会挑选盖房的木材；在人民中扎下根了，会辨别好人坏人。（哈萨克族）

智者巧干，愚人蛮干。（哈萨克族）

蛇皮华丽，牙齿有毒。（柯尔克孜族）

墙头跑马危险，灯草打人不疼。（满族）

蝙蝠怕见太阳，坏人难走四方。（蒙古族）

行善流芳千古，作恶遗臭万年。（塔吉克族）

如果是夜明宝珠，放在哪里也闪光。（景颇族）

秋后蚂蚱蹦不久，灶里乌龟命不长。（仫佬族）

人饰衣裳马饰鞍。（白族）

褒扬恶人就是犯罪。（维吾尔族）

好衣暖身，好话暖心。（侗族）

鱼跳得过渔网，人逃不过法理。（布依族）

11. 情感情绪

在生不乐,给鬼背包袱。(台湾)

怨生不怨死。(台湾)

一生愁到老,百年无快活。(四川)

爱妻之心事主,爱子之心事亲。(四川)

讨厌和尚恨袈裟。(浙南)

任他满身黄金,我也只当他是痘病。(浙江嘉兴)

千错万错,赔罪不错。(浙西)

要我气,我不气,气死了,他合意。(江苏)

心平气和,添福免祸。(江苏扬州)

千万不可恨人,恨人天下不太平。(苏北)

生气不养家。(河北)

怕人听见就不要说,怕人知道就不要做。(河北)

有望作无望。(江西)

今朝不知明日事,人争闲气一场空。(湖北)

争气不养家,养家不争气。(陕西)

和气生财,忤逆生灾,打打骂骂何苦来?(安徽)

不见死尸不下泪,不到黄河不死心。(山东)

为人莫生气,生气早回去。(河南)

心平气和,五体安宁。(蒙古族)

火气一来,智慧走开。(乌孜别克族)

积怨是仇恨的邻居。(乌孜别克族)

祖国毁灭之日,就是愁死之时。(乌孜别克族)

离别了情人,可能哭七年;脱离祖国,一辈子哭不完。(乌孜别克族)

最崇高的爱是爱祖国。(乌孜别克族)

心胸宽阔的人,喝水也会胖。(柯尔克孜族)

夜行靠北斗,行船靠艄公;婴儿靠爹娘,壮家全靠党。(壮族)

住过深山老林的人最知道火塘暖心，穿过碎树叶的奴隶和共产党最亲；吃过黄连苦根的人最知道蜂蜜香甜，戴过铁镣铐的奴隶和毛主席最亲。（苦聪人）

太阳光，照到背阴坡；党的话，甜到心窝窝。（佤族）

岩鹰高飞靠翅膀，幸福种子靠党栽。（苗族）

最宝贵的金沙，珍藏在金沙江里；最美丽的玉石，珍藏在玉龙山里；最深厚的感情，珍藏在纳西人心里。（纳西族）

在所有的痛苦中，亡国之苦最难忍受。（朝鲜族）

天鹅留恋清净的湖水，人民热爱自己的祖国。（哈萨克族）

群众的怒火，谁也扑不灭。（维吾尔族）

（二）优良品质

1. 勤劳付出

遍地是黄金，还得勤劳人。（山东）

勤俭勤俭，保住饭碗。（山东）

吃过黄连苦中苦，方知甘草甜上甜。（浙南）

人勤肚饱，人懒饿倒。（浙江）

荒年饿不死种菜人。（江苏）

勤能补拙，省能补优。（江苏南京）

穷人靠手吃饭，富人靠钱吃饭。（东北）

人勤地生宝，人懒地生草。（吉林）

百见不如一做。（贵州）

斗米望天干，年年没得裤子穿。（四川）

勤俭贵富之本，懒惰贫穷之苗。（河南）

勤俭生富贵，富贵生淫逸，淫逸生贫贱，贫贱生勤俭。（河北）

勤俭人亩亩种好稻，懒惰人亩亩出青草。（云南）

勤人睡懒人，懒人睡病人。（湖南）

勤人餐餐是鱼是肉，懒人天天吃稀粥。（福建）

热天朝风坐，冷天自忍饿。（江西）

人勤春来早。（山西）

人美在勤劳。（内蒙古）

人要勤俭，猪要懒惰。（甘肃）

巧女的针线在匣子里，懒婆的针线在水桶里。（蒙古族）

好汉都把劳动讲，傻汉都把吃的讲。（蒙古族）

热爱劳动的人，翻山越岭都容易。懒惰奸猾的人，弹弹手指都吃力。（蒙古族）

勤恳的人只讲实干，懒惰的人贪馋茶饭。（蒙古族）

勤动手的饱肚子，不动手的饿肚子。（蒙古族）

土地虽然肥沃，不下苦功是得不到果实的。（蒙古族）

夫妻两人都偷懒，无饭吃来无衣穿；夫妻俩人都勤劳，衣食多得用不完。（藏族）

土地不负劳苦人。（维吾尔族）

劳动使人吃饱穿暖，懒惰使人挨饿受冻。（维吾尔族）

能在空中高飞，不是羽毛之力；福气全靠劳动，并非土地之功。（维吾尔族）

清洁是健康的基础，劳动是财富的基础。（哈萨克族）

白天找不到黑天找，秋天做不完冬天做。（哈萨克族）

春季多流汗，秋季歌儿唱不完。（柯尔克孜族）

艰苦的劳动会迎来战斗的喜悦，辛勤的汗珠换来连年的丰收。（柯尔克孜族）

雨水使大地青绿，勤劳使人敬佩。（柯尔克孜族）

你先养田，田才养你；要想多打粮，就得多施肥。（白族）

只怕懒汉不耕，没有黄土不生。（保安族）

好逸恶劳千金也能吃空，勤劳勇敢双手也值千金。（纳西族）

劳动好，生活才会幸福；水草好，牛羊才会肥壮。（塔吉克族）

冬不节约春要愁，夏不劳动秋无收。（锡伯族）

懒汉连走路都没有活气，勤人一天再累精神也充沛。（瑶族）

要想找到珊瑚，就得下到大海里边；要想找到宝石，就得翻过万水千山。（裕固族）

两只手落地，不富也够吃。（壮族）

勤松土的甘蔗甜，勤施肥的芭蕉香。（傣族）

狩猎才能得禽兽，勤劳才能有收入。（鄂伦春族）

不下功夫是得不到果实的。（锡伯族）

有一分耕耘才有一分收获。（朝鲜族）

2. 慷慨大方

人不为己，顶天立地。（河南）

大家慷慨，众能济一。（河南）

有一分热，发一分光。（浙江）

有所作为是生活中的最高境界。（山西）

行善是一种无意识的播种。（山东）

太阳之所以伟大，在于它永远消耗自己。（陕西）

一颗好心抵得过黄金。（河北）

热心待人的人运气不会差。（江西）

单丝不成线，互助吃饱饭。（吉林）

千家人吃药，一个人给钱。（云南）

过日子不得不小气，请人不得不大方。（贵州）

慷慨的一定会有好运。（广东）

善于给予是一种美德。（甘肃）

只管付出，不论回报。（黑龙江）

好酒好肉只给友人享用。（蒙古族）

朋友来了好酒招待。（蒙古族）

对你亲爱的人，别珍惜你的乳汁；对大众的事业，别珍惜你的生命。（蒙古族）

有酒大家喝才有意思。（蒙古族）

好衣裳自己穿，好东西给人吃。（藏族）

尽情招待朋友。(藏族)

只顾个人利益的人,会变成瞎子。(鄂温克族)

相帮相助成朋友。(彝族)

只有富裕时慷慨解囊,穷困时才能得到资助。(哈萨克族)

吝啬没有福,慷慨福无穷。(塔塔尔族)

不肯慷慨待客,迟早会饿肚。(朝鲜族)

遇上慷慨的人不会受冻挨饿,遇上仗义的人不会受人欺负。(傣族)

大方人给了东西,从来不说。(壮族)

一人有难要大家帮,一家有事应百家忙。(土家族)

平时肯帮人,急时有人帮。(回族)

树靠树成行,人帮人成王。(满族)

罐靠把提,人要人帮。(德昂族)

大方之人必不富,太直的树必空心。(瑶族)

吝啬地活着,不如慷慨地死去。(乌孜别克族)

有人向你要酸奶,叫他连桶一起抬。(侗族)

3. 善良美好

善事多做,恶事莫为;做坏事,一定唔好死。(广东)

公平正直为君子。(汉族)

积德多嗣,为善有后。(汉族)

积福有福在,积善有阴功。(汉族)

积善之家,必有余庆;积恶之家,必有余殃。(汉族)

脚大不怕泥里歪,心正不怕黄风摆。(汉族)

皇天不负善心人。(汉族)

积善有善报,积恶有恶报。(汉族)

脚正不怕鞋歪,树正不怕影斜。(汉族)

平生正直无私曲,问甚天公饶不饶。(汉族)

人正不怕影子歪。(汉族)

宁可直中取,莫向曲中求。(汉族)

作善天降百祥。(汉族)

心正不怕雷打。(汉族)

行得心头直,何用去烧香。(汉族)

只要做事正直,不以成败论人。(汉族)

行得端,坐得正,没有别人找的缝。(汉族)

正直是人生之宝。(汉族)

心正不怕邪,路正不怕鬼。(汉族)

善不可失,恶不可得。(汉族)

正直是一生之宝。(朝鲜族)

正直的心始终是平和而坦荡,即使在巨大的困难和厄运之中;猛烈燃烧的火炬,就是上下翻举也仍然大放光明。(藏族)

说话要正直,办事要公道。(蒙古族)

面孔好看的人,并不美丽;心地善良的人,才是美丽。(维吾尔族)

心坏不得好死,心善必有好报。(达斡尔族)

樟松笔直,朋友心实。(鄂伦春族)

好人不记仇,行善无限度。(哈萨克族)

鸟美在羽毛上,人美在心灵上。(独龙族)

貌美行为丑,算不得真美。(纳西族)

龙怕折腰断,人怕心无血。(水族)

为人要善良,做事要公正。(彝族)

善良的人走路不怕见不得人,正直的人上街昂首挺胸无所畏惧。(瑶族)

为善夜夜睡得好,作恶日日心里慌。(壮族)

怕雷公打。(黎族)

说话要真,喝水要清。(满族)

心正压百邪。(布朗族)

田直好耕犁,路直好走人,人直受人敬。(哈尼族)

没做亏心事,不怕别人说。(锡伯族)

4. 勤俭节约

理家千条计，勤俭数第一。（江苏）

勤俭勤俭，有吃有穿。（宁夏）

勤俭是幸福之年，浪费是受罪之苗。（甘肃）

奢者富不足，俭者贫有余。（陕西）

只有勤来没有俭，好比有针没有线。（河南）

光勤不俭，只落不懒；光俭不勤，饿破嘴唇。（汉族）

黄金本无种，出自勤俭家。（汉族）

大吃如小赌，勤俭能兴家。（汉族）

当家要俭，做事要勤。（汉族）

花开满树红，勤俭最光荣。（汉族）

少时不勤俭，老来困街沿；少时能省俭，老来有钱花。（汉族）

省吃俭用，细水长流。（汉族）

省吃俭用免求人。（汉族）

勤而不俭，枉费其勤。（汉族）

手勤俭用一世富，好吃懒做一世穷。（汉族）

勤俭谨慎，吃穿有门。（汉族）

勤俭办事少花钱，日子越过越香甜。（汉族）

功成由俭，业精于勤。（汉族）

小寒大寒，勤俭过年。（汉族）

能勤不能俭，到头没积攒；能俭不能勤，到头等于零。（傣族）

独轮的车子，容易翻倒；不节俭的人，容易烦恼。（蒙古族）

省吃俭用能经常，一年四季有余粮。（瑶族）

有勤又有俭，生活甜又甜。（壮族）

俭吃有剩，俭穿有新。（维吾尔族）

鸭子身上不沾水，勤俭人身上不沾土。（哈萨克族）

有勤又有俭，甜上加甜。（苗族）

靠勤起家，靠俭立业。（侗族）

一颗粮食一滴汗，一滴汗水一粒粮。（彝族）

精打细算，有吃有穿。（布依族）

人勤收获不断，人懒疾病缠身。（塔塔尔族）

快乐和汗水是兄弟，幸福和勤俭是一家。（白族）

人勤贪工，人懒图食。（毛南族）

熟一穗应收，掉一粒要捡。（佤族）

养得勤耕儿，家中多禾谷；养得勤俭儿，家中百事足；养得孝顺儿，家中生百福；养得读书儿，全家食天禄。（黎族）

一滴水不算水，一滴二滴成大海；一粒米不算米，一粒二粒装满仓。（傈僳族）

丧失勤劳俭朴，家庭永不富裕。（普米族）

惜衣得衣穿，惜饭得饭吃。（布朗族）

粗米常吃，细水长流。（撒拉族）

5. 知恩图报

水往深处去，人往恩处去。（安徽）

一辈媒人，三辈恩人。（陕西）

金子不会被扔，恩情不会被忘。（汉族）

剑诛无义汉，金赠有恩人。（汉族）

劬劳恩重须当报，手足情深要取和。（汉族）

人而负恩，不如禽鸟。（汉族）

百岁老公公，难忘父母养育恩。（汉族）

能够数尽青丝发，不能报尽亲娘恩。（汉族）

受恩不报非君子，有怨须偿是丈夫。（汉族）

受人滴水之恩，当以涌泉相报。（汉族）

施恩无念，受恩莫忘。（汉族）

忘恩负义，禽兽之徒。（汉族）

有恩报恩，有仇报仇。（汉族）

有恩不报非君子，忘恩负义是小人。（汉族）

有恩不报枉为人。（汉族）

仇难报，恩难谢。（汉族）

不报仇，是懦夫；不报恩，是浪子。（藏族）

忘恩负义的人，谁敢做他朋友？永远没有收获的土地，哪一个农夫愿来耕耘？（门巴族）

水有源，树有根，吃水不忘挖井人。（达斡尔族）

鸟飞走的时候，不能忘记枯枝；人出名的时候，不该忘记恩师。（鄂伦春族）

吃饭砸锅，忘恩负义。（维吾尔族）

少，要知足；多，要谢恩。（哈萨克族）

大话莫听，大恩莫忘。（毛南族）

鸡饮水时仰望着天空。（水族）

过河莫忘桥。（侗族）

吃饭不忘田，吃鱼不忘河。（傣族）

久旱的小草，最懂得雨水的恩情。（白族）

过河不能拆桥，成事不能忘恩。（哈尼族）

恩不可忘得太净，仇不可记得太深。（满族）

6. 不骄不躁

水清无鱼，人急性，无福气。（台湾）

若要做事稳，一步三拐棍。（湖北石首）

宁踏百步实，不踩一步虚。（湖北建始）

屙屎抱树桩，稳当又稳当。（湖北长阳）

上了砧板才是鸡，捉到手里才是鱼。（湖北崇阳）

抓到熊，再卖皮。（湖北十堰）

多大个肚子吃多大的馍。（湖北老河口）

从容好干事，性急出岔子。（湖北宜昌）

一把火炖不好个牛脑壳。（鄂西）

脑子热，错事多。（湖北丹江口）

人急办不了好事，猫急捉不住耗子。（湖北安陆）

不到江边不脱鞋，不到火候不揭锅。（湖北安陆）

火急煮不成好饭，性急解不开乱麻。（湖北咸宁）

冷手抓不得热馒头，性急吃不得滚稀粥。（湖北孝感）

一口吃不完一锅饭，一铲舀不完一锅汤。（湖北监利）

慢中求快，快中求慢；快而不乱，慢而不断。（湖北巴东）

十快三分假，九慢一枝花。（湖北黄梅）

细磨出快刀。（湖北汉川）

细人子，做细事。（湖南）

手忙脚莫乱，事多心莫烦。（汉族）

捕鱼看水情，打虎看山势。（汉族）

有了成绩别自夸，有了错误别气馁。（哈萨克族）

见了有识之士，要尊敬；见了无知之辈，要耐心。（哈萨克族）

一怒之下踢石头，只有疼着脚趾头。（朝鲜族）

荣誉面前要学沙漠里的河流，困难面前要学山涧里的洪流。（柯尔克孜族）

叫喊厉害的乳牛，挤不出奶。（柯尔克孜族）

有耐心，酸杏可制蜜饯；有耐心，石里挤得出水。（维吾尔族）

制服猛兽非英雄，抑住脾气真好汉。（维吾尔族）

月琴怕断弦，英雄怕自满。（彝族）

乱叫的猎狗追不着野兽，好狂的勇士压不住阵脚。（彝族）

学生知少高声念，先生知多不出声。（白族）

肤浅的人容易为一点小捷而狂喜，但他也最容易在刹那间灰心丧气；山中的小溪虽然也不长，但它的涨落总是在人前闪烁。（藏族）

不见，上山看；不懂，问老者。（门巴族）

有实学者必不自夸。（满族）

多说话易犯错，多自夸易得病。（毛南族）

骄傲来自浅薄，狂妄出于无知。（东乡族）

白天做的事，夜间要检讨；明天做的事，今天要计划。(鄂温克族)

忍一下不晚，等一下不迟。(傣族)

老说自己不懂行的人，恰恰心里最亮堂。(哈尼族)

青蛙因为多嘴而死。(仫佬族)

7. 谦虚谨慎

轻人自轻自，重人自重自。(浙江)

闷头鸡，会吃米。(江苏扬州)

人前须知趣，免得背怨嫌。(江苏扬州)

人贵自省，思虑乃明。(江苏)

怕人知道，休做；要人敬重，勤学。(河北张家口)

饭不要不嚼便咽，路不要不看便走，话不要不想便说。(河北)

随得方，就得圆，吃得轻，担得重。(河北)

多怪自己，少怪别人。(湖南湘潭)

外面讲大话，屋里吃豆渣。(湖南)

大石头还要小石头垫脚。(江西彭泽)

三条腿的蝉不好找，两条腿的人有的是。(鲁南)

说错了，格外说过；做错了，格外做过。(四川)

涵养怒中气，谨防顺口言，检点忙时错，爱惜有时钱。(山西)

热粥吃了菜，慌忙用了钱，谨察自己过，慢出口中言。(湖北)

各人的小名，各人知道。(陕西)

要知己之短，不忘人之长。(河南)

安居时不忘警惕，幸福时莫忘艰苦。(侗族)

学习要口勤，勿装明白人。(侗族)

在成功之后，也要拉紧盔甲上的带子。(瑶族)

垂下的树枝常常结满了果实，吉祥的孔雀常常有美丽的尾巴，温驯的骏马常常会奔驰得飞快，谦虚的人常常是有知识的学者。(珞巴族)

敌人退了，也不能把宝剑往石头上砍。(哈萨克族)

与其骄傲自满，不如谦虚谨慎。（维吾尔族）

穷莫自贱，富莫自大。（毛南族）

估计不到的危险就在脚下。（乌孜别克族）

我的知识如人家的胡子，人家的知识像我的头发。（彝族）

自满是求知的拦路虎，自谦是智慧的引路人。（壮族）

自夸的人没有本事，有本事的人不自夸。（苗族）

嘴上谦虚不难，行为谦虚不易。（哈尼族）

深水无声响，贤人不自夸。（傣族）

不能谦虚上进，聪明也会变傻。（白族）

勇士和谦虚是朋友，勇士和吹牛是敌人。（俄罗斯族）

虚心好学受人赞，自命不凡讨人嫌。（塔吉克族）

8. 坚强勇敢

人要傲，马要烈。（河南）

一人不要命，十人难抵挡。（河南）

心要放正，胆要放硬。（河南）

做鸡要寻，做人要拼。（台湾）

天里无坎，也要爬去。（台湾）

骑马昏，坐骑晕，担子越担越有劲。（陕西）

大丈夫，不提"饥寒"二字。（四川）

哪里打铧，哪里住犁，侉车不倒，一直向前推。（东北）

坐得起，站得起，顶天立地好男子。（浙江）

跌得倒，爬得起。（广西）

像拐子一样，跳前一步算一步。（广东）

尽心竭力，有命不绝。（江苏扬州）

害怕攀登高峰的人，只能在洼地里徘徊。（京族）

害怕困难是懦夫的影子，勇往直前是成功的方向。（哈尼族）

在风雨里飞翔的鸟，是勇敢的；顶着困难前进的人，是有出息的。（哈尼族）

勇敢的人可以从山头爬到云朵上，胆小鬼搭着梯子也爬不到帐篷顶。（鄂伦春族）

哭泣悲愁，不如捏紧拳头。（达斡尔族）

没有铁锹挖孔难，没有志气进取难。（达斡尔族）

顽强奋斗的意志，是事业成功的伙伴。（达斡尔族）

胜利是克服无数困难所取得的。（哈萨克族）

只要坚强，鸡蛋也能顶起石头。（藏族）

别看光秃秃的山坡，却能长出翠柏青松。（藏族）

与其流眼泪，不如攥拳头。（彝族）

强暴面前不下跪，困难面前不弯腰。（蒙古族）

喷涌的水，用土压不住；坚强的人，有难吓不垮。（蒙古族）

即使两腿折断，还要用手爬行；就是碰破头颅，也要熬到明天。（蒙古族）

要当山峰上的雪莲，不当温室里的牡丹。（柯尔克孜族）

9. 乐观豁达

山高挡不住太阳，水大没不了鸭子。（云南）

心胸宽大能撑船，健康长寿过百年。（江苏）

是福不是祸，是祸躲不过。（江苏）

走自己的路，让人家说去吧。（浙东）

山高自有人行路，水深自有打渔船。（浙江）

天有不测风云，人有旦夕祸福。（湖南）

舍得一身剐，敢把皇帝拉下马。（陕西）

车到山前必有路，船到桥头自然直。（湖北）

天意不可违，生死有命。（山西）

月有阴晴圆缺，人有悲欢离合。（汉族）

不以物喜，不以己悲。（汉族）

闲看庭前花开花落，漫随天外云卷云舒。（汉族）

天生我材必有用，千金散尽还复来。（汉族）

天无绝人之路。(汉族)

塞翁失马,焉知非福。(汉族)

山高自有行路客,水深自有渡船人。(汉族)

时运未来君且守,困龙亦有上天时。(汉族)

是地不长无根草,皇天不生无路人。(汉族)

留得牛粪在,不怕没火烤。(蒙古族)

谁都喜欢富裕,但穷的时候不要悲观。(达斡尔族)

得意时不要趾高气扬,倒霉时不要愁眉苦脸。(藏族)

吃得不好能饱肚,穿得不好能暖身。(傈僳族)

人不死,就有希望。(哈萨克族)

戈壁的风沙再大,埋不了活人。(维吾尔族)

走尽羊肠小道,必然遇上阳光大道。(景颇族)

不管寒冬有多长,春天总会来。(苗族)

冰雪压不住青草,乌云遮不住太阳。(彝族)

积雪再厚,山林中就会变绿。(鄂伦春族)

乌云遮日一天,可遮不了常年。(朝鲜族)

没有爬不上的高山,没有过不去的河流。(朝鲜族)

高山挡不住太阳,砂土挡不住洪流。(柯尔克孜族)

猫一年也有三天热,鸭一年也有三日寒。(布依族)

天狗吃太阳,黑不了多久。(瑶族)

筛子挡不住太阳,威势压不倒真理。(黎族)

10. 孝敬孝顺

做鱼不可做鲨,做人不可不孝。(山东)

父慈自然子孝,父不慈子不可不孝。(山东)

要求子顺,先孝爷娘;要知亲恩,看你儿郎。(山东)

朝山进香,不如家中养娘。(山东)

草索拖阿公,草索拖阿爸。(台湾)

娶妻休论丑与俊,勤劳体健孝双亲。(河北)

兄弟不和，交朋无益；不讲卫生，吃药无益；不孝父母，敬神无益。（陕西）

二十四孝敬后母。（江西）

好心田稻自有谷，孝心父母自有福。（湖南）

天大地大，父母的恩德才大。（四川）

堂上活佛。（河南）

要求子孝，先敬爹娘。（汉族）

生身父母在一边，养身父母大似天。（汉族）

十恶淫为首，四行孝为先。（汉族）

孝顺公婆自有福，孝顺栏头自有肉。（汉族）

纳上钱粮不怕官，孝敬父母不怕天。（汉族）

在家孝顺父母，胜似出门远烧香。（汉族）

你今孝顺十六两，后辈儿孙还一斤。（汉族）

千经万典，孝义为先。（汉族）

人爵不如天爵贵，功名怎及孝名高。（汉族）

父母的教诲，子女的孝心。（达斡尔族）

会议由老年人开始，酒宴由青年人收场。（藏族）

不敬父亲的人，子女也不敬他。（哈萨克族）

长大成人之日，需念父母之恩。（蒙古族）

大雁飞走不忘讲述山林，孝子远行不忘讲述母亲。（鄂伦春族）

暖不过火炉，亲不过父母。（壮族）

你如何赡养父母，你的孩子便如何赡养你。（维吾尔族）

青年时候不敬老，自己老了受不了。（布依族）

若要好，问三老，敬老得福，敬老得谷。（仫佬族）

不能敬孝道，祭神有何益？（纳西族）

抛弃儿女的不是恩慈的父母，不尊父母的不是孝顺的儿女。（门巴族）

和气生财，忤逆遭灾。（回族）

对长者要尊重，对孩子要教育。（土族）

永生吃不厌的是田里的稻谷，永世叫不够的是家里的父母。（哈尼族）

11. 珍惜时间

寸金失去了有寻处，失去光阴无处寻。（内蒙古）

光阴勿虚度，青春不回头。（甘肃）

光阴贵似金，读书趁年轻。（山东）

守财奴看金钱是命根，求知人视时间为生命。（陕西）

丢掉黄金能够找，失去光阴无处寻。（河南）

宝石易找，时间难买。（天津）

寸金难买寸光阴。（汉族）

光阴似水，日月如梭。（汉族）

光阴好比长流水，只能流去不流回。（汉族）

花儿凋谢春再来，光阴一去不再来。（汉族）

日月莫闲过，时间不再来。（汉族）

尺璧非宝，寸阴是竞。（汉族）

赶路赶早不赶晚，时间能挤不能放。（汉族）

时光容易过，岁月莫蹉跎。（汉族）

莫说年纪小，人生容易老；莫说时间早，一去没处找。（汉族）

时间是金钱，时间是生命。（汉族）

过去的时光不复返，说出的话语难收回。（汉族）

钉子是敲进去的，时间是挤出来的。（汉族）

不珍惜时间，得不到生命的价值。（汉族）

百年光阴，如驹过隙。（汉族）

今朝有事今朝做，莫将忙事待明天。（维吾尔族）

知道一分钟确实可贵，就应该珍惜每一秒钟。（回族）

惜时应早起，珍时应晚睡。（蒙古族）

好看的花不常开，好的时光不常在。（达斡尔族）

上午不做事，下午悔恨；少年不读书，老来悔恨。（藏族）

不紧不慢的，会落在后面；紧赶慢赶的，有时间挑选。（哈萨克族）

腊月阳光少，少年光阴贵。（壮族）

一棵树不能万世长春，一个人只有一段青春。（鄂伦春族）

聪明的鸟儿珍惜羽毛，智慧的人儿珍惜时间。（朝鲜族）

明天会变成今天，昨天变不成今天。（俄罗斯族）

水泼地上难收回，时间流逝难挽回。（彝族）

鸟过留声，兽过留迹，唯有光阴不留影。（哈尼族）

人不会活两世，一天没有两个晨。（纳西族）

人生最多到百岁，时光易过如流水。（满族）

年轻放荡虚荒度，青春时期易消失。（苗族）

庄稼成熟看得到，人生到老觉不到。（景颇族）

赶马人的宝贝是时光，种田人的财富是勤劳。（傣族）

天天有明天，年年有明年。（侗族）

岁月光阴，分秒如金，有为者得，无为者失。（白族）

长鼓两头敲，勤劳的人两头不黑不收工。（瑶族）

勤人趁晴天干活，懒人雨天才着急。（布依族）

12. 团结友爱

不怕巨浪高，只怕桨不齐。（青岛）

人心齐，泰山移。（山东）

柴多火旺，水涨船高。（福建）

不怕虎生两翼，只怕人起二心。（福建）

人多山倒，力众海移。（福建）

双拳难敌四手。（厦门）

稻多打出米来，人多讲出理来。（黑龙江）

轻霜冻死千根草，狂风难毁万木林。（漠河）

滴水不成海，独木难成林。（青海）

独脚难行，孤掌难鸣。（上海）

集体是力量的源泉，众人是智慧的摇篮。（深圳）

莫学箩筐千只眼，只学蜡烛一条心。（武汉）

头雁先追，群燕齐追。（太原）

土帮土成墙，人帮人成城。（北京）

团结加智慧，弱者胜强者。（成都）

团结则存，分裂则亡。（延安）

雁怕离群，人怕掉队。（河北）

大家齐努力，无事不成功。（包头）

水深鱼多，人多智广。（赤峰）

一个人的智慧不够用，众人的智慧用不完。（蒙古族）

人多能打虎，狗多咬死狼。（瑶族）

三人合一心，黄土变成金。（土家族）

三人同心干，抬走一座山。（彝族）

共住一条江，有事大家帮。（侗族）

羊毛细线搓成绳，雪山雄狮能捆住。（藏族）

星多天空亮，人多智慧广。（鄂温克族）

蚂蚁合群，不怕大象。（锡伯族）

一只手捉不到几只跳蚤。（布依族）

度量大，才能团结人。（鄂伦春族）

团结愈紧，力量愈大。（朝鲜族）

一个人唱不成全家福。（赫哲族）

人心强，山石穿。（苗族）

愤怒中看智慧，贫困中看朋友。（毛南族）

13. 尊老爱幼

希望是未来的春天，儿童是人类的春天。（呼和浩特）

羊有跪乳之恩。（呼伦贝尔）

穿上了金袍，别忘了父辈的苦。（包头）

对父母要尊敬，对孩子要教育。（赤峰）

用殴打来教育孩子不过和类人猿教育后代相似。（浙江）

娘亲，爷亲，十个指头亲。（浙江）

子孝父心宽。（西安）

作为一个人，要对父母尊敬，对子女慈爱。（延安）

人要从小教育。（甘肃）

孝敬老人进天堂，虐待老人丢火塘。（云南）

对老人要格外尊敬，对小孩要有尊严。（新疆）

与其批评孩子，不如做个榜样。（苏州）

子女对父母有赡养的义务。（北京）

财宽量大修子孙。（江西）

谷自家收，孩子自家养。（山东）

你怎样对待你的父亲，将得到同样的报应。（哈萨克族）

只有尊敬长辈，才能万事有成。（维吾尔族）

见小要亲，见老要敬。（白族）

家有一老，如有一宝。（壮族）

若想孝敬老人，注意自己的言行。（蒙古族）

谷在于幼苗，人在于幼年。（撒拉族）

哪里没有高尚的老人，哪里就不会有高尚的青年人。（俄罗斯族）

有老人的家庭有黄金。（乌孜别克族）

子女在于教育，树木在于修理。（苗族）

重担由年轻人挑，好饭菜先孝敬老人。（布依族）

别让孩子玩火。（鄂伦春族）

猎人的孩子都是在狼嚎中长大。（鄂温克族）

老受夸奖的孩子最容易放纵。（景颇族）

上梁不正下梁歪。（满族）

爱与憎，小孩脑子清楚。（藏族）

老熊无牙，照样伤人。（基诺族）

老人的话可做药，老的葫芦可做瓢。（仫佬族）

14. 乐于助人

弯下身子帮助别人站起来，是对心灵最好的锻炼。（江苏扬州）

帮助别人要忘掉，别人帮己要牢记。（江苏）

除了爱以外，世间最美的动词是帮助。（江苏南京）

辅车相依，唇亡齿寒。（浙江温州）

助人为快乐之本。（浙江）

施比受更有福。（福建）

帮助人是人格升华的标志。（河南）

我们无法帮助到每个人，但每个人能帮助到某些人。（上海）

与人为善、乐于助人乃举手之劳。（大连）

世界上能为别人减轻负担的都不是庸庸碌碌之人。（海南）

我们靠所得来谋生，但靠给予创造生活。（北京）

人生所贵在知己。（山东）

帮助他人想得到的，自己也会梦想成真。（四川）

人家帮我，永志不忘；我帮人家，莫记心上。（重庆）

为别人点灯，也照亮了自己。（吉林）

每有患急，先人后己。（河北）

帮助别人是无价且快乐的事。（赤峰）

当你学会去给予，你也会懂得了快乐。（江西）

赠人玫瑰，手有余香。（天津）

勿以善小而不为，勿以恶小而为之。（汉族）

你不关心别人，无人尊敬你。（维吾尔族）

行善积德自会福禄绵长。（哈萨克族）

为大家谋利的人，名载史册。（蒙古族）

帮人帮到底，救人要救活。（苗族）

你不为别人出右手，别人不会向你伸左手。（藏族）

送饭给饥饿人，弹琴给知音听。（彝族）

只顾自己的人，不如一根针。（白族）

助人应及时。（朝鲜族）

好人心存善良，坏人身接木棒。（鄂伦春族）

行善流芳千古，作恶遗臭万年。（塔吉克族）

好人留下的是花园，坏人留下的是污点。（乌孜别克族）

聪明的人朋友普天下，傻瓜交朋友都怕吃亏。（瑶族）

过桥莫丢手中棍，走道莫忘修路人。（壮族）

心坏不得好死，心善必得好报。（达斡尔族）

不友好接待来客，出门无人照应。（鄂温克族）

不敬别人，难得人敬。（哈尼族）

牛乖人人使，人善人人亲。（拉祜族）

做善事等于自己赞扬自己。（俄罗斯族）

清泉好喝，善人好处。（布朗族）

15. 文明礼貌

天地为大，亲师为尊。（汉族）

文明其精神，野蛮其体魄。（汉族）

文明就是要造就有修养的人。（汉族）

争着不够吃，让着吃不了。（汉族）

不怕衣服有补丁，只怕心灵有污点。（汉族）

见人不施礼，枉跑四十里；见人施一礼，少走十里地。（汉族）

礼仪的目的与作用是使顽固变柔顺，使人们的气质变温和。（汉族）

礼仪是聪明人想出来的与愚人保持距离的一种策略。（汉族）

文明的建立的不是机器而是思想。（汉族）

没有充分闲暇，就不可能有高度文明。（汉族）

亲善产生幸福，文明带来和谐。（汉族）

小心不怕多，有礼不在迟。（汉族）

小的不哄，老的不欺。（汉族）

打人不打脸，吃饭不夺碗。（汉族）

让礼一寸，得礼一尺。（汉族）

让路不是痴汉，躲路不是呆人。（汉族）

买卖不成仁义在。（汉族）

行路能开口，天下随便走。（汉族）

虽逢雨不违约会，虽遇风不误诺言。（蒙古族）

当着众人说话，要注意分寸；和众人同行，要注意举止的文明。（蒙古族）

人恶遭人恨，人善受人敬。（瑶族）

遇到聋哑人，有理让三分。（瑶族）

骏马是勇士的翅膀，信誉是人们的腿儿。（达斡尔族）

受惊的马没有路，喝醉的人没有礼。（达斡尔族）

要人尊敬你，你先尊敬人。（朝鲜族）

谁没有实话，谁的美德就不多。（俄罗斯族）

贤者讲文明，小人讲吃喝。（藏族）

礼貌的新风，能使亿万文明人团结得更紧。（普米族）

你让人一寸，人敬你一丈。（侗族）

没有礼貌的人，就像没有窗户的房屋。（维吾尔族）

言要入耳，理要合情。（傣族）

和事不丧理，让人不为低。（回族）

挡住风雨的是衣服，帮你做人的是礼貌。（满族）

送花是爱，接花要戴。（布朗族）

倒爬楼梯分不清上下，不学礼貌分不清老小。（哈尼族）

隔条江不同俗，隔座山不同腔。（基诺族）

彝族来客就递烟，汉族来客就泡茶。（彝族）

16. 爱国爱家

爱国胜爱家，报效在天涯。（汉族）

爱妻敬丈母，爱子敬先生。（汉族）

天鹅爱的是湖泊，英雄爱的是祖国。（汉族）

天下兴亡，匹夫有责。（汉族）

国泰民可安，国强民也富。（汉族）

一寸山河一寸金。（汉族）

保国莫如安民，安民莫如择交。（汉族）

夫妻安，合家欢。（汉族）

国富民安，国强民欢。（汉族）

国和万事兴，国富民不穷。（汉族）

国破民遭殃，国强民安宁。（汉族）

国强民不受辱，民强国不受侮。（汉族）

国土贵如金。（汉族）

国正天下顺，官清民自安。（汉族）

白手起家真志士，赤心报国是忠臣。（汉族）

家不和要败，国不和要丧。（汉族）

家不和，被人欺。（汉族）

家常便饭吃得长，粗布衣裳穿得久。（汉族）

家富不如家和。（汉族）

家和日子旺，人和事业兴。（汉族）

生长在花园里的花朵是美丽的，生活在祖国的人民是幸福的。（柯尔克孜族）

离开祖国的人，像离开花园的布谷鸟。（柯尔克孜族）

大地养活人民，英雄保卫祖国。（哈萨克族）

别忘了祖宗事业，别扔掉旧皮窝子。（哈萨克族）

夜莺思念花草，人民热爱祖国。（乌孜别克族）

离开人民找不到幸福，爱祖国才有好生活。（维吾尔族）

最快的马也追不上春风，最能干的英雄也离不开群众。（傣族）

能让坏人进我们的寨门，不能让敌人进我们的国土。（佤族）

山上金竹根连根，天下瑶人心连心。（瑶族）

就是破破烂烂，也是自家衣裳。（朝鲜族）

从铁笼里解放的侗家，最向往北京的红太阳。（侗族）

骏马的蹄力有限，人民的智慧无穷。（蒙古族）

石油里面有金子，人民里面有圣人。（土族）

村子团结力量大，家庭团结幸福多。（藏族）

弟兄闹分家，邻居会钻空子。（高山族）

刀不磨快难砍柴，孩子不教难成才。（景颇族）

以爱妻子之心爱父母，以保爵位之策保国家。（满族）

父母不可遗弃，祖国不可背离。（锡伯族）

百灵鸟关在笼子里想的是花园，漂泊者走到哪里都想念祖国。（塔吉克族）

17. 无私奉献

无私才能无畏，大公才能大勇。（汉族）

无私者公，无我者明。（汉族）

少一分私心，多一分勇气。（汉族）

心底无私天地宽，私字当头骨头软。（汉族）

有私则有弊。（汉族）

多一分私心，少一分智慧。（汉族）

财富能使人堕落，自私能使人迷途。（汉族）

私心用事，反乱自身。（汉族）

人怕私，地怕荒。（汉族）

万恶皆由私字起，千好都从公字来。（汉族）

爱社如爱家，社员才得发。（汉族）

君子之心公而恕，小人之心私而刻。（汉族）

利心专则背道，私意确则灭公。（汉族）

千可贵，万可贵，无私最可贵。（汉族）

热是公众，冷是私家。（汉族）

一人修路，万人安步。（汉族）

活着为众人，生命值千金；活着为个人，不如一根针。（汉族）

为别人开路的人是走在最前面的人。（汉族）

判断一个人的价值，不是看他从世界上得到什么，而是看他为世界贡献出了什么。（汉族）

一人引来火种，温暖百人心胸。（维吾尔族）

献身祖国的人誉满天下，叛离祖国的人世人咒骂。（维吾尔族）

任重道远的骆驼，懂得用稳健的步伐——冲过重重风沙；献身"四化"的学者，懂得以坚持的精神——攻下科学难关。（维吾尔族）

海深能容千条江，地大能把万山装；胸宽能容众人话，无私能办群言堂。（壮族）

不让个人主义毁灭青春，要为革命理想奉献年华。（壮族）

一心做好公家事，自己事情也能成。（藏族）

个人利益如草小，集体利益如天大。（藏族）

骏马，牦牛和绵羊，是山坡的光荣；小麦、青稞和豌豆，是田地的光荣。（藏族）

为私利闹意见的人，抓到手的狐狸也会跑掉。（哈萨克族）

愚蠢人的幸福是挣钱和当官，聪明人的幸福是劳动和贡献。（哈萨克族）

为己而生，不如为众而死。（黎族）

多愁为大众做贡献，少思为自己逐名利。（蒙古族）

一人报险，万人得救。（傣族）

无私念，心胸才开朗；有理想，精力就旺盛。（瑶族）

要做铺路石。（侗族）

把欢乐奉献给别人的人，才是最欢乐的人，把幸福留给别人的人，才是最幸福的人。（彝族）

18. 诚实守信

君子口里无戏言。（山东邹平）

宁受困厄苦难，而不可有乖信义。（鲁南）

言必行，行必果。（湖北武汉）

说话不算，不是好汉。（湖北麻城）

讲了不算，不是男子汉。（江苏南京）

舌上笞花字。（江苏苏州）

真心不怕火来烧。（苏北）

诚诚实实得来吃。（福建）

掩掩旁人眼，安安死人心。（福建福州）

人有诚心，自有神助。（四川）

凡事从实，得福自厚。（台湾）

万事难逃一实。（浙江遂昌）

傻老婆心实。（河北）

人要实，火要虚。（北京）

排定的日子，请定的客。（湖南）

君子失了信，不如一泡粪。（陕西）

说谎接近了骗子。（锡伯族）

吐出的唾沫收不回。（布朗族）

流汗才能得果实，真心才会得知己。（纳西族）

错误不隐瞒，责任不推诿。（满族）

品质性格是忠诚的好，牛马羊群是肥壮的好。（鄂温克族）

花朵好蝴蝶多，威信好朋友多。（达斡尔族）

人不食言，狗不吃铁。（藏族）

人好在于诚实，马好在于善跑。（蒙古族）

没有信誉的人，等于没有生命。（傣族）

没有饵钓不到鱼，没有诚意找不到爱人。（苗族）

男子一言，快马一鞭。（回族）

诚实是立身之本，轻浮是败事之根。（壮族）

诚恳是团结朋友的彩带，虚伪是劈开朋友的长剑。（彝族）

要做榕树无花暗结果，莫学杜鹃开花空度过。（侗族）

说出的话，种下的松。（白族）

说话要算数，做事要彻底。（维吾尔族）

借人家一只鹅，还人家一峰驼。（哈萨克族）

19. 坚持不懈

流水穿石，积雨沉船。（台湾）

冰冻三尺，非一日之寒。（山东）

铁杵磨成针，只要功夫深。（北京）

有心打石石成针。（浙东）

不受磨难不成佛。（浙江）

磨刀不用看，抱着一头汗。（河南）

山高没有脚面高。（河南嵩县）

艰难困苦，玉汝于成。（广东）

受得苦中苦，方为人上人。（福建）

刀在石上磨，人在世上磨。（南京）

世上无难事，只怕心不坚。（上海）

不怕慢，只怕站；不怕站，只怕转。（东北）

山高怕慢行，铁杆磨绣针。（内蒙古）

为人不恒万不能。（江苏）

日日行，不怕千万里；常常做，不怕千万事。（四川）

老天不负苦心人。（湖北武汉）

有毅力的人，能从磐石里挤出水。（柯尔克孜族）

不到滩头心不死。（仫佬族）

走路有时也跌跤，前进道上有坎坷。（锡伯族）

有志人不怕路。（鄂伦春族）

有苦，事竟成；经苦，幸福来。（蒙古族）

对一个有毅力的人，遥远的路程也是近的。（维吾尔族）

不下一番苦，哪得一番乐。（纳西族）

在风雨里飞翔的鸟，才是勇敢的鸟；顶着困难前进的人，才是出息的人。（哈尼族）

吃得苦中苦，才有乐中乐。（苗族）

等待幸福要有耐心,消除痛苦要有韧性。(藏族)

实现愿望,得要有耐心。(俄罗斯族)

路途虽然遥远,越走就会越近。(哈萨克族)

有脚不怕千里路,有志不怕事不成。(侗族)

坎坷的山路,能磨炼意志;复杂的环境,能叫人聪明。(达斡尔族)

一天一根线,一年织成缎。(回族)

意志坚毅胜似黄金。(鄂温克族)

(三) 品性不良

1. 好吃懒做

吃起饭来欢天喜地,做起事来唉声叹气。(浙江慈溪)

天勿管,地勿管,起来五更捧大碗。(浙江金华)

越吃越馋,越嬉越懒。(浙东)

贪懒做和尚,贪吃去海洋。(浙江温州)

吃起饭来摸大碗,做起事来死挨懒。(福建)

吃饭敲碗,做事不管。(福州)

吃饭深山挖雪,做生活老鼠咬钱。(上海)

吃饭好像李瞎子攻城哩,做活好像吊死鬼寻绳哩。(陕西)

吃饭似天神天将,做事似老道士行香。(北京)

听到吃,爬上壁;听到做,脸一扭。(湖南)

食若倾,做工课若雇。(台湾)

饭前无力饭后虚。(南京)

光吃馍馍不念经。(山东)

好吃懒做,黄皮寡瘦。(鄂中)

德行做工看不见你,吃饭看见你。(江苏)

见饭饥,见水渴,见了枕头就眼涩。(内蒙古)

馋人好喝汤,懒人好哼哼。(东北)

行人饱,坐人饥,睡人吃得一笤箕。(河南)

食饭扛碗公,做事不动工。(客家族)

勤者丰衣足食，懒人吃穿都无。（布依族）

懒做好吃，大象肚皮鸭子力。（德昂族）

勤人天地宽，懒人道路窄。（侗族）

人越睡越懒，嘴越吃越馋。（赫哲族）

勤劳的人从远处引来山泉，懒汉把门前的水白白放走。（柯尔克孜族）

懒惰结的果子是苦的，勤劳结的果子是甜的。（怒族）

高飞的雄鹰，不会停歇在矮树桩上；懒惰的小伙，不会得到姑娘的爱情。（普米族）

待客热情不会穷，干活懒惰不会富。（水族）

枪法不准打不到肥壮的黄羊，手脚不勤找不到勇敢的情郎。（塔塔尔族）

可以嘴馋，不可懒惰。（达斡尔族）

能干者不一定会说，懒惰者只会耍嘴巴。（哈尼族）

懒汉干点事，比娶媳妇还难。（哈萨克族）

懒猫捉不住老鼠，懒人出不了成果。（苗族）

懒汉清早怕露水，懒鬼中午怕烈日。（壮族）

勤快尝甜头，懒汉吃苦头。（维吾尔族）

脏衣服有虱子，懒惰人没饭吃。（黎族）

要想有吃穿，必须勤动弹。（畲族）

懒汉即使有好田，禾苗也难长得好；勤劳的人种烂田，禾苗也是满峒青。（瑶族）

干活的人有吃穿，偷懒的人饥肠响。（蒙古族）

2. 自私吝啬

变从懒字起，坏从私字来。（江西）

家有万贯，不点双捻。（鲁西南）

细的屁眼子插不进去猪鬃。（东北）

省着省着，窟窿等着。（河北）

富而吝啬，可耻；穷而吝啬，可怜。（福建）

挖鼻孔屎下饭。（安徽）

讥人悭吝过分。（南京）

不要帮助自私的人，不要支援懒惰的人。（汉族）

互相协助事好办，各揣私心事难成。（汉族）

吝啬之家，出浪荡之子。（汉族）

富吝啬，穷大方。（汉族）

穷舍命，富抽筋。（汉族）

便宜无好货，好货不便宜。（汉族）

满腹私心，百祸缠身。（汉族）

吝啬一撮盐，烂了一头牛。（汉族）

人要吝啬朋友远，马要懒惰路程远。（汉族）

谁对时间越吝啬，时间对谁就越慷慨。（汉族）

吝啬鬼的名声传不远。（维吾尔族）

自己吃了饭的财主，叫仆人们不要煮饭。（朝鲜族）

吝啬的人朋友远，懒惰的马路途远。（蒙古族）

对祖国不要吝啬你的本领。（乌孜别克族）

如果吝啬箭头，怎能猎获走兽？（鄂伦春族）

别向敌人岂求，别对朋友吝啬。（哈萨克族）

树怕树身空，人怕私心重。（壮族）

各家的水凼各人戽。（毛南族）

竹子没有叶，竹心会空；人要有私心，没有亲人。（景颇族）

败事的祸根是懒惰，做人的祸根是私心。（藏族）

借钱时口露白牙笑哈哈，还钱时把牙咬得咯咯响。（哈尼族）

人为财死，鸟为食亡。（仫佬族）

人不为己，鬼神难欺。（侗族）

爱吹灭人家的火把，却烧了自己的胡子。（黎族）

3. 虚假伪善

假的说起笑，真的说起哭。（湖南）

望山跑死马，指人总是假。（江苏）

爱叫的猫捕鼠少，说嘴郎中卖假药。（汉族）

把戏把戏，全是假的。（汉族）

半熟的西瓜不好吃，虚假的话语不入心。（汉族）

不够十六两，哪能假装是一斤。（汉族）

打怕的人是假的，敬怕的人是真的。（汉族）

当着真人，别说假话。（汉族）

圪狸爬在土疙瘩上，假装是个巡山虎。（汉族）

功夫是真的，玩艺是假的。（汉族）

黑炭头，学假油，不穿纺绸穿拷绸。（汉族）

对真人不说假话。（汉族）

真菩萨面前，切莫烧假香。（汉族）

朋友给予真挚的帮助，敌人给予虚假的恭维。（哈尼族）

真假要争辩，长短要衡量。（藏族）

泥人经不起摔打，假话经不起调查。（维吾尔族）

假如豺狼给你一块肉，为的是夺走你一头牛。（苗族）

尽管一天三遍对着镜子照，并不等于容貌美丽；尽管一天九遍说些漂亮话，并不等于心地善良。（彝族）

虚伪地迎合是友谊的毒剂，诚恳地批评是友爱的厚礼。（壮族）

即使说句假话也是撒谎，即使小偷小摸也是盗窃。（蒙古族）

真理难灭，假话易除。（回族）

茄子不开空花，好人不讲假话。（黎族）

在阿谀奉承的人嘴里从来说不出好话。（鄂伦春族）

真的说不假，假的说不真。（土族）

雷鸣电闪雨点小，夸夸其谈本事无。（白族）

装假的新三天。（朝鲜族）

伪装耳沉的人，不如天生的聋。（达斡尔族）

神父的大肚皮是七张羊皮缝成的。（俄罗斯族）

敌人的微笑能伤人，朋友的责难能救人。（拉祜族）

狐狸的话听不得，黑熊的嘴亲不得。（赫哲族）

儿媳面前太客气，会空着肚子；女婿面前说谎话，会失去尊严。（满族）

七色的彩虹虽然美丽，不能缝衣；心假的姑娘虽然美丽，不能连情。（毛南族）

4. 骄奢淫逸

走四棱子步，放八棱子屁。（鲁南）

五九六九，打骂不走；七九六十三，穷汉把眼翻，东家作个揖，东家奶奶装袋烟。（东北）

象鼻对訾洲，清水两旁流，富贵无三代，清官不到头。（广西）

未穷先穷，到底不穷；未富先富，到底不富。（陕西）

刻薄成家，理无久享。（广东）

挨上勤谨的没懒的，挨上吃嘴的没攒的。（汉族）

饱暖生淫欲，饥寒起盗心。（汉族）

笑破不笑补，笑淫不笑贫。（汉族）

奸淫连命案，赌博出贼情。（汉族）

饱暖思淫欲。（汉族）

狂妄者，群众之敌；骄傲者，学习之敌。（蒙古族）

年轻时候别骄傲，衰老时候别伤心。（达斡尔族）

贪图知识之外的财富，会使人变得愚昧无知。（壮族）

寡廉鲜耻的人，将自己的丑事当作光荣；残暴凶狠的人，杀死双亲还要擂鼓庆贺。（门巴族）

老受夸奖的孩子，最容易放任自流。（景颇族）

别在人前夸自己，别在背地论人非。（鄂温克族）

讲自己美的人是头等傻瓜，讲自己妻子美的人是二等傻瓜。（柯

尔克孜族）

要是有天大的智慧，不要有豆大的骄傲。（哈萨克族）

山说山高不如山上的草高，草说草高不如坏人的贪心高。（侗族）

贪婪是邪恶的开端，制欲是避祸的良方。（满族）

大海有底，贪心无底。（回族）

困难面前别折腰，顺利面前别骄傲；马陷前蹄可拔，人迷双眼可察。（鄂伦春族）

猪不嫌猪丑，懒人爱自夸。（彝族）

5. 忘恩负义

吃饭忘记种田人。（汉族）

忘恩者食东西会鲠喉。（汉族）

忘恩负义者，心常难安。（汉族）

失去良心的人，像泥菩萨一样，空有一副架子。（藏族）

无耻的人一看见别人的东西，总想拿来给自己享用，将朋友的衣服给客人垫坐，还夸说自己慷慨热情。（藏族）

知恩不报，如同猪狗。（藏族）

对于忘掉恩情的人，怒目而视的眼睛多。（达斡尔族）

忘掉恩情，揍了佛爷。（达斡尔族）

喝水不能忘其渊源，受恩不能忘掉恩人。（蒙古族）

坐在树下乘凉，应怀念栽树人。（蒙古族）

饱莫忘饿，好莫忘恩。（侗族）

粒米十滴汗，莫忘种田人。（侗族）

犁完田就杀水牛，打完仗就杀勇将。（布依族）

过河丢拐杖，过桥拆桥。（仫佬族）

忘恩负义的人，谁敢做他的朋友？永远没有收获的土地，哪一个农夫愿来耕种？（满族）

喝水不忘挖渠人，吃饭不忘种田人。（维吾尔族）

忘本的人是走灭亡的道路。（鄂温克族）

6. 狂妄自大

笑人前，落人后。（云南）

人不在大小，马不在高低。（汉族）

刺猬说我儿光，黄鼠说我儿香。（汉族）

虾子莫笑鳖，都在泥里歇。（汉族）

龟不要笑鳖无毛，蟹不要笑蜞无高。（汉族）

木虱笑土鳖。（汉族）

蒙着缺嘴笑龅牙。（汉族）

粪车掉轮子，就爱摆个臭架子。（汉族）

开水泡黄豆，自我膨胀。（汉族）

雷声大，雨点小；人骄傲，成绩小。（白族）

浅薄无能的人容易变得骄傲自大，他总把自己当成世界上了不起的人，只有一点点汁液的果实，才会干瘪瘪地挂在枝头。（藏族）

当狂妄自大的时候，痛苦就会接踵而来；当狮子骄傲的时候，就会做狐狸的脚夫。（藏族）

一时谨慎一时无错，终身谨慎可以免祸。（藏族）

爱叫的猫捉不到老鼠，好吹的人办不成大事。（满族）

有功者不可居功自傲，无过者不可粗心大意。（满族）

骄傲没有好处，光屁股没温暖。（蒙古族）

谦虚的人，常想己过；骄傲的人，只论人非。（蒙古族）

骄傲的只能跌在门槛，谦虚的可以走遍天下。（蒙古族）

大水没有杂音，贤人没有狂言。（彝族）

长得丰实的谷穗，总是默默弯下头。（景颇族）

赛马一次的领先，别以为可炫耀一生。（鄂伦春族）

休在人前夸耀自己。（鄂伦春族）

打雷的天上雨点少，夸口的喇嘛没经念。（土族）

如果你过分夸耀自己，你得到的不过是冷笑。（高山族）

烧开的水不响，真懂的人不狂。（水族）

7. 疏忽大意

一步走错,百步难回。(汉族)

一念之差,终身之累。(汉族)

一失足成千古恨,再回头已百年身。(汉族)

三十年寡妇碧波清,河泥船摇一时溷。(汉族)

三长斋,一箸鲜虾破戒。(汉族)

菜容易食,行无容易修。(汉族)

一心不能二用。(汉族)

一心分开,两下不便。(汉族)

一人不有二心。(汉族)

一心无二心。(汉族)

忙一不能忙二。(汉族)

一夫两心,拔剌不深。(汉族)

左手书方,右手书圆,不能两成。(汉族)

老和尚卖庙——留神。(汉族)

为人不可迈大步。(汉族)

祸不入慎家之门。(汉族)

宁教小心过把,不教大意失荆州。(汉族)

事要三思,免劳后悔。(汉族)

一只脚踏两条船,结果一事无成。(白族)

时过不再来,机会莫错过。(白族)

鱼死鱼刺在,谁吃就卡谁。(白族)

首先自己应留神,然后才能提醒人。(蒙古族)

别因为一根牛毛落进锅里,就把一锅奶油全都泼掉;别因为犯了一点小错误,就把一生的事业全都否定。(蒙古族)

不要让敌人看自己的伤,不要给仇人露自己的丑。(蒙古族)

一颗针两头是尖,不能缝衣;一个人三心二意,一事无成。(藏族)

脚勿踏两船,心勿摆两面。(壮族)

放排人，漂流在急流上；放排人，思想一点也疏忽不得。（达斡尔族）

成事唯有多远虑，败事都因思考少。（鄂温克族）

即使你的敌人像马鬃上的一根毛，你也要当作一头野熊来对待。（塔吉克族）

蚂蚁虽小要放在眼里，敌人虽小要放在心里。（柯尔克孜族）

鸟不乱飞，人不乱行。（布依族）

8. 胆小怕事

胆大的漂洋过海，胆小的寸步难行。（汉族）

胆小非君子，无毒不丈夫。（汉族）

胆大不过看狗的，胆小不过烫酒的。（汉族）

胆小保本不发财，胆大发财不保本。（汉族）

胆小不得将军做。（汉族）

胆小的怕胆大的，胆大的怕不要命的。（汉族）

胆小的人耳朵尖。（汉族）

胆小的人心细。（汉族）

胆小发不了大财。（汉族）

胆小福也小，不是骑驴就是跑。（汉族）

胆小难得将军做，胆大吃得胆大亏。（汉族）

胆小疑心大，胆大气自粗。（汉族）

胆小做不了事，怕疼挑不出刺。（汉族）

害怕攀登高峰的人，只能在洼地里徘徊。（京族）

胆大鬼也怕，胆小雀也欺。（傣族）

胆大鬼怕人，胆小人怕鬼。（瑶族）

想说的话，压在舌头底下；想做的事，搁在屋子外头。（蒙古族）

勇士沿着山峰可以登上云端，胆小鬼踩着梯子也爬不上帐篷。（蒙古族）

打死虎的人，饱食虎肉；害怕虎的人，身填虎肚。（蒙古族）

看见自己的影子就赶快抓斧子。（蒙古族）

听其敲锣打鼓，怕其虚张声势。（蒙古族）

担心落下的树叶会打破头。（蒙古族）

胆小鬼见了自己的影子都害怕。（蒙古族）

吼叫起来像一头狮子，逃遁起来似一只耗子。（蒙古族）

气壮如牛，胆小如鼠。（蒙古族）

9. 悲观消极

人活二十五，半截入了土。（陕西）

七十三，八十四，阎王不叫自己去。（汉族）

八十的妈妈，狼赶着。（汉族）

各家都有一本难念的经。（汉族）

好人难做，好事难为。（汉族）

皇上家的工，慢慢儿地蹭。（汉族）

叹气一口，宅低三尺。（汉族）

医家怕四子。（汉族）

人要死，无药救。（藏族）

山要崩，绳箍不住。（藏族）

成事难如登天，败事易如烂毛。（满族）

不论穷，不论富，都是三丈六尺布。（满族）

有谁看得出乌鸦的年纪，有谁能识破坏人的诡计。（维吾尔族）

破墙头上多麻雀，穷人家里多困难。（维吾尔族）

森林的毒菌，拔了还会长；天空的迷雾，吹走还会来。（朝鲜族）

青蛙尽管千跳万跳，终跳不出臭泥池塘。（达斡尔族）

酒是水，钱是纸，生命是暂时地寄存在人间。（哈萨克族）

10. 忤逆不孝

打爹骂娘，出自本性。（台湾）

自己杀父，劝别人尽孝。（台湾）

妻不贤，子不孝，尧舜不能治。（湖南湘乡）

在生不孝，死祭无益。（湖南）

山老呱，尾巴拙，娶了媳妇忘了爹。（山东）

西屋，南房，不孝儿郎。（山东）

观世音不救不孝儿。（山东）

雷公叫了，哪里躲？（广东梅县）

不贤妻，不孝子，无法可治。（广东）

在世不肯孝，死了学鬼叫。（四川成都）

福气福气，有福就有气。（四川）

天爷的事大，娘老子也管不下。（陕西）

孝顺还怀孝顺胎，忤逆还生忤逆孩。（湖北）

大丈夫，难保妻不贤，子不肖。（东北）

孝顺种竹，忤逆剪桑。（浙江）

忤逆媳妇守孝堂。（河南）

不戴上孝帽，不知道哭爹。（闽南）

与其养大不孝的儿子，不如养肥成群的儿马。（蒙古族）

久病无孝子，溺爱出逆子。（蒙古族）

懂事的子女为父母争气，不肖之子进衙门打父母的官司。（傣族）

对老娘逞凶，对老婆谦恭。（傣族）

做不到十天的儿子，能做一天的好儿子也好。（彝族）

老子不下地，老爷吃个屁。（壮族）

子孙一坡，不如孝子一个。（黎族）

和气生财，忤逆生灾。（回族）

不听父母言，要遭绳索捆。（水族）

娘想儿心疼，儿想要娘死。（仫佬族）

乱竹子不成竿，乱子不成家。（布依族）

对于恩重父母，不供侍还打骂；对于劳碌犏牛，不重酬还宰杀。（藏族）

娇儿不孝，娇狗上灶。（白族）

抛弃儿女的不是恩慈的父母，不敬父母的不是孝顺的儿女。（门巴族）

不能尽孝道，祭神有何益。（纳西族）

兄弟不和，交友无益；不孝父母，敬神无益。（俄罗斯族）

勤孩子是父母的明珠，懒孩子是父母的祸根。（柯尔克孜族）

父辈之言，金石之音。（维吾尔族）

有慈爱方有孝顺。（锡伯族）

11. 玩物丧志

玩乐不知日子过。（湖北）

跟到叫花子学游神。（湖北武汉）

粪箕仔纸还未解。（广东）

赌钱有来往，大食无传头。（广州）

站着视像铜人，倒着视像死人。（台湾）

世上受荣华，哪管死后变驴马。（台南）

吃烟耍钱务正哩，供娃念书胡弄哩。（陕西）

大年五更拉胡琴。（山东）

游手好闲去当兵，好吃懒做住衙门。（浙江）

嫖嫖赌赌，赛过知府。（江西）

马浪荡，十弃行。（江苏苏州）

赌钱看戏，过后无意；赌钱嫖院，过后不愿。（苏北）

老天没有绝人路，只怕浪子不回头。（河南）

麻烦的酒，纳闷的烟，摸牌场里解心宽。（河北）

少年不会想，至老不成样。（福建）

吃喝嫖赌抽，坑蒙拐骗偷。（汉族）

贪图安乐，是痛苦的根源；迷恋美酒，是沉沦的开始。（藏族）

迷恋眼前安乐幸福的人，永远也得不到长远的幸福。（藏族）

寻欢作乐的人，终会遇到灾祸。（哈萨克族）

年老享福不嫌迟，年轻享福可嫌早。（哈萨克族）

不要贪图山珍海味，不要酷爱荣华富贵。（赫哲族）

光知吃喝，白活一世。（赫哲族）

夏季玩一天，冬季饿十日。（朝鲜族）

只图享受快乐，意志就会消沉。（达斡尔族）

人若迷酒色，碍事又害身。（蒙古族）

赌博之门切莫近，多少青年落尽泪。（黎族）

吃喝玩乐，锅头无货。（瑶族）

酒是风，色是空。（客家族）

玩人丧德，玩物丧志。（回族）

勤学提高声誉，玩乐埋没名门。（锡伯族）

马不愿配鞍，牛不愿犁田。（侗族）

懒汉的朋友都是游手好闲的人。（俄罗斯族）

春季不去闲逛弹唱，秋季羊群白云一样。（柯尔克孜族）

草若无根不发芽，人若无志不奋发。（纳西族）

勤劳动，庄稼收得多；贪玩乐，野草长得高。（维吾尔族）

落山的太阳不温暖，瞬息的安逸不幸福。（白族）

贪酒是滋养粗鲁的温床，好色是乱性的根本。（满族）

玩耍起来要像狗一样欢，智慧却像缺了口的砍刀。（傣族）

12. 挑拨离间

剑在腹中，油擦在疮口。（四川）

好话说了萝打萝，挡不住坏话一拨。（四川）

矮人无伴，天下太平。（台湾）

好的猫不声不响，歹的猫翻缸倒瓮。（浙江）

不怕双头蛇咬人，只怕两面刀。（汉族）

撺掇老爷煨砂锅。（汉族）

画皮容易画骨难，交友容易交心难。（蒙古族）

两座山中间，有毒的蛇少不了；一对情人间，挑拨的人少不了。（蒙古族）

好偷吃的鼠，弄坏房子；爱挑拨的人，害苦四邻。（蒙古族）

乌鸦用语言伤害猫头鹰，世世代代他们是冤家对头。（藏族）

当面露齿笑，背后咬牙骂。（藏族）

诚实的人团结人，说谎的人离间人。（藏族）

后老婆的嘴毒。（鄂伦春族）

乌鸦唱歌不能听，奸商摇鼓不要问。（鄂伦春族）

莫愁虎有三张嘴，只怕人怀两样心。（壮族）

虚伪的迎合是友谊的毒剂，诚恳的批评是友爱的厚礼。（壮族）

身体伤痛能治好，言语中伤治不了。（达斡尔族）

母猪的嘴会拱破障子，女人的嘴会破坏家庭。（达斡尔族）

当面是人，背后是鬼。（土族）

当面说人没坏心，背后说人没好心。（土族）

妯娌不和，兄弟吵架。（维吾尔族）

兄弟闹分家，邻居会钻空子。（京族）

兄弟齐心邻寨助乐，弟兄疏心邻寨耻笑。（苗族）

13. 贪财享乐

好的吃着香，绸子穿着光。（陕西）

程咬金做皇帝，快活一时是一时。（陕西）

憨吃傻睡横长肉。（湖北）

人生在世，吃穿二字。（湖北）

黄金铺地，老少弯腰。（江苏）

青蛙跳在热锨上，等一时乐一时。（天津）

鸡头上的肉，一点儿苦都吃不得。（南京）

一年三百六十日，日日都是节。（福建）

吃要吃味道，看要看成套。（贵南）

千里为官，先为吃后为穿。（湖南）

好吃不过饺子，舒服不过睡觉。（汉族）

与其为陶罐保全自身，不如为珍宝粉身碎骨。（蒙古族）

贪吃的人追求吃喝，贪玩的人寻求欢乐。（蒙古族）

炕头的富翁吃肥肉。（蒙古族）

有钱时挥霍作乐，无钱时嚎叫连天。（维吾尔族）

巴依的钱岸永远装不满。（维吾尔族）

人富的话，给他一匹马都不一定说好；人穷的话，给他一把柴都挺高兴。（达斡尔族）

贫家姑娘勤快多，富家姑娘懒惰多。（达斡尔族）

钱粮富足，无忧无虑。（鄂伦春族）

有多少吃多少，一辈子穷到老。（傣族）

眼前有福享，何必远处寻。（俄罗斯族）

富人拿银子砌墙，穷人拿银子买田。（布依族）

大吃大喝，倾家荡产。（撒拉族）

狡猾的人，说了不算好变卦；贪婪的人，吐了之后还想吃。（仫佬族）

对爱财如命的人，就是亲友也不要信任。（藏族）

婚礼铺张，两败俱伤。（满族）

利是要命的阎罗，色是刮心的刀剑。（鄂温克族）

越发财越吝啬。（苗族）

14. 不讲公德

乡下大姑娘，有吃无看相。（陕西）

打人不痛，骂耳痛。（鲁南）

行凶打架，开口就骂。（北京）

拆别人一座屋，自得一条梁。（汉族）

偷汉婆娘害四邻。（汉族）

借酒撒疯。（汉族）

撇嘴瞪眼，惹人讨厌。（蒙古族）

偷惯了针线，就会去偷骆驼。（蒙古族）

道德品质不好的人，得不到崇高的地位。（维吾尔族）

— 156 —

狗吃骨头，要跟屁股商量。（维吾尔族）

没有扫把的家脏，没有教养的人野。（哈尼族）

让猪就席的话，它就连蹄子也放在桌面上。（俄罗斯族）

狗肉包子上不了席。（回族）

不听脏话，不学赖人。（达斡尔族）

牛粪拉进水池里。（鄂伦春族）

烈酒一杯能醉人，恶语一句难咽下。（瑶族）

恶言伤人，假话害人。（彝族）

靠近灶台会沾上锅烟黑，接近坏人会染上坏习气。（傈僳族）

好心肠的人讲的话是清白的，黑心肝的人讲的话是肮脏的。（黎族）

你若得到众人爱戴，坐在竹梢上也会牢靠；要是你让大家憎恨，骑在象背上也会摔倒。（景颇族）

（四）宗教信仰

1. 图腾文化

好，就是条龙；不好，就是条蛇。（江西）

天上一条龙，地下一条龙，主人卖的是真龙。（湖北）

人不错成圣，马不错成龙。（陕西）

若要此河开，除非海龙王来。（上海）

能大能小是条龙，只大不小是条虫。（安徽）

是蛇钻地，是龙飞天。（福建）

龙一条，胜过蚯蚓一粪箕。（台湾）

客人是龙，不来要穷。（浙江）

成龙就上天，成蛇就入草。（四川）

龙头不要蛇尾。（山东）

看对眼是个龙，看不对眼就是毛毛虫。（汉族）

二月二，龙抬头。（汉族）

红云龙去白云存。（汉族）

马有三分龙性。（汉族）

君子吃饭如龙虎，小人吃饭粒粒数。（汉族）

辔龙马，衣龙人，庙龙神。（汉族）

红龙飞过河。（汉族）

青羊的四蹄只能攀登悬崖，雄鹰的翅膀才能飞穿云层。（蒙古族）

狼找到食物与同类共享，乌鸦有了食物自己独吞。（维吾尔族）

与其让十条狗吃，不如让一只狼吃。（维吾尔族）

白尾巴是牦牛的装饰，白雪峰是村庄的装饰，红花朵是草坪的装饰。（藏族）

要吼就像雄狮那样地吼，要飞就像雄鹰那样地飞。（哈萨克族）

人畜清洁求葫芦，五谷丰收祈土主。（彝族）

白虎当堂坐，无灾也无祸。（土家族）

新米狗先尝。（哈尼族）

手不捉青蛙，就不怕雷劈。（壮族）

活则像雄鹰，否则毋宁死。（塔吉克族）

丢老婆伤心，丢猎鹰更伤心。（达斡尔族）

吃草的牛使大力，吃饭的狗晒太阳。（苗族）

打猎不打金马鹿，射箭莫伤相思鸟。（怒族）

不学花雀整日叫，要学黄牛勤耕田。（普米族）

孔雀开屏时翎羽斑斓美丽，雄鹰飞翔时翅膀迎着风雨。（傈僳族）

欲知贫富，看牛多少。（黎族）

狗和神鸟且莫伤，救过圣祖老罕王。（满族）

2. 英雄崇拜

英雄出豪杰，豪杰出绝灭。（浙江）

生是英雄汉，死是英雄鬼。（福建）

宁与好汉牵马坠镫，不与小辈当祖宗。（河北）

父是英雄儿好汉，他爹卖葱伢卖蒜。（陕西）

宁当英雄的弓，不当王爷的狗。（内蒙古）

国多勇士根基固，家有英雄世代荣。（广东）

好汉做事好汉当,岂肯连累别人亡。(北京)

英雄找英椎,好汉找好汉,琉璃球子找琉璃球子,花石卵找花石卵。(东北)

好汉不打倒汉。(河南)

爱跟英雄战,不爱跟狗熊斗。(汉族)

大海不怕雨水多,好汉不怕困难多。(汉族)

明知山有虎,偏向虎山行。(汉族)

好汉面前无困难,困难当中出英雄。(汉族)

好汉流血不流泪。(汉族)

好汉在战场,懦夫在炕头。(汉族)

老子英雄儿好汉,强将手下无弱兵。(汉族)

乱世出英雄,英雄造时势。(汉族)

宁为英雄死,不为奴隶生。(汉族)

绸缎虽旧花纹在,英雄虽死美名留。(藏族)

金子被埋色泽不变,英雄虽死名垂千秋。(蒙古族)

烈火炼真金,劳动炼英雄。(乌孜别克族)

宁当英雄的马,不当巴依的狗。(维吾尔族)

雪鸡飞走了,脚印还在;英雄牺牲了,英名还在。(塔吉克族)

子弹打不中英雄,懦夫斗不过勇士。(哈萨克族)

困难当中出英雄,英雄面前无困难。(壮族)

敢干是英雄,能忍是贤哲。(彝族)

英雄永远和自己的人民在一起,富饶的宝藏永远同大地在一起。(柯尔克孜族)

好汉的胸膛里,能装下全鞍马。(鄂温克族)

英雄不披金丝袍照样高尚。(鄂伦春族)

勇敢者只死一次,而懦夫死千次。(俄罗斯族)

山里的野兽,猎人追捕;人里的坏蛋,勇士制服。(土族)

雄鹰不怕风,好汉不怕死。(回族)

有勇有谋才算勇士,有勇无谋只叫武夫。(白族)

像山鹰一样勇敢,像松柏一样坚强。(景颇族)

栋梁之材出在密林里,英雄好汉出在寒门里。(锡伯族)

宝剑不弯曲,勇士不下跪。(达斡尔族)

3. 鬼神敬畏

钟馗治小鬼。(台湾)

三月鬼仔月,七月鬼仔节。(台湾)

落雨怕天笑,病人怕鬼叫。(江西)

三月三,鬼门关。(江西)

世情鬼祟,天理昭彰。(江苏)

送灶宜迟,接灶宜早。(江苏南京)

鬼不拿生人。(湖北)

大庙里菩萨,小庙里鬼。(湖北武汉)

人不闹则鬼闹。(广东)

送神多风,接神多雨。(福建)

说有神就有鬼。(山东)

神三鬼四人俩。(陕西)

神三鬼四佛供五。(河北)

七月十五弗烧香,孤魂野鬼没盘种。(浙江)

道高龙虎伏,德重鬼神钦。(上海)

人急奔神,虎急奔林。(甘肃)

柳木城隍,使唤不了檀木小鬼。(河北)

头顶上以天神为主,地面上以舅舅为尊。(裕固族)

穷勿信命,病勿信鬼。(壮族)

下河敬河神,上山拜山神。(赫哲族)

天上怕雷公,人间怕禁公,地下怕祖公。(黎族)

不要在神佛面前说教,不要在太阳底下点灯。(藏族)

阎王也怕拼命鬼。(维吾尔族)

如真主维护你，你必定成英雄。（哈萨克族）

苏尼给苏尼问神，毕摩给毕摩算命。（彝族）

躲避大鬼容易，躲避小鬼很难。（达斡尔族）

鬼有两张脸，刀有两边刃。（傣族）

靠近墓地挨鬼缠。（水族）

手里有了套马杆，妖怪见了也躲开。（鄂温克族）

人怕糊涂，鬼怕桃符。（土家族）

一年三天跳家神。（满族）

在真主面前，人们都是平等的。（塔吉克族）

4. 儒家文化

有命不愁家乡远。（山西）

齿尊的，甚也尊；牙短的，甚也短。（晋北）

敬田得谷，敬老得福。（广西）

第一门风，第二祖公。（台湾）

敬老得寿。（四川）

你兄我弟，一团和气。（陕西）

家里弟兄一条心，门前泥土变成金。（广东）

弟兄杀人，各分手足。（贵州）

姜是老的辣，人是老的好，凡事要好，先问三老。（湖南）

一人难敌一屋，一屋难敌一族。（湘南）

家不和，被邻欺；手足不和，被奴欺。（苏北）

博得人家信任全凭真诚，改正自己错误全凭忠诚。（侗族）

千斤的担子大家挑，天大的事情干得了。（景颇族）

心地狭窄的人，世界也是狭窄的。（柯尔克孜族）

寒霜能冻死独活草，狂风却难毁大树林。（黎族）

不是老木匠没有修直尺，而是树木本身没有长立。（门巴族）

走遍千山万水，为了探宝；读破千卷万卷，为了求知。（水族）

风暴可以吹折单棵的大树，但在森林面前却无能为力。（纳西族）

真正的知识用金钱买不到，只有在勤奋的学习中获得。（锡伯族）

真理的苦汁，比蜜饯有益。（裕固族）

5. 佛家文化

天凭日月，人凭良心。（河南）

良心是根秤，八两就是半斤。（河南）

恶人自会遇恶人，蜈蚣碰见蛐蜒螺。（河南）

善为至宝生生用，心作良田世世耕。（四川）

歪人还有歪人来收拾。（四川）

好心有好报，歹心天知道。（鲁西）

行好不见好，早晚脱不了。（山东）

天无害好心的人。（台湾）

体健不服药，心好不用斋。（湖南）

心肠好，穿得暖，吃得饱，一代更比一代好；心肠黑，没出息，做贼盗，一生一世坐官牢。（浙江）

各人命下一重天。（武汉）

种树必培它的根，修德必培他的心。（上海）

人吃良心饭，树吃根上肥。（江西）

人不保心，木不保寸。（东北）

上有天，下有地，当中有良心。（江苏）

人可以瞒，天不可以瞒。（北京）

放下屠刀，立地成佛。（汉族）

敬罗汉八百，不如敬佛一尊。（汉族）

不信菩萨，单怕七煞。（汉族）

拜佛只拜一尊。（汉族）

菩萨低眉，金刚怒目。（汉族）

鬼怕恶人。（黎族）

世间最恶的是人，恶人尤恶过豺狼。（黎族）

狠心划船的人，终究要落海；要干坏事的人，终究被揭露。（白族）

杀人者必被人杀,坏人早晚会完蛋。(朝鲜族)

怕则不做,作则不怕。(鄂温克族)

有错不认错,还要犯大错。(傈僳族)

假如你对受伤的敌人怜惜,你的妻子将为你穿起孝服。(柯尔克孜族)

奸险是万恶之端,忠实是万善之源。(蒙古族)

好人的脸上抹不了黑灰,坏人的脸上生不了光辉。(乌孜别克族)

放羊的应得羊,种粮的该得粮,栽恶的自遭殃。(布依族)

好话要记一辈子,好人要记一辈子。(哈萨克族)

6. 其他宗教

能修一心半德,免你烧香点烛。(浙江)

求侬弗如求己,求神弗如求仙。(浙江义乌)

人有一章经,我有定盘星。(浙江诸暨)

口善人不善,枉把阿弥陀佛念。(陕西)

劝世文,专门贴在人家墙上。(安徽)

日斋夜唔斋,上斋下唔斋。(粤东)

魂身烧度始知死。(福建)

不言不语念真经。(鲁西南)

修心莫望报,望报莫修心。(广东)

你有你的鬼灵精,我有我的辰州符。(江苏宜兴)

家家观世音,处处弥陀佛。(河南)

道士不离三:三清、三元、三神山。(汉族)

僧三道四俗乱敲。(汉族)

装一佛,像一佛。(汉族)

老和尚成佛,要千修百炼。(汉族)

强盗修行贼念佛。(汉族)

德由人积鉴由天。(汉族)

今世福泽,前世积德;再行积德,世世福泽。(汉族)

等待福荫,是受穷的征兆。(汉族)

灾祸一临头，偏说是罪孽的恶果。（汉族）

上等凡夫俗子，不如下等僧侣。（汉族）

拥有财产勿吝啬，布施福德最神圣。（汉族）

闲时不上供，急时呼神灵。（汉族）

山中修炼感寂寞，来到村庄念生死。（汉族）

没有佛的地方，道士发疯。（蒙古族）

不看教历乱敲钟。（俄罗斯族）

不能带着自己的规矩，到别人的修道院里去。（俄罗斯族）

神灵不附体的萨满，只好跳神跳到天亮。（达斡尔族）

要想当佛爷，就要经文深。（傣族）

莫见了美餐，就放弃信仰。（傣族）

铁匠打不出永远不坏的器具，真主不会造就永远不死的生灵。（哈萨克族）

最干净的是清真寺，最脏的是市场。（回族）

命数在真主，谋事却在人。（塔吉克族）

和尚无子女，孝子跪满地。（侗族）

7. 禁忌说法

小年不动针剪，三十要忌嘴，初一不挑水。（湖北宜昌）

清早不讲破口话，夜晚不把口哨打。（鄂西）

水鬼升城隍，恶到无天装。（广东）

当路莫栽荆棘树，他年免挂子孙衣。（豫西）

三项黑，不可摸。（台湾）

正月忌头，腊月忌尾。（汉族）

婚丧嫁娶，莫说气话。（汉族）

享受过分，必生灾害之端；举动异常，每为不祥之兆。（汉族）

响鼓招鬼，息鼓送鬼。（汉族）

小黄米敬不得神，小老婆为不得人。（汉族）

青龙克白虎，虎鼠不结亲。（汉族）

宁给人停丧，不给人成双。（汉族）

七不出八不归，九九出门多是非。（汉族）

年饭不准泡汤，饭后不忙洗碗。（汉族）

三月三，九月九，无事不在江边走。（汉族）

七十不留宿，八十不留坐。（汉族）

遇上秃子不说光，碰上癞子不谈疮。（汉族）

挨鬼会生病，挨贼会丧命。（傣族）

入境问俗，入国问禁。（傣族）

进村别入园圃，进屋别进内室。（傣族）

人怕搬迁，火怕翻动。（土家族）

正月莫看鹰打鸟，二月莫看狗连裆，三月莫看蛇戏雾，四月莫看人成双，五月莫看蛇脱壳，六月莫看牛冒栏，七月莫看猪打圈，八月莫看羊起群，九月莫看猫喊春，十月莫看蛇吞象，冬月莫看鸡打水，腊月莫看马挂窝。（土家族）

男人莫使针，妇女不磨刀。（布朗族）

久走夜路必撞鬼。（布朗族）

行礼者逢吉，顺逆者遇凶。（满族）

极度狂欢，大祸来临。（水族）

不知道渡口，千万别下水。（赫哲族）

睡觉头不朝门外。（黎族）

出外别说寨中事，出门莫讲家中人。（侗族）

歇气莫歇长，走路莫走忙。（白族）

勿动宾客的皮口袋，勿问宾客的启程时间。（达斡尔族）

妇女坐月子，门头挂辣子。（哈尼族）

（五）哲理事理

1. 实践活动

是人都是穿众人，吃众人。（四川）

图难于其易，为大于其细。天下难事，必作于易；天下大事，必

作于细。（汉族）

一分部署，九分落实。（汉族）

合抱之木，生于毫末；九层之台，起于累土。（汉族）

千里之行，始于足下。（汉族）

明者因时而变，知者随事而制。（汉族）

鞋子合不合脚，自己穿了才知道。（汉族）

读万卷书，行万里路。（汉族）

宰相必起于州部，猛将必发于卒伍。（汉族）

空谈误国，实干兴邦。（汉族）

说话当不了办事。（汉族）

百闻不如一见，百见不如一干。（汉族）

千条细竹编小篮，看来容易做来难。（汉族）

最快的马也追不上风，最能的人也离不开群众。（彝族）

花开按时令，读书趁年轻。（彝族）

闯过深山里的人，才知道深山里有宝。（鄂伦春族）

知识要经过人的反复实践，才能变成财富。（塔吉克族）

只要耐心，不愁钓不着鱼。（高山族）

下水得鱼，上山猎归。（苗族）

路不常走长野草，亲友不访亲会生疏。（水族）

劳动出智慧，实践出真理。（朝鲜族）

2. 意识形态

否极泰来。（华北）

一晃过三冬，三晃一世人。（浙江宁波）

人有逆天之时，天无绝人之路。（苏北）

苦日难熬，欢时易过。（扬州）

良心天理，锅中无米。（闽南）

使心用心，反在自身。（河北）

干何事，思何事。（汉族）

灵魂是人体的客人。（哈萨克族）

思想里的污垢，比身上的污垢脏。（蒙古族）

小道理能战胜大谎言。（蒙古族）

力量在真理中，真理在人民中。（蒙古族）

腐朽的树木长叶难，腐朽的思想进步难。（蒙古族）

公道是信仰的一部分。（回族）

只要意志坚强，就可以所向无敌。（鄂伦春族）

没有穗的麦子肯生长，没有知识的人很骄傲。（门巴族）

不经过失败和挫折，便永远找不到真理。（景颇族）

贪图个人利益，是敌人的温床。（维吾尔族）

3. 发展变化

一朝天子一朝臣，朝朝天子出能臣。（浙江义乌）

天变地变，只怕人变。（浙江义乌）

大河里的水向东流，没法儿挽回的啦。（华北）

砍竹遮笋，弃旧迎新。（台湾）

一时难比一时。（台湾）

太阳终走前门过。（江苏扬州）

先出眉毛短，后出眉毛长。（广西桂林）

姐去妹又大。（福建福州）

一代传一代，五儿传四海。（广东）

从小爱苗，到老抱瓢。（东北）

赶马三年知马性。（贵州）

病来如箭，病去如线。（河南）

走一步，进一步。（山东）

四时皆是夏，一雨便成秋。（海南）

正二三，雪封山；四五六，泥没足；七八九，正好走；十冬腊，学狗爬。（四川）

万物并育而不相害，道并行而不相悖。（汉族）

苟日新，日日新，又日新。（汉族）

物必先腐，而后虫生。（汉族）

天无三日晴，一雨便成冬。（汉族）

一日一钱，千日千钱。（汉族）

蘑菇长在雨后，冰凌冻在秋后。（蒙古族）

冲破黑暗见光明，度过艰难得幸福。（蒙古族）

一天走一步，一年三百六。（白族）

一锹是挖不出一口井的，知识是一点一滴积累的。（白族）

鸡叫三遍，一遍比一遍亮；路走三遍，一遍比一遍熟。（回族）

年华易失，道理永存。（回族）

一人一天省一两，十年要用仓来装。（朝鲜族）

起初偷针的人，后来就会偷牛。（朝鲜族）

喷泉，土压不住；新苗，石压不住。（藏族）

静观万物多变幻，唯有山水年年青。（达斡尔族）

一人节约三尺布，二人节约一条裤。（满族）

水涨船浮，水流船走。（黎族）

正月蜂采花，三月蜂生子，四月蜂子大，六月蜂分家，八月蜂入山。（苗族）

4. 辩证统一

人丑心俊。（北京）

饿食糟糠甜如蜜，饱食烹宰也不香。（北京）

祸与福同门，利与害同城。（四川）

富儿离不了穷汉，肥田离不得瘦水。（四川）

有寒就有热，有难苦就有快活。（台湾）

烟火，好看无若久。（台湾）

聪明脸笨肚肠。（浙江杭州）

吃得邋遢，做得菩萨。（浙江）

哪里有坏人，哪里也有好人。（陕西）

瞎马下好骡子哩。（陕西）

救了田鸡饿煞蛇。（江苏）

好看的花不香，香的花不好看。（湖北安陆）

拙娘生下个巧闺女，巧娘生下个没奈何。（山西）

爱便宜，错便宜。（湖南）

秤砣小，坠千斤。（广西）

肚子饱了眼饿。（山东）

良药苦口利于病，忠言逆耳利于行。（汉族）

前事不忘，后事之师。（汉族）

祸中有福，福中有祸。（汉族）

有一利，必有一害。（汉族）

人生就像雪山路，高高低低总不平。（藏族）

山越高，悬崖越陡；利越大，风险越多。（藏族）

话多易错，线长易断。（藏族）

食物虽好，多吃伤肚子；话虽好听，多说惹人厌。（藏族）

认清了有毒的东西，就等于找到了良药。（藏族）

浸过油的灯芯，容易被火舌点燃；高尚温和的人，容易被邪恶伤害。（藏族）

别人的错误最容易发现，自己的一切却很难看见；湖水虽然能映出月亮和星星，但它却从不知道自己有多深。（藏族）

饱时莫忘饥时苦，有衣莫忘无衣难。（藏族）

黄金虽然埋藏在地底下，但它的光彩照耀天际。（藏族）

最谦虚的人，是最有出息的人。（藏族）

你最不爱吃的药，往往能治好病；你最不爱听的话，往往对你有益。（藏族）

海洋虽大，不辞滴水。（蒙古族）

好和坏混在一起成为世界，五谷杂粮相配搭成为口粮。（蒙古族）

艰难时要坚强，欢乐时要谨慎。（蒙古族）

喝酒不过量，玩笑要适当。（柯尔克孜族）

只要警惕，羊羔也能保自己；若是麻痹，老虎也要吃大亏。（白族）

稗子长得再壮，永远变不成稻米；龙蜂长得再美，蜇一下就会中毒。（瑶族）

耕者离开牧者，耕者要冻死；牧者离开耕者，牧者要饿死。（彝族）

糊涂虫不知聪明的可贵，健康人不知患病的痛苦。（维吾尔族）

严酷的日子要坚毅不屈，幸福的日子要谨慎小心。（达斡尔族）

水深不响，水响不深。（傣族）

燕子虽小，能去江南。（朝鲜族）

牡丹好，种花难。（壮族）

三 国家社会

（一）政治权力

1. 国家治理

庶民失业，天子失基。（四川）

理不为亲，法不畏民。（四川）

天下非一人之天下，天下人的天下。（四川）

天平地平，人心不平；人心一平，天下太平。（浙江义乌）

公事公办，铁锅子烧饭。（浙江杭州）

一个人，绝对做不成皇帝。（江苏南京）

王不见王。（福建）

千人吃饭，一人做主。（北京）

船装千担，掌舵一人。（湖南）

老鼠扛枪窝里战。（河北）

事看谁办哩，法看谁犯哩。（陕西）

王法无亲，国法无情。（台湾）

我劝天公重抖擞，不拘一格降人才。（汉族）

盖有非常之功，必待非常之人。（汉族）

大道之行也，天下为公。（汉族）

四维不张，国乃灭亡。（汉族）

多难兴邦，殷忧启圣。（汉族）

不谋全局者，不足谋一域。（汉族）

计利当计天下利。（汉族）

美人之美，美美与共。（汉族）

治大国如烹小鲜。（汉族）

皇帝坐北京，以理统天下。（汉族）

国正天心顺，官清民自安。（汉族）

安不忘危，治不忘乱。（汉族）

水的源是泉，国之本是民。（蒙古族）

对人民要像牛犊那样温驯，对敌人要像雄狮那样猛烈。（蒙古族）

个人的智慧，如同草尖露珠，群众的智慧才是拉萨河水。（藏族）

想得大面积丰收，必须向群众请教。（藏族）

当官同声笑，百姓同声哭。（壮族）

官讲不对官另讲，民有万理难开腔。（壮族）

对敌人仁慈就是对人民残忍。（壮族）

大家拥护的人在竹林上能盘坐得稳，大家反对的人在山的深处也蹲不住。（傣族）

人的力量靠五谷，干部的力量靠人民。（傣族）

语言是花苞，行动才是果实；决心是种子，实干才是肥料。（哈萨克族）

老百姓不多说，说出来不会错。（哈萨克族）

国家安定，百姓安宁。（哈尼族）

国家不统一，人民无生计。（维吾尔族）

江河水不能没有源泉，人民不能没有共产党。（裕固族）

阳光是土地的恩人，共产党是柯尔克孜族的大救星。（柯尔克孜族）

脱离实际的文章再美，也还是纸上谈兵；实事求是的实干，才是

促使事业成功的力量。（白族）

人民的友谊和团结比任何财富都宝贵。（鄂伦春族）

软藤能捆住虎豹，道理能治服人心。（瑶族）

2. 官职权势

玉皇大帝只管有脸的老百姓。（湖北武汉）

府官进县门，直进直出。（湖北武汉）

拈的是拈的，奉的是奉的。（湖北）

做官的怕事，穷人不怕火烧。（湖北安陆）

做官，弗在本地；要行善，弗限今日。（浙江义乌）

拳头大，做阿哥。（浙江诸暨）

在京和尚出京官。（山东）

喜欢邻家生犊，不喜欢邻家中举。（鲁西）

官攀官，宦攀宦，讨吃的攀个叫街汉。（晋北）

都做了官了，谁抬轿呢？（陕西）

一朝露水一苗草，一朝天子一朝臣。（四川）

靠势被势误。（台湾）

拿着官饷当私饷卖。（河北）

奴婢也是使月子，臭饭也是好米煮。（福建）

做官莫做家乡官，卖饭莫卖大肚汉。（江西）

官司头，量钱尾。（江苏）

学者非必为仕，而仕者必为学。（汉族）

清官清官，不清不官。（汉族）

来官还是去官清。（汉族）

吃官饭，打官腔；民间怨，见官难。（黎族）

鸟以林为栖，官以民为基。（黎族）

有水才有鱼，无水就无鱼；有民才有官，无民官不存。（黎族）

愚蠢的人幸福是钱和官，聪明的人幸福是劳动和贡献。（哈萨克族）

石头不烫蜂不搬，官家不恶奴不逃。（纳西族）

有力莫跟坡打斗，有钱不跟官打斗。（仡佬族）

大鸡不吃小米，贪官不识民情。（壮族）

官前少跑，马后少绕。（回族）

官不廉，民破产。（维吾尔族）

官凶百姓散，枪响牛羊窜。（藏族）

清官要爱民，贪官害百姓。（布依族）

哪座粮仓无耗子，哪个贪官不肥私？（锡伯族）

恶狗和拉屎的人亲，贪官和拍马屁的人亲。（彝族）

宁可做同胞底下一把尘土，不做统治者戒指上一块宝石。（蒙古族）

老虎临死还不断地吼叫，官老爷死时还不断催粮钱。（水族）

猪毛擀不成毡，坏人当不了官。（羌族）

馋人不打送吃的，贪官不打送礼的。（景颇族）

一代官人压百姓，九代为牛赎罪也难清。（瑶族）

群众不拥护，首领是个空葫芦。（白族）

3. 政治斗争

一次不忠，百次不用。（四川）

国仇千万载，私仇数月休。（四川西昌）

一合则吴越相见，不合则骨头为仇。（江西彭泽）

来者不善，答则有余。（江苏南京）

狗咬刘备，各为其主。（广东）

屁股后，骂皇帝。（广东海丰）

奸臣当道一时，忠良万古流芳。（江西）

有人救李世民，无人救秦叔宝。（河北）

宁可明枪交战，不可暗箭伤人。（台湾）

龙还没有画，爪子先出来了。（湖南）

内部吉祥和睦，对外办事必成。（西藏）

未曾行军，先算败路。（贵州）

无谋不险，无商不奸。（浙西）

遣将不如激将，朝廷不差饿兵。（北京）

先到为君，后到为臣。（汉族）

官大一级压死人。（汉族）

官作威，衙门作成。（汉族）

官官相卫，冤冤相报。（汉族）

两狗互咬，必有一伤；官官相斗，国家必亡。（蒙古族）

与其在奸人专权的国家当将军，不如在和平宁静的山野当平民。（蒙古族）

不入虎穴，焉能捕获虎子；不入敌阵，焉能活捉敌首？（蒙古族）

不长庄稼是因为土地不肥，首领无能是因为脱离群众。（维吾尔族）

国强民不受侮，民强国不受辱。（维吾尔族）

一只粪畜蛋会使一桶子油变坏，一个坏统帅会使千人大军遭难。（哈萨克族）

豺狼要吃羊儿，羊儿不得安宁；官家压迫人民，人民不得安宁。（纳西族）

只有千年的百姓，没有千年的官。（仡佬族）

国家富强，百姓康乐；国家遇难，百姓遭殃。（白族）

挑起口角和矛盾的人，是仇视团结和睦的魔鬼。（达斡尔族）

领头的羊子是有的，领奴隶造反的也是有的。（彝族）

被土司活活折磨死，不如拿起刀枪战死。（哈尼族）

对于侵略者，木叉也可当枪使。（俄罗斯族）

当官霸村乡，死了无人扛。（黎族）

对饿昏的老虎不要麻痹，对冬眠的毒蛇不要怜惜。（壮族）

千花百朵，离不开绿叶滋养；英雄豪杰，离不开群众支持。（藏族）

4. 规律法则

地是娘，水是奶，人是吃娘奶的子女。（浙江绍兴）

天下十八省，道理一个样。（浙江绍兴）

臭水不流，流水不臭。（湖南攸县）

桑树生桑秧，柏树生柏秧。（四川）

山有山规，厂有厂规，河堤头还有个石堆堆。（云南）

做人莫下作，下作打赤膊。（河南）

成人的人不要说，成材的树不要伐。（江西彭泽）

犯法的不做，毒人的不吃。（湖北武汉）

天理国法人情，不顾到处难容。（陕西）

穷了不要说富，汉老了不要说少年。（山西）

人心似铁，官法如炉。（汉族）

家有家法，国有国法。（汉族）

没有法律治不了人，没有斧头砍不倒树。（藏族）

米不包就散，民不治则乱。（布依族）

人依法理，木依墨线。（布依族）

天下有个理，国家有个王，耍二有个草把场。（蒙古族）

偷窃得来的财富有腿，劳动得来的财富有根。（哈萨克族）

山高一丈，大不一样；阴坡阳坡，差得很多。（土家族）

刀不磨快不好砍柴，孩子不教育不能成材。（景颇族）

牛奶里不能放糖，好朋友不能说假话。（纳西族）

有理可越高山，无理难跨稻草。（布朗族）

用水洗，没有洗不干净的东西；用理讲，没有讲不清楚的道理。（哈尼族）

聪明人遵守新规定，蠢笨汉沿袭旧寨规。（苗族）

民族的习惯法，比哪个官都大。（达斡尔族）

旧法院门正，旧法官心歪。（俄罗斯族）

办事须按法理，烤肉要有铁算。（傣族）

（二）军事战争

1. 战争情景

骑马上金山，雪阳作战场，金沙血染地，莫思京口远。（江苏）

沙场无老少。（江苏）

千里馈粮，士有饥色；樵苏后炊，师不宿饱。（陕西）

兵败如山倒。（陕西）

强弩之末，势不能穿鲁缟。（陕西）

子弟登筵，不醉则饱；将军临阵，不死带伤。（四川）

吹不死的号兵，跑不死的传令。（四川）

官比兵多，兵比枪多，枪比子弹多。（山东）

枪扎一条线，棍扫一大片。（山东）

天上鹰过，地上兵过。（广东）

山川而能语，葬师食无所；肺腑而能语，医师色如土。（广东）

炮炸一点，枪扫一片。（天津）

枪子儿不长眼睛。（天津）

三纲失序，拔士为相；四夷交侵，拔兵为将。（江西）

枪对枪，有一伤。（北京）

骑虎之势，必不得下。（山西）

百战之后，豪杰挺生。（汉族）

旗向哪里指，兵向哪里冲。（蒙古族）

油灯临近熄灭，越发明亮；敌人临近死亡，越发凶狂。（蒙古族）

前襟滴满泪痕，胸中充满仇恨。（蒙古族）

战争就是一条渠流血，一条渠流油。（维吾尔族）

生铁进袋烂袋子，官兵进寨乱寨子。（侗族）

树立着枯，好汉站着死。（锡伯族）

2. 战略战术

将在外，君命有所不受。（陕西）

只闻将军令，不受天子诏。（陕西）

兵在精，不在多。（陕西）

棋差一着便为输。（陕西）

成事在天，谋事在人。（四川）

以计当战，一当万。（四川）

兵打兵，力气挡；兵对兵，将对将。（山东）

攻心为上，攻城为下。（山东）

偏听生奸，独任成乱。（山东）

跑在头里的兔子先挨枪。（山东）

军马未动，粮草先行。（河北）

千军容易得，一将最难求。（河北）

兵不离队，帅不离营。（河北）

打仗打将，带兵带心。（河南）

宁要一个山东兵，不要十个老表丁。（江西）

欺敌者必胜，怯敌者必败。（北京）

赏先远，罚先近。（湖南）

杀兵不如惩将。（上海）

不有空城计，退不了司马懿。（汉族）

用力拼是下计，用智慧是上策。（蒙古族）

先以礼貌相待，后以兴师进攻。（蒙古族）

敌人在刚发现时，就要把他消灭。（维吾尔族）

不要说他拳头无力，不要轻视敌人兵少。（维吾尔族）

平地利追击，山地利伏击。（黎族）

你有胆，我有箭；你有力，我有计。（黎族）

独人不成将军。（朝鲜族）

进攻是最好的自卫。（俄罗斯族）

对敌人仁慈，就是对人民残忍。（壮族）

不要从敌人边缘进攻，要从敌人的心脏里下手。（柯尔克孜族）

实践丰富理论，理论联系实际。（哈尼族）

兵贵神速，将贵谋算。（傣族）

不屈的英雄须防软刀。（鄂伦春族）

做事在手上，成败在心上。（彝族）

像狮子一样勇猛，像布谷鸟一样选择时机。（景颇族）

对饥饿的老虎不要麻痹，对冬眠的毒蛇不要可怜。（苗族）

立于不败之地的人，不会轻易发出笑声。（白族）

篱笆不打桩就倒塌，士兵无统帅就涣散。（布依族）

智勇相结合，乃克敌之宝。（达斡尔族）

伤人的毒牙不外露。（锡伯族）

3. 作战状态

战则生，不战则死。（河南）

洋炮一响，银子千两；洋炮一搁，又吃又喝。（河南）

挽弓当挽强，擒贼先擒王。（河南）

临阵磨枪，不快亦光。（江苏）

千死万死，不过一死。（江苏）

好汉死在阵头上。（广东）

不怕他，打死他。（湖南）

匹夫舍命，勇将难敌。（河北）

拼得一条命，水火也能胜。（北京）

杀了头也不过碗大的疤。（山东）

天下虽安，忘战必危。（陕西）

见着大兵屎即流。（台湾）

宁可擂穿鼓，切莫放倒旗。（汉族）

兵从将令，马听锣声。（汉族）

与其逃生，不如拼死。（蒙古族）

在胜利之后，也要拉紧盔甲上的带子。（瑶族）

出征打仗之前，先把枪械擦好。（鄂伦春族）

遇敌要战斗，老兵是国宝。（傣族）

求饶，难保命；自卫，需拼命。（哈萨克族）

刀能砍掉头颅，却砍不断意志。（柯尔克孜族）

与其站着死，不如拼着死。（维吾尔族）

紧握武器的，成为英雄；放下武器的，成为狗熊。（苗族）

黎人好武器,粉枪与弓箭。(黎族)

与其屈膝求生,不如站着死去。(乌孜别克族)

箭筒里有箭九支,先选最锋利的一支;村子里有男九百,选最好的一百去参军。(彝族)

4. 倡导和平

国虽大,好战必亡。(汉族)

百战百胜,不如不战。(汉族)

和平终是福。(汉族)

兼爱,非攻。(汉族)

天下之人皆相爱,则强不执弱,众不劫寡。(汉族)

战城南,死郭北,野死不葬乌可食。(汉族)

人和人和,阎王望鬼好。(汉族)

天下和平,则灾害不生。(汉族)

为天地立心,为生民立命,为往圣继绝学,为万世开太平。(汉族)

衣食饶裕,奸邪不生,安乐无事,天下和平。(汉族)

自古知兵非好战。(汉族)

和平不是一个理想,一个梦,它是万人的愿望。(汉族)

圣人感人心,而天下太平。(汉族)

一村安宁,一家安生,一人安心。(白族)

明媚幽静的森林上空,鸟儿自然会成群栖集;只要是有和平与幸福的地方,用不着召唤,人们就会成群前去。(藏族)

明长城挡不住人心,共产党使蒙汉和亲。(蒙古族)

战争,战争,百姓不得安生。(哈萨克族)

(三) 风气风俗

1. 风俗风化

霜降遇重阳,十家生火九家亡。(广东梅县)

盲年唔开学,双春好启蒙。(广州)

二月二,打天囤。(山东)

二月二，吃油炸，犁地不打滑。（山东）

羊盼清明牛盼夏，吃嘴老婆盼麦罢。（山东邹平）

立春黄瓜清明收，小暑黄瓜到立秋。（华南）

立春雨水到，黄瓜西红柿下种早。（华南）

二月二，三月三，清明、寒食过三天。（陕西）

正月立春雨水到，黄瓜茄子可种早。（陕西）

正月鹞，二月鹞，三月放个断线鹞。（浙江杭州）

早清明，晚十月。（河南）

吃了端午粽，才把寒衣送。（湖北）

摇元宵，包汤圆。（河北）

送信的腊八，要命的糖瓜，救命的煮饽饽。（上海）

腊八打冷，伙计下工。（甘肃）

二月二，牛出坡，蔓菁、豆子作一锅。（山西）

糖瓜祭灶，新年来到。（北京）

立春过后人不闲，惊蛰过后不停牛。（宁夏）

立春种青菜，雨水惹人爱。（江苏）

百里不同风，千里不同俗。（汉族）

百里不同俗，十里改规矩。（汉族）

入乡随俗，出门问路。（回族）

上哪山唱哪山歌，进哪寨随哪寨俗。（布朗族）

喝一个地方的水，守一个地方的规。（藏族）

长刀对着野猪，美酒献给亲人。（佤族）

招待客人用米酒，对付敌人用长矛。（彝族）

马，牧人的翅膀。（柯尔克孜族）

晴天海浪响向西，渔船扬帆向岸归；雨天海浪响向来，东湖龙王把财送。（京族）

饭中最好吃的是锅巴，肉中最好吃的是骨髓。（傈僳族）

不下水，成不了神叉手；不上山，成不了好猎手。（赫哲族）

怕虎成不了猎手，怕浪当不了渔民。（赫哲族）

2. 礼俗文化

立春五戊是春社，立秋五戊是秋社。（陕西）

欲完婚嫁，省礼为先。（汉族）

亲家交礼不交财。（汉族）

客来扫地，客去烧茶。（汉族）

客无亲疏，来者当受。（汉族）

妻以夫贵。（汉族）

出嫁从夫，在家从父。（汉族）

焚香看进士，瞑目待明经。（汉族）

棍棒不打上门客。（汉族）

冠虽穿弊，必戴于头；履虽五采，必践之于地。（汉族）

出口不伤说媒人。（汉族）

洞房三天没大小。（汉族）

匪斧不克，匪媒不得。（汉族）

鸽子斑鸠大不同，童养媳妇难做人。（汉族）

好日子不如好时辰。（汉族）

好媳妇不上门，上门媳妇不值钱。（汉族）

结婚头三天不分大小。（汉族）

爸妈包办的婚姻，像一条无形的铁链；自己恋上的爱人，才是自由的伙伴。（纳西族）

牛马关在一个厩里，过不了一晚上；兄弟姐妹住在一起，过不了一辈子。（纳西族）

不尊重长辈的人，也不会爱护晚辈。（锡伯族）

娶了贤妻，衣领变白；娶了懒妻，胡子变白。（柯尔克孜族）

混浊的江水不能喝，土豪的姑娘不能娶。（傈僳族）

雀大要远飞，女大要当嫁。（怒族）

公猪长大不同槽，儿女长大要分居。（傣族）

煮薯不如烤薯香，嫁客不如嫁家乡。（黎族）

门当户对好做亲，知根知底好联姻。（满族）

峒牛吃峒草，峒姑嫁峒佬。（瑶族）

女不争彩礼，男不靠嫁妆；青山当花轿，大地出宝藏。（壮族）

娶女看奴，栽树看秧。（侗族）

不买远处马，不娶近亲女。（乌孜别克族）

强摘的果子不甜，包办的婚姻不谐。（朝鲜族）

千里婚姻结夫妇，远地相邻同样亲。（达斡尔族）

劈柴火可以任意砍，教育人不可以任意打。（鄂伦春族）

3. 红白喜事

穷棺材，富站头。（江苏）

桫木棺材椤木底。（江苏）

查某囝仔五花孝，橄仔橄孙红晃晃。（台湾）

死查甫，扛出埕，死查某，等待外客来。（台湾）

母舅坐大位。（台湾）

孝子头，遍地留。（南京）

一对小人儿拜天地。（南京）

新姑爷，吃猪血；新姑娘，吃麻糖。（湖北）

头向东，不脱空。（湖北）

媒人成不成，老酒要三瓮。（江西）

亡人盼土。（陕西）

人死后，送无常。（山东）

男死得一半，女死全不见。（山西）

买马要商议一月，娶妻要商议一年。（维吾尔族）

盖房要在高地上，哪怕是块含沙地，娶妻定要娶姑娘，哪怕是个跛脚女。（维吾尔族）

成不成，酒三瓶。（满族）

新郎进帐不用愁，只需问声留不留。（满族）

— 182 —

新婚两天起个早,新娘拜祖分大小。(满族)

新娘结婚未七天,不为死者坟头奠。(满族)

新娘七天拜祖坟,磕头点烟敬先人。(满族)

早请安,晚问好,公婆夸奖儿媳好。(满族)

姑娘抓髻,婚后大公头。(满族)

人死顺着炕沿放,头朝门来抬出窗。(满族)

立春画红,吉日成婚。(满族)

旗人祭祖鼓捣穷,二斗黏谷没长成。(满族)

活人哭死人,边唱边呻吟。(满族)

死人出灵一百天,家人不理头和脸。(满族)

死人出灵一百天,儿女衰满脱孝衫。(满族)

亲人死后第一年,不再扫房贴对联。(满族)

娶着好女是贤妻,娶着恶妇败家底。(傣族)

兄死弟可娶嫂,妻亡夫可娶妻妹。(黎族)

同弓不通婚。(黎族)

4. 传统节日

男不圆月,女不祭灶。(北京)

打千骂万,清明一饭。(山东)

冬至蒸冬,冬至不蒸,扬场无风。(山东)

重阳吃块糕,过寒也不焦;重阳吃块饼,过寒也不冷。(江苏)

三月清明化纸锭,吃过米稞迎笼灯。(江苏)

端午请菩萨,端六发乌贼。(江苏)

正月迎花灯,五月爬龙船。(台湾)

廿四送神,廿五挽面,廿六要去阿妈兜,廿七要转来食腥臊。(台湾)

七月十五,哭哭啼啼;八月十五,吃吃喝喝。(河北)

八月十五月正南,瓜果石榴列满盘。(河北)

腊月八,银子当瓦渣。(四川)

七月半你请我，清明节我请你。（四川）

七月烧纸盂兰节，八月买饼尝中秋。（广东）

八月十五过大年。（广州）

年小月半大。（湖北）

过什么好？过年好：吃白馍，剥核桃。（陕西）

前七后八，阴司放灵。（上海）

端午到，戴香包。（汉族）

吃了腊八粥长一岁。（汉族）

重阳灶，节节高。（汉族）

冬至羊，夏至狗。（客家族）

来到冬节先挪圆，三十暗埔喊无钱。（客家族）

吾守尔月吃肉饼，赛排尔月打嗝。（维吾尔族）

爱提阿訇封斋，肉孜阿訇过节。（维吾尔族）

罪责不在肉孜，统统在巴拉提。（维吾尔族）

封了三十天斋，却用粪抹嘴。（维吾尔族）

请勿埋怨斋月，是巴拉提的过错。（维吾尔族）

三月三，上歌山。（黎族）

三月三，男男女女齐上山。（黎族）

三月三，上燕窝山。（黎族）

有吃无吃看大年三十。（黎族）

初一围灶，初二围舞，初三围猎。（黎族）

大年初一不串门。（黎族）

初十轮流供神，新年互相请客。（藏族）

十五酥灯花会没看到，活着回来是神保佑。（藏族）

十五酥油彩塑有本领，请在太阳底下显真容。（藏族）

春节下雪粮食丰收，春节暖和棉花丰收。（布依族）

别看谢肉节时大吃大喝，紧接着就是大斋节。（俄罗斯族）

5. 生活常识

夏至馄饨冬至面。（浙江）

千年阁上枫，万年水底松。（浙江）

过了清明冷十日。（山东）

灰没火热，酱没盐咸。（山东）

喂牛要出力，养马要下驹。（鲁西）

二月清明花开败，三月清明花不开。（河北）

蚕老一时，麦熟一晌。（河北）

通常务树材，还是榆、杨、臭椒、中国槐。（陕西）

椿、樗、栲、漆，相似如一。（陕西）

六月六，白雨足。（广东）

桱喜雨，枫喜风。（广东）

清明谷雨，冻死虎母。（福建）

上门买贵没好货。（山西）

一年长一分，逢冬烂五分。（江苏阜宁）

竹树开花各干各。（云南）

猪怕热，猫怕冷。（鄂西）

肥肉好送饭，水牛好耕田。（广西）

嗷食勿吃四两肉，贪贱买到灌水鱼。（汉族）

坳上种绿豆，角子黑又厚。（汉族）

狗会认路，猫会认舍，蜂会认花。（黎族）

六月东风不过午，过午必台风。（黎族）

胶林间种益智，三四年可结籽。（黎族）

鹿精、鹿灵，见尾不见身。（黎族）

连州三件宝：黄精、箭竹、龙须草。（瑶族）

瑶山三件宝：蜂蜜、冬菇、黑糯稻。（瑶族）

竹梅不过四月八，杨梅不过五月节。（壮族）

早吹一，晚吹七，宴昼吹，不过日，半夜吹风冷彻骨。（壮族）

田不施粪不肥，稻谷不追肥长不好。（水族）

天开日头黄带光，转阴雨。（蒙古族）

麦子要种在干处，苜蓿要种在湿处。（维吾尔族）

小偷最爱街市嘈杂。（傣族）

做不得的是贼，吃不得的是草乌。（白族）

蓬蒿的火焰炽烈，山上的瀑布汹涌。（赫哲族）

在乱草堆上跳舞，那是特别危险的。（柯尔克孜族）

枯树无蕊。（鄂伦春族）

弓用皮绳子做弦，箭用桦木枝为竿，仲秋过后天气凉，山野挂霜一片黄。（达斡尔族）

纸扎的鲜花不香，空洞的话语无用。（布依族）

6. 生活理念

热爱生活的人，生活也爱他。（汉族）

要想生活好，一日三餐计划好。（汉族）

嘻嘻哈哈活了命，气气恼恼得了病。（汉族）

先尽人事，后听天命。（汉族）

一早起床，万事顺当。（汉族）

一言能惹塌天祸，话不三思休出口。（汉族）

一夜不宿，十夜不足。（汉族）

一娇百病生，傲慢万人疏。（汉族）

一顿省一口，一年省一斗。（汉族）

一毫之恶，劝人莫作；一毫之善，与人方便。（汉族）

一锄不能挖口井，一口不能吃个饼。（汉族）

一等二盼三落空，一学二干三成功。（汉族）

一粥一饭，来之不易；一针一线，得之艰难。（汉族）

人小志莫小，人老心莫老。（汉族）

人不可有的是病，人不可无的是勤。（汉族）

刀上蜜糖不能尝，贪食鱼儿易上当。（汉族）

三早抵一工，三补抵一新。（汉族）

三年不沾酒，家里样样有。（汉族）

大汗后，莫当风，当风容易得伤风。（汉族）

大理不让，小理莫争。（汉族）

与其病危去求药，不如病前早预防。（汉族）

不急不恼，百年不老；不懒不馋，延年益寿。（汉族）

不偏食，不暴食；少食肉，多食素。（汉族）

不喝隔夜茶，不饮过量酒。（汉族）

事出必有因，无因不生祸。（回族）

一家和睦得安乐，一寨团结能御敌。（彝族）

人不动要得病，铁不用要生锈。（藏族）

人前莫吹捧，人后莫挑拨。（壮族）

人勤穷不久，人懒富不长。（瑶族）

与其奔远方拜神庙，不如在近处孝父母。（蒙古族）

与其样样稀松，不如一门精通。（哈萨克族）

与其悔恨过去，不如筹划将来。（锡伯族）

浪费是支出，节约是收入。（维吾尔族）

兔子不吃窝边草，穷人不吃现成饭。（阿昌族）

有钱时不要自夸，无钱时不要自卑。（柯尔克孜族）

吃多不香甜，话多不好听。（拉祜族）

笋子不割成竹，谷子不收成泥。（佤族）

粮收万担，也要粗茶淡饭。（白族）

暖得快的屋子冷得早。（朝鲜族）

花香不如果子甜，空话不如实干好。（傣族）

只要功夫到，奶茶自然熟。（鄂温克族）

7. 社会陋习

妻不如妾，妾不如偷。（汉族）

烟枪不离手，迟早要讨口。（汉族）

不娼不盗，不成码头。（汉族）

千里求官只为财。（汉族）

近亲结婚，祸延子孙。（汉族）

一懒生百邪。（汉族）

十个梅子九个酸，十个官吏九个贪。（汉族）

十个赌汉九个穷。（汉族）

十个媒人九个谎。（汉族）

十赌九输钱。（汉族）

人无横财不富，马无夜草不肥。（汉族）

人无廉耻，百事可为。（汉族）

人不为名，树不为影。（汉族）

人有了钱生事，马有了料争食。（汉族）

人穷心直，有钱心黑。（汉族）

人穷志短，马瘦毛长。（汉族）

人穷朋友少，衣破虱子多。（汉族）

人跟势走，狗跟食走。（汉族）

三天打鱼，两天晒网，接连晒网，饿得发慌。（汉族）

大酒醉人，大话恼人。（汉族）

不毒不成财主，不饿不成骷髅。（汉族）

手闲成懒，人懒成病。（汉族）

饱吃饿唱，坐吃山空。（汉族）

无耻的人无亲疏，饥饿的狗不择食。（藏族）

不会念经的喇嘛却爱法事，不爱绣花的女人却爱打扮。（蒙古族）

富足时暴食如虎狼，贫穷时茄子充肚肠。（傣族）

懒大打崽，恶妇骂寨。（苗族）

毒草也会开香花，恶鬼也会装慈善。（纳西族）

狗咬狗不留印，人骗人害死人。（普米族）

有钱时挥霍作乐,无钱时号哭连天。(维吾尔族)

牛虻会叮散牛群,邪念会引坏好人。(哈萨克族)

毛猴不知丑,常往高处做;懒汉不知耻,爱往人前跑。(彝族)

爱串山裤烂裆,爱串姑娘家穷。(布朗族)

崇拜坏人的人,免不了自己要倒霉。(哈尼族)

勇士找勇士,盗贼找盗贼。(柯尔克孜族)

外面涂得洁白明净,里面摆设漆黑肮脏。(门巴族)

死大河,不死阴沟。(仫佬族)

8. 违法犯法

从小偷针,长大偷金。(四川)

绝其邪念,祸不侵己。(四川)

开场聚赌,犹如杀人放火。(上海)

莫看强盗吃肉,要看强盗受罚。(北京)

小时偷肉,长大偷牛。(重庆)

见不到坏蛋,辨不出好人。(西藏)

你不把贼认为贼,你就将变成贼。(新疆)

毒蛇不在粗细,坏人不在高低。(内蒙古)

绊人的桩不在高,违法的事不在小。(青海)

小恶不容于乡,大恶不容于国。(山西)

多行不义必自毙。(辽宁)

偷吃不肥,做贼不富。(黑龙江)

做贼瞒不得乡里,偷食瞒不得舌齿。(吉林)

学好千日不足,学坏一日有余。(陕西)

一正避三邪,人正辟百邪。(山东)

山里孩子不怕狼,城里孩子不怕官。(云南)

头回上当,二回心亮。(海南)

好人争理,坏人争嘴。(湖北)

瞒关漏税,拿着问罪。(汉族)

惧法朝朝乐，欺公日日忧。（汉族）

好名声传万里，坏名声万里传。（汉族）

守法朝朝乐，违法日日愁。（回族）

做贼者心虚，救火者心急。（回族）

隐藏敌人是对人民的犯罪，揭露坏人是对人民的爱戴。（白族）

有过不包庇，有功不奉承。（白族）

不遵章守法，砍木压自身。（傣族）

铜刃不能手攥，办事不能违法。（怒族）

攀登那长刺的树木，就要遭受刺戳的痛苦；依靠品行恶劣的人，结果不会有什么好处。（藏族）

罪归犯者，水流于谷。（朝鲜族）

恶劣的天气随时会风消云散，坏人的罪证一时也不能磨灭。（达斡尔族）

偷来的大骆驼，不如劳动得来的小山羊。（哈萨克族）

有错不改，错上加错；少时易变，青年易错。（傈僳族）

自己的错误像大山也要说，别人的错误像虱子也要讲。（门巴族）

沟通水渠可成江河，改邪归正可成好人。（蒙古族）

贼在没被别人抓住之前，总说自己是清白的。（维吾尔族）

走正道者前途似锦，走邪路者化为灰烬。（乌孜别克族）

不盗物心不惊，不偷鱼嘴不腥。（壮族）

坏蛋见不得真理，蝙蝠见不得阳光。（鄂温克族）

盗舌如锥，盗心如锯。（黎族）

乳名都是父母给的，坏名都是自己造成的。（满族）

在他偷公鸡时，不给一点教训，将来他会偷牛。（珞巴族）

（四）行为方式

1. 立身处世

关中妇女多勤俭，上炕剪子下炕镰。（陕西）

小孩懒，惹得人人不待见。（河南）

没有黄河引不来水,没有矿山挖不出煤。(宁夏)

乖做乖,不要出门斗纸牌。(上海)

贪多煮不烂。(福建)

人敬我一尺,我敬人一丈。(甘肃)

明人不做暗事,真人不说假话。(北京)

不听老人言,吃亏在眼前。(天津)

人善被人欺,马善被人骑。(重庆)

隔壁做官,大家喜欢。(山西)

加人加福气。(江苏)

同人相谅,不可彼此攻讦。(河北)

洋不洋,广不广。(广东)

使口不如自做,求人不如求己。(台湾)

聪者听于无声,明者见于未形。(汉族)

穷则独善其身,达则兼济天下。(汉族)

富贵不能淫,贫贱不能移,威武不能屈。(汉族)

人生自古谁无死,留取丹心照汗青。(汉族)

无事不惹,有事不怕。(汉族)

宁为英雄死,不作奴隶生。(汉族)

虎怕离山,人怕孤单。(布依族)

鱼打堆容易被捕,人合群才能生存。(布依族)

早不起能误一天的事,少不学能误一生的事。(布依族)

独木不成林,独竹不成棚。(佤族)

多吃莫如细嚼,多做事莫如做一件很成功的事。(白族)

不下苦功夫,哪有幸福来。(藏族)

近山不可枉烧柴,近水不可浪费水。(侗族)

如果赶两只兔,一只都捉不到。(俄罗斯族)

聪明人事事先动手,愚蠢人事事撂人后。(哈萨克族)

细水长流,吃穿不愁。(回族)

艰苦的劳动会迎来战斗的喜悦，辛勤的汗珠能换来连年的丰收。
（柯尔克孜族）

多流一滴汗，多收一粒粮。（拉祜族）

2. 交际能力

只有山猪才能独立觅食，人不能单独作食。（海南）

君子之交淡如水。（甘肃）

有你不多，没你不少。（安徽）

冬时肯帮忙，急事有人帮。（重庆）

一不拗众，百不随一。（湖北）

挨着勤的，没有懒的；挨着馋的，没有攒的。（湖南）

有群胆，莫独胆。（浙江）

不要老像外路人。（江苏）

害人之心不可有，防人之心不可无。（云南）

前人领进门，交情在于人。（汉族）

不知其心，不交其友。（回族）

有酒大家喝才好，有话当面说才好。（回族）

狼崽不能守帐篷，恶人不能交朋友。（藏族）

朋友相交过分反目，美食吃得过量反胃。（藏族）

益友百人少，损友一人多。（藏族）

勿与狡猾人交友，勿与奸诈人结伴。（达斡尔族）

朋友来了举杯，敌人来了举棒。（达斡尔族）

对敌人要拿出刀来，对朋友要拿出心来。（傣族）

一个人若是没有好朋友，就不会看到自己的缺点。（俄罗斯族）

骑快马的，觉不出路远；朋友多的，觉不出困难。（鄂伦春族）

满面堆笑的敌人，比气势汹汹的敌人更坏。（哈萨克族）

性情温和的人，人们都来接近；水藻满的湖里，鱼儿都来聚集。
（赫哲族）

看人要看他的心眼，买马要试它的步伐。（珞巴族）

物伤其类是本性，兔死狐悲是本能。（仫佬族）

别把自己看成聪明伶俐，别把别人看成傻瓜笨蛋。（蒙古族）

过河要探清水深水浅，交友要了解心黑心红。（苗族）

3. 团队合作

一家窑货百家坯。（江西）

你是龙，也要八人抬下水。（江西）

快手不如帮手。（江西）

两股子松，三股子紧。（山东）

豺狼难敌众犬，好手难当双拳。（山东）

一粒麦子不成面，一个棉花难纺线。（鲁东）

单丝不成线，独木不成林。（湖北）

会打三通鼓，离不得五七人。（湖北）

一个拿不起，两个抬得勤，三个不费力，四个更轻松。（河北）

独门独户，养不活老鼠。（河北）

一人合一人，蛙仔合田塍。（台湾）

一只柱起不成屋。（台湾）

不是媳妇善煮米，是大家善买菜。（台湾）

好汉难敌三把手。（湘北）

猛虎难对猴群。（福建）

自家的端公，扛不了自家的神。（四川）

双脚好走，独步难行。（东北）

人多好做活，人少好吃馍。（陕西）

履不必同，期于适足；治不必同，期于利民。（汉族）

五色交辉，相得益彰；八音合奏，终和且平。（汉族）

山积而高，泽积而长。（汉族）

力量不在胳膊上，而在团结上。（汉族）

智者求同，愚者求异。（汉族）

天时不如地利，地利不如人和。（汉族）

积土为山，积水为海。（汉族）

一花独放不是春，百花齐放春满园。（汉族）

众人拾柴火焰高。（汉族）

海纳百川，有容乃大。（汉族）

志合者，不以山海为远。（汉族）

口齐不如心齐。（汉族）

众心成城，众口铄金。（汉族）

齐心的蚂蚁吃角鹿，合心的喜鹊捉老虎。（蒙古族）

集体的力量如钢铁，众人的智慧如日月。（蒙古族）

大家的力量，坚如石；集体的智慧，明似火。（蒙古族）

众人动口办法多，众人动手出金子。（藏族）

一个博学家的思考，不如一群普通人的商讨。（藏族）

一个难活，独木不成火。（藏族）

个人的智慧如同草尖露珠，群众的智慧才是拉萨河水。（藏族）

同饮黄河长江水，就应当合成一条心。（藏族）

珍珠玛瑙不贵，团结和气价高。（藏族）

三根木头不成柴火，三户人家不成村寨。（傣族）

箭装满袋大象踩不断，团结起来的力量胜过大象。（傣族）

一起吃才甜，一起抬才轻。（傣族）

大石头还要细石头衬。（高山族）

只要人手多，牌楼搬过河。（苗族）

喜鹊齐心合力，定能打败骆驼。（维吾尔族）

不怕虎生三张嘴，就怕大家心不齐。（瑶族）

团结协作是放排人的命根子，舵手是放排人的主心骨。（达斡尔族）

一人一条心，生产扯渣筋；众人一条心，黄土变成金。（彝族）

人民是大海，个人是滴水，滴水汇进大海才能奔流。（锡伯族）

三人省力，四人更轻松，众人团结紧，百事能成功。（珞巴族）

不合就会衰落，团结就会兴盛。（哈萨克族）

网多眼多，人多智多。（赫哲族）

4. 家庭血亲

姑舅亲，正是亲，跌断骨头连了筋。（东北）

两姨亲不算亲，死了姨娘断了亲；姑舅亲才是亲，打断骨头连着筋。（东北）

丈母娘疼女婿，一顿一只老母鸡。（河北）

丈母爱女婿，为的是女儿。（鄂中）

一代亲，二代表，三代了了了。（湖北武汉）

中表姊妹嫡嫡亲，姨表姊妹是外人。（浙西）

老娘，外祖母。亲一层，热一层。（浙江诸暨）

亲家见亲家，必定要刺刺。（山东）

真亲恼不了百日。（山东）

穷亲戚，休忘了；薄沙地，休丢了。（河南）

外甥随舅，侄女随姑。（豫东）

侄女像家姑。（台湾）

姨妹好看，姐夫有一半。（赣北）

养外甥勿如养畜牲，养侄子勿如自吃只。（江苏宜兴）

姥姥疼外孙子，肉上的肉。（北京）

亲戚若要好，不要银钱搅。（山西）

人一辈子三门亲：舅子，丈人和连襟。（湖南）

是荤强如素，是亲强如故。（皖北）

兄弟同心，其利断金。（汉族）

家和万事兴。（汉族）

百姻不如一族。（汉族）

千年宗，万年族。（汉族）

儿子好，能使媳妇尊老爱幼；女儿好，能使女婿仁爱宽厚。（哈萨克族）

对女婿,要像亲生的;待媳妇,要像请来的。(哈萨克族)

刀割不断父母亲,水隔不断思乡情。(彝族)

家人一条心,不怕外人欺。(彝族)

弟兄情长如水流,姐妹齐心似山峰。(苗族)

夫妻和睦老人亲,一家大小都舒心。(苗族)

兄弟相距一度,父子亲密无间。(达斡尔族)

病重靠夫妻,送老靠子媳。(侗族)

媳妇不好,家里吵闹多;男子无能,家里钱粮少。(满族)

儿子不好会败坏好父亲的名声。(俄罗斯族)

不必夸己妻,客来自然知;不必夸己子,友来自然知。(藏族)

好嫂子如同母亲,好媳妇如姑娘。(蒙古族)

弟兄和睦家宝贵,妯娌和睦永不分。(布朗族)

有金有银冷冰冰,有儿有女暖人心。(傈僳族)

近亲不走会疏远,远亲不走会断绝。(彝族)

亲兄亲弟能打虎,亲父亲子能擒熊。(壮族)

5. 师生师徒

一徒不拜二师。(福建)

和尚撞钟,道士摇铃,各师傅,各传授。(福建福州)

三分银子,好送学老师;先生越老,学生越小;功课越多,束脩越少。(山东)

上心学活。(山东)

只有高徒无高师。(台湾)

有真师父,无传真功夫。(台湾)

惯者为师。(台湾)

带艺同师。(四川)

投师不高,学艺不精。(四川)

徒弟是半个儿女。(四川)

师傅不高,徒弟扭腰。(陕西)

跟好人，学好人，跟师婆，下假神。（陕西）

家有万贯，不可轻师慢匠。（甘肃）

若要会，师傅怀里睡。（甘肃）

拉着师傅的尾巴——跟着来。（赣北）

教会徒弟，饿死师傅。（东北）

三年徒弟，三年奴欺。（武汉）

千个师傅千个法。（广东）

对教字母的老师，要尊敬。（蒙古族）

学而不懒，教而不厌。（蒙古族）

学的人需要志气，教的人需要方法。（蒙古族）

不尊敬师傅的人，学不好技术；不爱护徒弟的人，当不好师傅。（蒙古族）

养儿不教父之过，教徒不严师之惰。（蒙古族）

既有八岁的老师，也有八旬的学生。（蒙古族）

山虽不高，法师居住则扬名；水虽不深，藏龙潜蛟则生威。（蒙古族）

赛跑的马儿虽快，没有好骑手难夺魁；聪明的人儿虽灵，没有良师难成器。（蒙古族）

传授知识，利己利人。（藏族）

要向别人传道，先要自己懂经。（藏族）

一个渴求知识的人，在老师面前要恭恭敬敬。（维吾尔族）

师徒如父子，同学如兄弟。（维吾尔族）

教会狗熊动作的是棍子，教会孩子懂事的是老师。（哈萨克族）

师傅做的，正是徒弟学的。（哈萨克族）

人无师教难成材，铁无匠打难成器。（侗族）

井淘三遍出好水，人从三师武艺高。（壮族）

6. 亲朋好友

打死是一窝子，烂死是一锅子。（山东）

亲戚有远近，朋友有厚薄。（山东）

拖鼻涕朋友。（江苏）

失人容易得人难。（江苏南京）

朋友不是吹的，泰山不是垒的。（江苏扬州）

三代眷亲，世代族人。（浙江）

人人有姊妹，人人有六亲。（四川）

人饥投亲，鸟饥投林。（陕西）

渗了亲，抽根筋。（武汉）

亲亲故故远来香，草地亲戚，食饱就行。（台湾）

穷人子亲多，瘦狗子人多。（湖南）

田园日日去，亲戚朋友淡淡行。（福建）

亲戚只望亲戚倒，朋友只望朋友好。（江西）

喝酒要喝好酒，交友要交好友。（安徽）

打高墙，喂好狗，顶不住四路为朋友。（河北）

马虽瘦，还是马；友无能，还是友。（蒙古族）

木歪不可做箭，心歪不可为友。（藏族）

啼鸣报晓是公鸡，困难相扶算朋友。（维吾尔族）

把你吃光的是外人，帮你一把的是亲人。（哈萨克族）

敌人当面说你的长处，朋友背后说你的长处。（达斡尔族）

使人胃疼的不是好饭，使人心疼的不是好友。（柯尔克孜族）

愤怒中看出智慧，贫困中看出朋友。（毛南族）

美丽的船需要舵桨才能摆渡，高明的人需要朋友的帮助。（赫哲族）

下雨找田棚，世乱找亲戚。（傣族）

路不常走长野草，亲友不访会生疏。（水族）

多层的篱笆暖和，亲戚朋友多就好。（布依族）

只有卖咸鱼的街，没有卖亲戚的街。（景颇族）

坏人千句好话，不如朋友一句咒骂。（普米族）

金银用一时，友谊存一世。（瑶族）

发乱找梳子，心乱找朋友。（苗族）

河水流走河床在，友人走了友情在。（纳西族）

7. 街坊四邻

亲街护亲，邻街护邻。（湖北武汉）

开门大看见，说话大听见。（湖北宜昌）

千金买产，八百买邻。（四川）

家有黄金，邻居是戥秤。（四川）

买厝买厝边。（台湾）

纵有远亲，莫若近邻。（广西）

只得罪远亲，莫得罪近邻。（河北）

佳肴美酒请亲友，风火盗邻喊四邻。（南京）

邻居好，无价宝。（浙江）

街坊为重，忍事是福。（河南）

火烟相盖屋相连，揉开眼屎要相见。（江西瑞金）

直到天连，还有四邻。（山东）

有千年邻家，没有百年亲戚。（陕西）

邻居处得好，如同捡个宝。（湘西）

非宅是卜，唯邻是卜。（汉族）

亲望亲好，邻望邻好。（汉族）

邻舍好，无价宝。（汉族）

金乡邻，银亲眷。（汉族）

傍上好邻居，吃酒又戴花；傍上孬邻居，披索又戴枷。（汉族）

入则孝顺父母，出则和睦乡邻。（满族）

挡得住外人的手，捂不住邻居的口。（满族）

十个远亲不如一个近邻。（瑶族）

邻居之间不要斤斤计较，朋友之间不要相互妒忌。（哈萨克族）

同村邻居处得好，何必总把亲戚麻烦。（哈萨克族）

千金买屋，万金买邻。（侗族）

树栽多年成林，邻居多年知心。（侗族）

没有木头支不起帐房，没有邻居过不好日子。（藏族）

对要好的邻居，莫要讲丑话。（乌孜别克族）

亲要帮亲，邻要帮邻。（壮族）

邻居平安，自己也平安。（维吾尔族）

远亲不如近邻，近邻不如对门。（回族）

乡里以和睦为风尚，邻里以扶助为公德。（达斡尔族）

父母妻儿家中宝，邻里乡邻世上亲。（傣族）

打狗看主人面，骂鸡莫伤邻里。（布朗族）

福祸同受，近邻胜似双亲。（哈尼族）

你父亲在世时，就要了解邻居。（柯尔克孜族）

两轮成一车，两户成邻居。（蒙古族）

花三两钱买房子，花千两银择邻居。（朝鲜族）

老邻老居莫争吵，将来有事还要找。（傣族）

8. 婚恋爱情

打断筋，打不开心。（江苏）

男大当婚女大当嫁，不婚不嫁被人笑话。（江苏扬州）

消梨令郎心上冷，甘蔗令郎心上甜。（江苏苏州）

宁可男长十，不可女长一。（四川）

对坏一门亲，败坏九代根。（四川成都）

打是亲，骂是爱，拧个脸蛋也不坏。（东北）

爱到流目油。（台湾）

男有心，女有意，铜墙铁壁要走进。（浙江绍兴）

两厢情愿，好结亲眷。（福建）

棉花见火，哪有不燃之理？（山西）

木门对木门，竹门对竹门。（广州）

婚姻，田土无戏言。（陕西）

夫妻们要相逢，八月十三。（湖南）

种瓜种洼，娶媳妇娶疤。（云南）

娶妻不在颜色，把家、做活、贤德。（河南）

少女少郎，情色相当。（汉族）

愿天下有情人都成眷属。（汉族）

人之相爱，贵在知心，知心合心，爱情一心。（汉族）

山高不如男人志气高，水深怎比女人的情意深。（鄂伦春族）

红色的狐狸值钱，忠诚的姑娘高尚。（鄂伦春族）

泉水堵不住，爱情挡不住。（黎族）

千千万万匹走马，换不来真正的爱情。（藏族）

枯干的木头容易破裂，虚伪的爱情容易破裂。（蒙古族）

爱了，猴子也好看；不爱，菱花也难瞧。（鄂温克族）

天仙不算美，爱人才算美。（维吾尔族）

续弦再贤惠，不如原配强。（彝族）

只看猴脸的人，就别吃猴肉；只看外表的人，就别娶妻子。（景颇族）

暴雨扯断蛛网，狂浪难断情思。（毛南族）

哪怕儿孙满堂，难抵半路夫妻。（土家族）

相恋男女恩对恩，灯草架桥也要跟。（仫佬族）

珍珠藏在大海里，爱情埋在心底里。（独龙族）

草搭的桥难过，逼配的婚难成。（锡伯族）

看见大河别忘小溪，看见新人别丢旧人。（纳西族）

种不好庄稼一年饿，找错了妻子终身苦。（傈僳族）

狂风能吹弯树干，恶言动摇不了恋人的心。（高山族）

一只脚踏两船，两个姑娘都离弦。（白族）

9. 利益得失

不得你的利，不受你的害。（四川）

亏众不亏一。（四川）

抱着人家儿子下油锅。（安徽）

蒙头放屁是吃独食的一把手。（安徽）

利一害百，人去城郭。（河南）

亏人不得好过，害人不得好死。（河南）

只顾自己碗里满。（山东）

亏己是福，亏人是祸。（山东）

人不为己，天诛地灭。（河北）

拿人家被子盖自己脚。（江苏）

利之所在，无所不趋。（湖南）

亏心不买，亏心不卖。（浙江）

亏心折尽平生福，行短天教一世贫。（黑龙江）

人无远虑，必有近忧。（汉族）

一荣俱荣，一损俱损。（汉族）

事依理，人依利。（汉族）

头削得尖尖的。（汉族）

利害利害，有利有害。（汉族）

利动小人心，义动君子心。（汉族）

利不苟贪终祸少，事能常忍得安身。（汉族）

亏是福，人人不；利是害，人人爱。（汉族）

亏心之事不做，不义之财莫贪。（汉族）

个人利益像针尖一样细小，公众利益像坝子一样宽阔。（彝族）

利益，如早晨的烟雾。（蒙古族）

说假话得利，终究会吃亏；说真话吃亏，终究会得益。（乌孜别克族）

老实人绝不吃亏。（乌孜别克族）

不正当的收入，不如正当的损失。（鄂温克族）

宁可亏自己，不可占便宜。（仫佬族）

四 教科文卫

(一) 文化遗产

1. 文学作品

真三国,假封神,一部西游哄死人。(河南)

看过《封神榜》,一生只扯谎;看过《西游记》,到老不成器。(河南)

文章没根,全凭烟熏。(河南)

乱世文章不值钱。(河南)

封神的法宝,三国的计,唐朝出的大力气。(陕西)

看了《西游记》,说话如放屁。(陕西)

呼唐,无影印宋。(台湾)

诗读千首,不做自有。(台湾)

作文心要曲。(山东)

三分诗,七分读。(山东)

闲谈不说《红楼梦》,读尽诗书也枉然。(北京)

无巧不成书。(湖南)

看了三国奸,看了封神癫。(四川)

乱说《西游记》,扯谎《封神榜》。(江苏)

唐三千,宋八百,数不完的三列国。(汉族)

少不看水浒,老不看西游。(汉族)

大文章须六经来。(汉族)

唐诗宋词汉文章。(汉族)

功名有福,文章无缘。(汉族)

真理的光辉不怕笼罩。(汉族)

读书不容易,一字值千金。(拉祜族)

书一字值千金。(拉祜族)

语言可以砍断骨头。(哈尼族)

念书得书，念字得字。（哈尼族）

下棋须懂规矩，写诗须懂韵律。（蒙古族）

读书如走路，天天莫停步。（毛南族）

一本好书胜过任何珍宝。（塔吉克族）

知识无学够的时候。（纳西族）

好书如同食粮，蕴藏着丰富营养。（壮族）

读书似迁海探宝，越深宝越多。（瑶族）

好书读得越多，心胸越开阔。（侗族）

读书知文墨。（黎族）

不断学习不愁念不好书。（高山族）

2. 艺术行业

十二月戏无人请，只好学辅鼎。（台湾）

一艺不精，误了终身。（台湾）

十艺九不成。（台湾）

要吃饭，一窝旦；花脸多，必砸锅。（北京）

饱吹饿唱。（北京）

六月天，热死大花；十二月，寒死花旦。（福建）

不用丹田气，难以唱好戏。（福建）

热不死的花脸，冷不死的小旦。（四川）

唱戏必懂敲锣鼓。（四川）

十年学得一个读书人，十年学不好一个唱戏人。（四川）

不怕曲儿丑，就怕一合手。（陕西）

低唱高扬。（陕西）

看了二度梅，两口子一辈子不打锤。（陕西）

上台千军万马，下台无处为家。（浙江）

戏文假，情节真。（浙江）

漳州出傀儡，泉州有掌戏。（浙江）

恶冷的，吃饭的；恶热的，唱戏的。（湖南）

上台戏子,下台乞儿。(广西)

唱戏不讲调门高。(河北)

艺多不发。(苏北)

唱戏是唱情,做戏靠传神。(汉族)

大小有点艺,强于多少宅子地。(汉族)

艺不压身。(汉族)

苗爱跳龙,黎爱跳柴。(苗族)

男舞重如山,女舞轻如云。(苗族)

木匠用料长,铁匠用料短。(布依族)

要得惊人艺,需下真功夫。(布依族)

学习技艺,勤奋莫性急。(苦聪人)

三天不唱口发硬。(瑶族)

学在苦中取,艺在勤中练。(畲族)

没有绷好的鼓不要敲。(德昂族)

吹笛要吹在眼上,打鼓要打在点上。(基诺族)

听音知道琴的优劣。(锡伯族)

有手艺的人不受别人欺侮。(毛南族)

巧匠能使弯树成材。(京族)

瓦匠的技术在于檐边。(土族)

冬不拉在琴师的手里会唱歌。(仫佬族)

当你降生的时候,歌声为你打开门户;当你长眠的时候,歌声伴你进入坟墓。(哈萨克族)

喉咙被魔鬼掐着不会唱歌。(布朗族)

3. 手工制作

大姐做鞋,二姐照样,鞋有样,袜有样,讨个媳妇像婆样。(湖南)

绒匠做官,生捶熟打。(湖北)

弓用皮绳子作弦,箭用桦木枝为竿。(内蒙古)

老竹烤不出竹筒饭。(海南)

细磨出快刀，精耕出好苗。（山东）

少年工匠老郎中。（河北）

只要懂窍门，水能上房顶。（广西）

十家锅灶九不同。（安徽）

女人无不带针线，男人无不带刀剑。（青海）

木匠看尖尖，瓦匠看边边。（辽宁）

木匠不怕长，铁匠不怕短。（陕西）

圆石砌墙不稳。（西藏）

千生万熟，熟能生巧。（汉族）

七十二行，巧数木匠。（汉族）

无铁不打刀，无泥不制缸。（黎族）

无线难织裙，无针难绣花。（黎族）

赠浆粉，用来浆纱线；赠生铁，用来制镰刀。（黎族）

木匠用料要长，铁匠用料要短。（维吾尔族）

针离不得线，线离不得针。（佤族）

可弯不会折，才是真扁担。（白族）

木匠多房不正，泥匠多屋必歪。（锡伯族）

猎刀不磨不快。（鄂伦春族）

桥不安墩桥不稳，房无基石房不正。（侗族）

盖房子要用老树，破篾要用嫩竹。（布朗族）

缝来缝去手变巧，干来干去成巧匠。（蒙古族）

并非神仙才会烧陶器。（俄罗斯族）

4. 技艺传承

种地才有饭吃，养羊才有衣穿。（云南）

庄稼人要识节令，渔夫要懂鱼汛，猎手要熟悉森林。（云南）

打石看石纹，医病看病根。（河南）

要吃鲜鱼得下海，要吃野味得上山。（广东）

学戏先学声，打铁先打钉。（北京）

怕火成不了铁匠,怕脏难成种田郎。(广西)

戏艺要精通,全靠童子功。(江苏)

细工出巧匠,细泥浇好瓦。(山西)

拿弓的人忘不了箭,骑马的人丢不了鞍。(辽宁)

不把技术努力提高,无本事而空虚。(安徽)

牛老角硬,人老艺精。(新疆)

拉着师傅的尾巴,跟着来。(汉族)

有十分本事使七分,丢下三分与儿孙。(汉族)

上代传下代,先人做,后人传。(汉族)

二年三年能学个买卖人,十年八年学不下庄稼汉。(回族)

技艺是吃不尽的食粮,知识是用不光的宝藏。(哈萨克族)

瓦匠技术在檐边,农民技术在田边。(土家族)

老农会观天,老农会种地。(达斡尔族)

瞄不准枪星,打不中猎物。(鄂伦春族)

骑马不研究马的人,绝不会成为好骑手。(藏族)

要想手艺好,从小学到老。(傣族)

唱歌之人谙音律,撒网之人熟水路。(侗族)

没有无刺的玫瑰,没有易学的手艺。(乌孜别克族)

武艺精不精,单看马箭功。(满族)

房后有山就放牧,房前有地就撒荞,房侧有坝就栽秧。(彝族)

种地要掌握节令,打猎要掌握兽情。(普米族)

旱地不锄杂草多,水田不薅稻熟迟。(布依族)

早稻熟七成开镰,晚稻熟十成收割。(壮族)

不敢玩枪,别做猎人。(布朗族)

要按兔子的距离拉弓,要按牛犊的范围拉绳。(蒙古族)

弓箭越练越熟,扎枪越扎越准。(赫哲族)

有了手艺死不了,没了手艺活不好。(维吾尔族)

（二）教育教化

1. 教育培养

实例比教诲用得多。（内蒙古）

一样米养百样人。（贵州）

扫帚疙瘩随着斜。（河北）

肥田先肥秧，教子先教娘。（湖南）

身教胜于言教，胡教不如不教。（山东）

要吃龙肉，亲自下海。（江苏）

做大不尊，教坏儿孙。（浙江）

当大的不止，当小的不听；序大无好叫，序细无好应。（台湾）

若要人下水，自己水中企。（广东）

指亲亲，靠邻邻，不如自己学勤勤。（陕西）

三分靠教，七分靠学。（北京）

宝剑不磨要生锈，人不学习要落后。（河南）

人学了知识不用，就会把知识埋藏。（广西）

坎坷的山路，能磨炼意志；复杂的环境，能教人聪明。（重庆）

在飞翔中识别鸟儿，在奔跑中识别马儿。（黑龙江）

有了成绩不自夸，有了错误不害怕。（新疆）

枕头上教妻，棍头上教子。（甘肃）

教诲如同金刚经，言语如同锋利刀。（西藏）

一年之计，莫如树谷；十年之计，莫如树木；终身之计，莫如树人。（汉族）

长江后浪推前浪。（汉族）

自古英雄出少年。（汉族）

大学之道，在明明德，在亲民，在止于至善。（汉族）

枝杈不砍树长歪，子女不教难成才。（汉族）

小树不修不成材，小孩不管不成器。（汉族）

先生教要严，学生要勤奋。（黎族）

镜不擦不明，子不教不精。（黎族）

小时失教，长大痴呆。（苗族）

人从小教起，树从小育直。（苗族）

与其用服装打扮身子，不如用知识武装头脑。（达斡尔族）

刺绣需要各色丝线，学习需要多动脑筋。（蒙古族）

儿不会犁地父之过，女不会织布母之过。（彝族）

刀锋利靠好钢，人内行靠教育。（壮族）

木要靠刨，人要靠教。（维吾尔族）

牛是训出来的，人是教出来的。（白族）

白布好染，娃娃好教。（布朗族）

有书不教，则子孙愚。（满族）

身教为先，心教为重。（傣族）

没有打不好的铁，没有教不好的人。（傈僳族）

谷在于幼苗，人在于幼年。（撒拉族）

学无老少，能者为师。（纳西族）

秧好靠苗壮，人好靠教养。（水族）

万金买万书，万书胜万金。（毛南族）

2. 读书学习

不读一家书，不识一家事。（陕西）

有念不尽的书，没有走不到的路。（河北）

书要常念，磨要常錾。（福建福州）

读书须用心，犁嘴磨成绣花针。（广西）

养儿不读书，只像养头猪。（四川）

一日读书一日功，十日不读一场空。（河南）

书生不离学房。（浙江）

读书需用心，一字值千金。（安徽）

人是书打底，田是粪打底。（湖南）

有子不读书，等于瞎眼球。（江西会昌）

书要多读，田要多耕。（宁夏）

少壮不努力，老大徒伤悲。（汉族）

博学之，审问之，慎思之，明辨之，笃行之。（汉族）

非学无以广才，非志无以成学。（汉族）

学而不思则罔，思而不学则殆。（汉族）

幼不学，老何为？（汉族）

十年读书，十年义气。（汉族）

不能只读一家书。（汉族）

不读书，不识字；不识字，不明理。（汉族）

种田弗离田头，读书弗离案头。（汉族）

女子不出闺房，士子不出书窗。（汉族）

万般皆下品，唯有读书高。（汉族）

一命二运三风水，四积阴德五读书。（汉族）

穷不离猪，富不离书。（汉族）

不学无术，读书便佳。（汉族）

大发财，靠读书；小发财，靠喂猪。（汉族）

读书不明理，笨人共一体。（黎族）

读书脑要勤，种田锄耕勤。（黎族）

开多少井，得多少水；读多少书，知多少事。（撒拉族）

木不凿不通，人不学不懂。（蒙古族）

好书读得越多，心胸越开朗；大山爬得愈高，视野愈广阔。（藏族）

米粉越磨越细，学问越学越精。（朝鲜族）

书是人类伟大智慧的结晶。（俄罗斯族）

不踏进深山，不能得宝，不钻进书本，不能获益。（鄂伦春族）

书本对于那些懒惰的人是一堆废纸，对浮于外表的人是用来装潢的摆设，只有对于勤奋好学的人才是无价宝。（珞巴族）

不怕不知，就怕不学。（土族）

用珠宝装饰自己，不如用知识充实自己。（维吾尔族）

不求知识的少年，像没有翅膀的鹰。（哈萨克族）

只要耐心等待，不愁钓不着鱼；只要不断学习，不愁念不好书。（高山族）

树不换叶不会长高，蝉不蜕壳不会长大，人不学习不会长进。（景颇族）

草要经过牛的反复消化，才能变成牛乳；书要经过人的反复思考，才能变成知识。（塔吉克族）

读书似潜海探宝，越深宝越多；求知如寻花采蜜，越勤蜜越丰。（瑶族）

酥油越打越香，人越学越聪明。（普米族）

牛会劳动是训练得来的，人有智慧是学习得来的。（拉祜族）

3. 才学本领

读书明礼，不受人欺。（安徽）

有了满腹才，不怕运不来。（安徽）

风平浪静，龙虾不分；恶风险浪，见真本领。（江苏）

本领有大小，赚钱有多少。（江苏扬州）

本事是真的，西洋镜是空的。（江苏南京）

家有斗量金，不如自己有本领。（台湾）

上马管兵，下马管民。（台湾）

薄技在身，胜握千金。（山东）

不识字像瞎子，识了字添本事。（山东）

读书读得多，少年称大哥。（江西会昌）

秀才不出门，便知天下事。（北京）

本领是学出来的，功夫是练出来的。（湖北）

不上树摘不到杧果，不流汗哪能学到本领。（广西）

不要看公羊叫得厉害，要看公羊过河的本领。（宁夏）

初交凭衣冠，久交凭学识。（湖南）

学如弓弩，才如箭镞。（汉族）

不读书如走黑路，无学问犹在梦中。（汉族）

多读书，不得输。（汉族）

多读心自明，多写手自灵。（汉族）

本领在知识中，知识在学习中，学习在生活中，生活在斗争中。（汉族）

山鹰有最硬的翅膀，才能飞过阿佤山峰。（汉族）

知识能主宰宇宙奥妙，文盲只能被时代摈弃。（维吾尔族）

知识会把人高举于蓝天，无知识会使人陷入地狱。（维吾尔族）

技艺是无价之宝，知识是智慧明灯。（维吾尔族）

不吸取知识之光，心灵会被黑夜笼罩。（维吾尔族）

赐子千金，不如赐子一艺。（维吾尔族）

小时放在悠车里，长大能射又善骑。（满族）

跑马看姿势，射箭见功夫。（满族）

鲤鱼的本事在浪尖上，猎人的本事在弩头上。（独龙族）

会种庄稼才是好汉，会猎野牛才算英雄。（独龙族）

力气大的人，只能战胜一个对手；知识渊博的人，却是所向无敌。（蒙古族）

学习多了如明灯，不学习者如盲人。（蒙古族）

没有实际本领的人，就像雨后蘑菇一样：表面上长得不错，实际上根茎不牢。（藏族）

万般技术不离书。（侗族）

只有水深而又宽的大河，才能渡得过去大船，只有知识深而又广的人，才能做得出大事业。（回族）

有知识的人，一人可顶千人。（苗族）

有学问的人如浩瀚的海洋，没学问的人如干涸的小溪。（壮族）

学问之根苦，学问之果甜。（毛南族）

老虎凭的是威风，好汉凭的是技艺。（达斡尔族）

蠢人在平地上会迷途，智者在沙漠里也能辨明方向。（哈萨克族）

掌握真理的人如同一块金砖，不论走到哪里都是金光闪闪。（柯

尔克孜族）

没有木柴火难烧，没有文化心不明。（彝族）

4. 文史知识

白头花钿满面，不若徐妃半妆。（山东）

千年文书会说话。（南京）

千年文书好合乐。（南京）

一部廿四史，从何处说起？（河南）

读诗千首，不作自有。（台湾）

男子丑不过包文正，女子丑不过马后娘娘。（武汉）

韩如海，柳如泉，欧如澜，苏如潮。（汉族）

口蜜腹剑，笑里藏刀。（汉族）

梁山弟兄，越打越亲。（汉族）

刘备招亲，弄假成真。（汉族）

灶为中国古代五祀之一。（汉族）

古人不见今时月，今月曾经照古人。（汉族）

文看前七行。（汉族）

描龙难在点睛，作文难在起头。（汉族）

前事之不忘，后事之师也。（汉族）

前车覆，后车诫。（汉族）

盘古开天又辟地，死后献身成万物。（黎族）

回民办丧事，只念《古兰经》。（黎族）

盘古造天地，小妹造人形，神农造禾谷，仓颉造文字。（黎族）

历史的嘲弄最为辛辣。（蒙古族）

文无定法，事有定规。（蒙古族）

谚语出自胸中，花草出自山中。（蒙古族）

时间只对老实人有利，历史必使虚伪者受惩。（壮族）

文章要写好，腿脚要多跑。（壮族）

老人在哪儿，历史就在哪儿。（哈萨克族）

阿肯的名声不朽，学者的文字不朽。（哈萨克族）

文章从来有人卖，山歌从来不卖人。（苗族）

夜游前人造，歌本前人留。（苗族）

水从源出，歌自古传。（苗族）

有知识的永垂史册，无知识像过眼云烟。（维吾尔族）

礼义为文明之首。（维吾尔族）

文章要上口，笔杆不离手。（回族）

前人不讲古，后人没了谱。（土家族）

光裁不缝不成衣服，光学不写不成文章。（白族）

汉人有文传书本，侗家无字传歌声。（侗族）

5. 天文历法

雨水有雨，一年多水。（湖南）

雨水节气南风紧，则回春早；南风不打紧，会反春。（湖南）

雨打清明前，春雨定频繁。（山东）

立夏到夏至，热必有暴雨。（山东）

云在东，雨不凶；云在南，河水满。（山东）

朝有棉絮云，下午雷雨鸣。（云南）

立夏不下雨，犁耙高挂起。（云南）

立夏小满青蛙叫，雨水也将到。（云南）

芒种不下雨，夏至十八河。（贵州）

秋来伏，热得哭。（贵州）

芒种雨涟涟，夏至火烧天。（江苏、广西、四川）

早秋凉飕飕，晚秋晒死牛。（江苏、广西、四川）

冬在头，冷在节气前；冬在中，冷在节气中；冬在尾，冷在节气尾。（广西）

早雨晚晴，晚雨一天淋。（广西）

夏至下雨十八河。（四川、贵州）

月亮撑红伞，有大雨；月亮撑蓝伞，多风去。（福建）

朝起红霞晚落雨，晚起红霞晒死鱼。（辽宁、福建、江西）

小暑热得透，大暑凉飕飕。（上海、四川、辽宁、山西）

雨水日晴，春雨发得早。（山西）

夏至落雨，九场大水。（湖北）

白天下雨晚上晴，连续三天不会停。（吉林）

清明有霜梅雨少。（江苏）

先下大片无大雪，先下小雪有大片。（河南）

冬至在头，冻死老牛；冬至在中，单衣过冬；冬至在尾，没有火炉后悔。（甘肃）

六月秋，提前冷；七月秋，推迟冷。（新疆）

云结亲，雨更猛。（重庆）

东方不亮西方亮，除了星子有月亮。（汉族）

不知道天文地理，就别当仙人。（汉族）

天上众星皆拱北，世间无水不朝东。（汉族）

西北风主晴，东南风主雨，晚上星宿稠主旱。（汉族）

二十长长，月上一更；廿一难算，月上更半。（汉族）

傍晚出现火烧云，妻儿如亲人；清晨出现火烧云，家中起哭声。（维吾尔族）

月出晕伴生，白云浮晴空；云头堆叠起，大雨自天倾。（维吾尔族）

月晕白，雨雪来；月晕红，天放晴。（维吾尔族）

七星显，天气变；七星不坠，地温不升。（维吾尔族）

日环月环雨雪大，冬刮南风要降雪，云彩发黄要大旱。（鄂伦春族）

云朝东，亮通通；云朝西，披蓑衣；云朝南，打破船；云朝北，下不彻。（鄂伦春族）

早晨烧霞，等不烧茶；傍晚烧霞，晒死蛤蟆。（鄂伦春族）

雷公光唱歌，有雨也不多。（鄂伦春族）

东虹日头西虹雨，虹在南方涨大水。（鄂伦春族）

月亮打伞，晒破岩板；月亮生毛，雨落明朝。（鄂伦春族）

有雨山戴帽，无雨半山腰。（鄂伦春族）

天秤星出，黎明凉爽，麦粟成熟。（哈萨克族）

出天狼，水变冷。（哈萨克族）

"昴宿"低现秋将临。（哈萨克族）

清明天刮风，春天必大风；清明天下雪，春季降大雪。（鄂温克族）

东虹天要晴，西虹天下雨，南虹北虹涨大水。（普米族）

清明要明，谷雨要淋；三伏不热，五谷不结；三九不冷，百果不收。（土家族）

月亮带伞要下雨，太阳带伞要天干。（傈僳族）

日照最长为盛夏，日照最短为隆冬。（达斡尔族）

6. 知行劝诫

从俭入奢易，从奢入俭难。（山东）

火要空心，人要虚心。（山西）

干恶人人皆知，行善不必张扬。（新疆）

把戏人人会仿，各有巧妙不同。（江苏）

人往高处走，水往低处流。（江西）

见人说人话，见鬼说鬼话。（江西）

晚上吃姜像吃砒霜。（湖南）

宁受三分热，不受一分寒。夏勿极凉，冬勿极温。（湖北）

人要练，马要骑。（广东）

酒肉面前知己假，患难之中兄弟真。（福建）

别拿豆包不当干粮，别拿村长不当干部。（黑龙江）

出门一里，不如家里。（河北）

酒肉穿肠过，佛祖心中留。（河南）

只顾眼前，日后作难，精打细算，钱粮不断。（陕西）

忍一时之气，省得百日之忧。（云南）

不见，上山看；不懂，问老人。（西藏）

草若无心不发芽，人若无心不发达。（吉林）

白米饭好吃，五谷田难种。（北京）

花喜鹊嘴巴长，娶了媳妇忘了娘。（广西）

劝为官者积德。（汉族）

谦逊走遍天下，傲慢寸步难行。（藏族）

父母的忠告，不遇到挫折不明白；糌粑的香味，不到饿时不知道。（藏族）

父母是家庭的福，孔雀是森林的福。（藏族）

莫学太公顶破天，要学女娲补天圆。（黎族）

劝人莫打觅食鸟，子在巢中待母哺。（黎族）

父母未咽气，莫要打主意；若先争遗产，畜生也不如。（维吾尔族）

用馕养子，用棒教子。（维吾尔族）

不懂装懂，永世饭桶。（壮族）

不受苦，就得不到幸福。（壮族）

三天不念口生，三天不做手生。（塔吉克族）

饭焦没人吃，人骄没人爱。（塔吉克族）

不听好人的话，必吃坏人的亏。（哈尼族）

雨伞虽破，骨格还在。（苗族）

回汉一条心，黄土变成金。（回族）

学书学礼，忠君至恳，爱民至专，孝亲至勤，祀神至诚，训子至要。（纳西族）

金银可以获得，父母不能再得。（蒙古族）

幼树长成林，横梁可换新；有儿能当家，父母不操心。（哈萨克族）

流水冲不走重石头。（乌孜别克族）

有钱不可乱花，有功不可自夸。（佤族）

跟着好人学好教，跟着坏人满街窜。（侗族）

（三）医药保健

1. 健康长寿

要做长寿人，莫做短命事。（四川）

千咒万咒，百年长寿。（四川）

素菜一桌，不如荤菜一撮。（南京）

乡下老头多，城里老头少。（山东）

长寿有三道：早起参星斗，晚饭少吃口，老婆生得丑。（河北）

后跟不着地，不出二十一。（福建）

大笑三声，有益健康。（汉族）

饭菜嚼成浆，身体必健康。（汉族）

一百岁的命，都要自己当心。（汉族）

或长寿，或早夭，人生何苦太计较？（汉族）

好人不长寿，祸害活千年。（汉族）

吃得落，睡得着，屙得出。（汉族）

富贵不长寿。（汉族）

人无寿夭，禄尽人亡。（汉族）

三分吃药，七分调理。（满族）

要想身体好，吃饭不过饱。（满族）

要想长寿，先戒烟酒。（满族）

有了健康的身体，才有健全的智慧。（维吾尔族）

没有健康的身体，便无旺盛的精神。（维吾尔族）

不患病不知健康的可贵。（维吾尔族）

饱学之士能长寿，愚昧之徒易衰亡。（维吾尔族）

小孩想的是长大，老人想的是长寿。（维吾尔族）

想丰收多劳动，想健康多锻炼。（蒙古族）

要想健康地生活，必须讲究卫生；要想过富裕日子，必须辛勤劳动。（蒙古族）

愚笨人不知聪明之可贵，健康人不知患病之痛苦。（蒙古族）

胸襟诚笃是长寿之本，心地善良是快乐之源。（蒙古族）

山高水长，寿星多多。（黎族）

吃饭别说话，躺着别看书。（黎族）

吃饭不忌嘴,肺疼肝也危。(黎族)

安睡一夜,值金千两。(黎族)

身体健康,疾病染不上,心无邪念,纠纷缠不上。(哈萨克族)

病中要过屠刀,健康就是幸福。(塔吉克族)

懒惰催人老,勤劳可延年。(壮族)

喝酒适度养身益精,喝酒过量惹是生非。(达斡尔族)

饭后百步定,胜开中药铺。(回族)

健康的身体是无尽的财富。(乌孜别克族)

2. 生老病死

三小不如一少,三少不如一老。(陕西)

人老了,心小了。(陕西)

树老半心空,人老事事通。(江苏常熟)

生死由命,早晚一定。(江苏扬州)

生死注定,生自来,死自去。(江苏扬州)

老来口热,少来手热。(浙江宁波)

生死皆怨苦,好死不死,不要活偏活。(浙江)

死亡来袭,何不坦然受之?人有生死,物有损坏。(四川)

会阳隔张纸,不生就是死。(四川)

年老知事深。(河北)

吓死人的伤寒,哄死人的痨病。(河北)

人老没牙,树老没芽。(江西)

人老弯腰把头低,树老焦梢叶儿稀。(山东)

人无气即死,山无气即崩。(台湾)

天上打死人,地上要活人。(湖北宜昌)

老和尚死了,小和尚一样念经。(安徽)

肚里有病话就软。(汉族)

差一时不生,差一时不死。(汉族)

大病不离床,大旱不离乡。(汉族)

大病不死，必有后福。（汉族）

一世人，长时长溜溜，短时短咻咻。（汉族）

体弱的人，爱得病；伤脊背的马，爱落苍蝇。（达斡尔族）

身上没病，不怕吃冷黏糕。（达斡尔族）

无债富裕，无病幸福。（蒙古族）

身染疾病，须请大夫治疗；改正缺点，须请朋友帮助。（蒙古族）

打哈欠是疾病的源头，打耳光是殴斗的源头。（维吾尔族）

治不好的病，丢不掉的命。（维吾尔族）

病来如山倒，病去如抽丝。（维吾尔族）

病人着急为的是病痛，巫师着急为的是钱财。（乌孜别克族）

瘦牛角大，病马鬃长。（乌孜别克族）

眼睛害病是从手上得的，肚子害病是从嘴里得的。（哈萨克族）

金子的真假匠人深知，病情的轻重大夫深知。（哈萨克族）

高兴能把小病治愈，忧愁能使小病加重。（哈萨克族）

父去儿传代，赛人兴未衰。（黎族）

不吸烟，不喝酒，病魔见了绕道走。（回族）

淋症怕风吹，风湿忌喝酒。（壮族）

草原上的睡蛇不等醒来就要打死，身上的疾病不等发作就要医治。（柯尔克孜族）

丑病不瞒医生。（朝鲜族）

害胆病的人，连海螺也看成黄色的。（藏族）

3. 医患关系

医要试，花要绣。（台湾）

医生贤，主人福。（台湾）

要吃药，不可瞒郎中。（上海）

求学要敬先生，求医要信医生。（云南）

好医家也要好病家。（福建）

医生如父亲，护士似母亲。（四川）

附录　中华谚语义类体系总表

医能医病，不能医命。（河北）

良医门前病人多。（湖南）

十里无医不可居。（广东）

病人就是上帝。（香港）

行医吃回扣，来生啃骨头。（湖北）

病急不要乱投医。（安徽）

看一个医生不如交一个朋友。（江苏）

不服庸医药，胜请中流医。（甘肃）

医者父母心，急患者之所急。（贵州）

良医犹如良相，用药如同用兵。（陕西）

健康所系，性命相托。（山西）

有病不瞒医。（汉族）

病好不谢医，下次无药医。（汉族）

医不叩门，有请才行。（汉族）

喇嘛即使是医生，得病还得请人治。（藏族）

喇嘛的老婆祈祷活人死，医生的妻子祈祷死人活。（藏族）

好刀砍棘丛，好医救病人。（黎族）

名医若从印度来，病人也早就一命呜呼了。（塔吉克族）

山高高不过太医，水长长不过医技。（阿昌族）

医生给你治病，骂你也是好心。（白族）

念经驱邪不治病，求医吃药病才好。（哈萨克族）

医生的良心就是病人最好的良药。（侗族）

信鬼神不如求医生。（土家族）

有病不瞒医，瞒医害自己。（德昂族）

毛拉的祈祷靠不住，医生的要求没害处。（柯尔克孜族）

身冷的人和衣裳亲近，有病的人和医生亲近。（蒙古族）

有病莫求神，留钱请医生。（壮族）

医学贵精，不精则害人匪细。（彝族）

医生出名，病人接不赢。（东乡族）

有病去烧香，死得更快当。（景颇族）

吃药不忌嘴，跑断大夫腿。（毛南族）

药房无贵贱，效者是灵丹。（乌孜别克族）

日光不照临，医者便上门。（裕固族）

出汗不减病，医生也着急。（仡佬族）

4. 医用药品

三粒胡椒顺口气。（湖南）

桂圆及铁树叶治愈胃病。（河北）

知母贝加冬花，咳嗽唾痰一把抓。（陕西）

清徐三件宝：青菜，粉浆，蜜葡萄。（山西）

萝卜上了街，医生取招牌；萝卜进了城，药铺关了门。（湖北）

早上吃姜，当过参汤；晚上吃姜，好比砒霜。（粤东）

十月火归脏，最好芥菜汤。（广东）

小暑里黄鳝赛人参。（江苏）

对下身的淋病，冬虫夏草最管用。（西藏山南）

洋参定气，甘草顾脾。（福建）

枇杷治热病，一个治一个定。（山东）

吃了八珍糕，一觉睡到大天光。（浙江）

一个鸭脑，可抵三分人参。（上海）

宁夏有三宝：枸杞，滩皮，甘草。（宁夏）

关东城，三宗宝：人参，湖荨，乌拉草。（东北）

鱼与鳖，吃有益。（海南）

常山与草果，摆子无处躲。（台湾）

止血要白粉。（云南）

甘蔗甜又甜，清热又消炎。（四川）

不信药，看泻药。（汉族）

少许药，医大症。（汉族）

若要治疗口臭症，荔枝稀饭能去根。（汉族）

问神，就有不着；请医生，就食药。（汉族）

赶车三年知牛弊，吃药三年会行医。（黎族）

如有毒蛇咬，快找七叶一枝花。（黎族）

水煎花椒，感冒全消。（黎族）

青菜养身，萝卜补神。（傣族）

喝酒少量舒筋活血，喝酒过多伤身损精。（达斡尔族）

若要癫痫早日好，就要苦葛拌花椒。（白族）

枝叶有刺能消肿，对枝对叶能去红。（侗族）

冬青虽涩能治病。（鄂伦春族）

头蛇二猫三狗子。（客家族）

树根都能做药，树枝哪会有毒。（藏族）

夏吃大蒜冬吃姜，不要医生开药方。（土家族）

家有长虫草，不怕毒蛇咬。（回族）

胃出血，白莲糊，早晚一碗血消灭。（苗族）

艾叶能灸百病。（水族）

开白花补气，开红花补血，开黄花清凉，开蓝花有毒。（纳西族）

京族药多种，沙姜在其中。（京族）

对上身的鼻炎，黑色芫荽最有效。（布依族）

樟脑本是退烧药，遇到寒症变成毒。（畲族）

八股牛粉涂伤口。（满族）

肉豆蔻虽是好药材，服用不当治热病。（赫哲族）

5. 生育生养

棒打出孝子，惯养忤逆儿。（江苏）

生得好，总是好。（江苏）

阿爹养仔春过春，仔养阿爹过日辰。（云南）

不记生恩记养恩。（山西）

不养儿不知父母恩。（湖南）

生个儿子好听，生个女儿好命。（广东）

养子方知娘生受。（浙江）

养子不教如养驴，养女不教如养猪。（四川）

种田不熟不如荒，养儿不孝不如无。（辽宁）

龙生九子，子子不同。（陕西）

宠狗上灶，宠子不孝。（山东）

不当家，不知柴米贵；不生子，不知父母恩。（河北）

绣花枕头床上丢，养的儿子肥溜溜；四只角里安枣子，养的儿子像老子；罩子一挂，养的儿子会说话。（湖北）

养儿防老，积谷防饥。（河南）

一崽一女一枝花，多崽多女是冤家。（福建）

儿多母苦，盐多菜少。（甘肃）

一个儿妇一枝花，多儿多女累爹妈。（吉林）

龙生龙，凤生凤，老鼠的儿子会打洞。（汉族）

不求金玉重重贵，但愿儿孙个个贤。（汉族）

种田不好一年荒，养子不好一世荒。（汉族）

不养儿不生气，不种荞麦不污地。（汉族）

生育有计划，利国又利家。（汉族）

生儿是一分烦累，养儿是千分烦累。（哈萨克族）

钱财要自己挣，儿子要自己生。（哈萨克族）

不能因怕老鹰不养鸡，不能因怕豺狼不养羊，不能因怕抓娃子不养儿。（彝族）

在家不好好教育孩子，出门向他递眼色也没用。（彝族）

从教养出来的子女身上，可看出他父母是聪明人还是糊涂虫。（蒙古族）

好的园子长出好的菜薹，勤快父母养出勤快儿女。（苗族）

养子不严，大了麻烦。（回族）

父母生的恩情大，父母养的恩情更大。（藏族）

母亲的心在儿子身上，儿子的心在草原上。（达斡尔族）

弓箭挂门口，生个男射手。（满族）

一娘生九子，九子九样心。（黎族）

想要子孙不受穷，山岭种上竹衫松。（瑶族）

父母对儿女不要溺爱，儿女对父母应该真诚。（白族）

儿女成群，父母变穷。（毛南族）

父母的眼泪流在儿女身上，儿女的眼泪流在情侣身上。（柯尔克孜族）

树要幼嫩时栽培，人要孩童时教育。（土族）

树木不培育难成材，孩子不教育难成人。（景颇族）

6. 养生常识

少吃多滋味，多吃坏肚皮。（江苏）

暴饮暴食易生病，定时定量保安宁。（江苏）

喝开水，吃熟菜，不拉肚子不受害。（陕西）

吃米带点糠，老小都安康。（山东）

早睡早起，怡神爽气，贪房贪睡，添病减岁。（河北）

一冬少烤火，四季少吃药。（湖北）

走走龟背背，享福一辈辈。（山西）

乌鸡白凤，吃了治百病。（江西）

药补勿如食补。（浙江）

夏天蚊子净，不生摆子病。（宁夏）

常常晒阳光，身体健如钢。（海南）

大蒜是个宝，常吃身体好。（黑龙江）

冻冻晒晒身体强，捂捂盖盖皮肤黄。（重庆）

若要身体健，除非天天练。（广东）

铁不炼不成钢，人不锻炼不健康。（台湾）

晚饭吃得少，难得身体好。（广西）

想要身体好，吃饭别太饱。（北京）

食石食金盐，可以支长久，食石食玉鼓，可以得长寿。（安徽）

晚饭少吃口，能活九十九。（汉族）

笑一笑，不衰老；跑一跑，病没了。（维吾尔族）

茶水喝足，百病可除。（维吾尔族）

如果腹中无疾病，脸上不会显病斑。（藏族）

不搭火坑的家，疾病生得多。（藏族）

老人不可多睡，小孩不可少眠。（黎族）

一碗甜酒脸红润，十碗甜酒病缠身。（黎族）

生病不求医易上身体，遇事不问人会白吃亏。（佤族）

冬忌吃鱼，夏忌狗肉。（壮族）

饮酒过量醉，伤肝又伤胃。（傣族）

酒多伤身，话多伤人。（侗族）

一夜睡不好，九根头发掉。（彝族）

不吃烟，不喝酒，鬼神见了远远走。（回族）

出汗的马不宜洗澡，饿昏的人不易过饱。（鄂伦春族）

精心安睡能健壮，努力劳功能长寿。（苗族）

喝热茶不可急躁，治疾病应有耐心。（满族）

脸上无光身有病，眼里无神心有病。（哈尼族）

酒多伤身，气多伤心。（瑶族）

健康比金钱珍贵。（俄罗斯族）

饭菜不可过量，烟酒不可过度。（锡伯族）

（四）修身养性

1. 悠闲垂钓

四月初八晴料峭，高田好张钓。（上海）

深水钓大鱼，高垄结大薯。（浙江）

老秧布青田，无布过得闲。（福建）

夏至下雨起西风，屋檐沟里钓蚱公。（湖北）

春钓岸，夏钓荫，秋钓潭，冬钓阳。（河南）

浑水钓鲤，绿水钓草，清水钓鲫，活水钓鲢。（江苏）

钓多不如钓少，钓少不如钓到。（山东）

庄稼不离田头，钓鱼不离滩头。（汉族）

雨后放光，钓者吃香。（汉族）

夏秋钓早晚，晚寒冬钓时。（汉族）

急躁人钓不着大鱼。（达斡尔族）

哲罗鱼喜欢在深水里。（鄂伦春族）

黄花鱼用钓竿钓，白鱼用渔网捞。（哈萨克族）

只要坚持钓到最后，最精的鲤鱼也要上钩。（苗族）

渔翁钓鱼，愿者上钩。（仫佬族）

稻田养鱼鱼养稻。（傣族）

盆里有鱼长不大，大鱼要去江河抓。（撒拉族）

到水深的地方才能捉到大鱼。（水族）

不湿脚者，捕不到鱼。（赫哲族）

2. 茗茶文化

若要茶，伏里耙。（浙江）

头茶不采，二茶不发。（浙江绍兴）

清早放霞，等水烧茶。（陕西）

茶砧安金也是瓷。（台湾）

茶三，酒四，饭五六。（南京）

头道茶，二道汁。（江西）

一日无茶则滞，三日无茶则病。（湖南）

早晨三杯茶，郎中饿得爬。（河北）

好茶不怕细品。（汉族）

利竹能刿颈，浓茶亦醉人。（汉族）

茶壶虽高，却向茶碗折腰。（维吾尔族）

慢慢熬出来的茶味道好，慢慢讲出来的话意思深。（藏族）

贵客临门三道茶：头苦、二甜、三回味。（白族）

清泉泡茶有味道。(侗族)

只要功夫到,奶茶自然开。(蒙古族)

春茶越嫩味越浓,米酒越陈气越醇。(傣族)

谷雨采茶茶成宝,谷雨过后茶成草。(基诺族)

壶中日月,养生延年。(毛南族)

烫茶伤五内,温茶保年岁。(哈萨克族)

酒盅要粗糙,茶盅要精巧。(哈尼族)

3. 种花养草

一个花结一个果。(福建)

司时花,刻刻变。(福建福州)

今日红花,明日紫草;今日莲花,明日牡丹。(江苏扬州)

世上,花花草草。(江苏南京)

铁树开花,冷饭抽芽。(浙江)

开好花,结好果。(陕西)

花若离树,没能再续。(台湾)

花开两朵,各表一枝。(湖北武汉)

虾子听水声,花子听鼓响。(湖南)

交人交心,浇花浇根。(河南)

草去种留。(河北)

草尖自小尖,草利自小利。(安徽)

春花不红不如草,少年不美不如老。(四川)

有一根草,有一个水珠养。(江西瑞金)

一滴露水一茎草,为人只怕不学好。(广东)

人能处处能,草能处处生。(山东)

挑柴青草,不给人家做小。(山西)

花盛有风打,草盛有霜煎。(汉族)

种花一年,看花十日。(汉族)

锄头响,茶树长。(苗族)

花美在外边，人美在里边。（苗族）

有修养的人把自己掩藏起来，他的名声还是在世界上传扬；把桂花装进瓶子里，它的香气还是散向四方。（藏族）

茶花是一朵一朵开出来，芭蕉是一串一串结出来，竹笋是一春一春长出来，香椿是一年一年发出来，幸福生活是一点一点干出来。（傈僳族）

寸草不生的地方，花鹿绝不会落脚。（维吾尔族）

穷人莫听富人哄，桐子开花正下种。（土家族）

糟蹋一朵鲜花，会使蜜蜂心痛。（柯尔克孜族）

世间有一棵草，就有一滴露水养。（仫佬族）

不爱护花木，看不到鲜花的美丽；不珍惜时间，提不高生命的价值。（乌孜别克族）

一棵树不能说林木葱葱，一棵草不能算草木茂盛。（白族）

花美在颜色，人美在品德。（白族）

低头的庄稼穗必大，仰头的庄稼穗必小。（俄罗斯族）

花木靠雨水，为人凭谦逊。（朝鲜族）

不做随风的小草，要做傲雪的青松。（鄂伦春族）

果甜的树人人喜爱，正直的人个个喜欢。（哈尼族）

要把别人看成麦粒，要把自己看成麦草。（哈萨克族）

4. 琴棋书画

读不尽世间书，走不尽天下路。（湖北）

画树难画柳，画人难画手，画兽难画脚。（湖北）

读一书，长一智。（浙江）

观棋不语真君子。（浙南）

高明的棋手应能看出三步。（江苏）

赋诗作画量才能，砍树挑担量力气。（江苏南京）

胡琴响，喉咙痒。（河南）

爱枪的百发百中，爱琴的歌声动听。（广西）

臭棋肚里有仙着。（陕西）

读未见书，如得良友；读已见书，如逢故人。（湖南）

读书能用人寡过。（四川）

话中有才，书中有智。（河北）

布衣暖，菜根香，诗书滋味长。（广东）

好菜全凭炒，好画全凭裱。（山东）

百步棋，百步解。（汉族）

不对知音不可弹。（汉族）

冬不拉在琴师手里会唱歌。（哈萨克族）

人行千里路，胜读十年书。（哈萨克族）

送饭送给饥饿人，弹琴弹给知音听。（彝族）

听音知琴，听话知人。（锡伯族）

日出唤醒大地，读书换新头脑。（蒙古族）

画上的糕饼虽美丽，但不能顶饭来充饥。（柯尔克孜族）

要认真研究学问，莫要骄傲吹嘘；无知而自夸的人，终会招来耻辱。（维吾尔族）

5. 体育活动

人是闹市虫。（山西）

千根木头随排走。（江苏扬州）

打得老虎死，大家有肉吃。（河北）

宁走十里远，不走一步喘。（汉族）

上山腿瘫，下山腿酸。（汉族）

打拳练身，打坐养性。（汉族）

脑子要常用，身子要常动。（壮族）

铁不冶炼不成钢，人不运动不健康。（回族）

登高登高，身强力壮的法宝。（彝族）

怕流汗不算英雄汉，怕吃苦不算庄稼汉。（乌孜别克族）

万里长途也是从第一步开始的。（朝鲜族）

没有意志的人，一切都感到困难；没有头脑的人，一切都感到简

单。(景颇族)

只要功夫熟练，就可以百发百中。(鄂伦春族)

爬山越岭要互助，渡江过河要齐心。(赫哲族)

人多好做工，蚁多困死虫。(锡伯族)

6. 公益活动

进了城隍庙说天良，到了衙门说昧良。(苏北)

善恶不同途，冰炭不同炉。(江苏)

千金万金：良心弗论斤。(浙江义乌)

人莫起贪心，贪心祸便临。(浙东)

挖深了井，他人食水。(广东梅县)

塘里的鱼捉放江里去。(湘南)

多一智，多一爱；多一物，多一愁。(北京)

人行好，天凑巧。(陕西)

昧良心，挨枪子。(河北)

海贼做普度。(福建福州)

济人之急，救人之危。(汉族)

有钱施功德，无钱捡开籁。(汉族)

看人摔倒要去拉，见人落水要去帮。(侗族)

对别人的馈赠不应挑剔。(蒙古族)

个人的利益，像青草的影子；公众的利益，像高高的天空。(蒙古族)

随着太阳光走不挨冻，跟着共产党走不吃亏。(蒙古族)

为财而生，不如为众而死。(达斡尔族)

潮湿共受，寒冷同挡。(鄂伦春族)

一块煤，不算多，千块煤炭堆成坡；一滴油，不算多，点点滴滴汇成河。(回族)

千条万条，党的领导第一条；千计万计，群众路线第一计。(壮族)

到深山古寺修行，不如在平川闹市积善。(藏族)

五 客观自然

（一）动物植物

1. 飞禽走兽

恶虎架不住一群狼。（汉族）

人不知春鸟知春，鸟不知春草知春。（汉族）

布谷布谷，种禾割麦。（汉族）

黄鹂唱歌，麦子要割。（汉族）

不入虎穴，焉得虎子。（汉族）

和狼在一起，就会学狼叫。（汉族）

青蛙呱呱叫，正好种早稻。（汉族）

癞蛤蟆出洞，下雨靠得稳。（汉族）

蚯蚓爬上路，雨水乱如麻。（汉族）

底层罗非鲮鲫鲤，中下鳊青上鳙鲢。（汉族）

水宽鱼跃，水窄鱼跳。（汉族）

不见兔子不撒鹰。（汉族）

孤燕不报春，一燕不成夏。（汉族）

笨鸟先飞早入林。（汉族）

春天老鼠饥，捕杀好时机。（汉族）

要辨清和树叶一样绿的青竹，要跟踪追击带伤的豹子。（景颇族）

鸟儿若是与鹞斗，就会羽毛满天飞。（藏族）

啄木鸟的嘴巴长，喜鹊的尾巴长。（维吾尔族）

2. 家畜家禽

好斗的公鸡不长毛。（汉族）

好搬巢的母鸡，下蛋不多。（汉族）

狗进灶，雪就到。（汉族）

儿不嫌母丑，狗不嫌家贫。（汉族）

狗拿耗子，多管闲事。（汉族）

猪衔草，寒潮到。（汉族）

懒羊嫌毛重。（汉族）

甘心做绵羊，必然喂豺狼。（汉族）

不能请羊管菜园，不能请狼管羊圈。（汉族）

得志的猫欢似虎。（汉族）

好马不吃回头草。（汉族）

落地凤凰不如鸡。（汉族）

母鸡翅下小鸡暖。（藏族）

瘦牛骨大，病马鬃长。（维吾尔族）

黑牛耐寒，白牛耐热。（哈萨克族）

3. 自然植物

白菜密插，芥菜跑马。（湖北）

六月壅，七月上，八月再看葱长旺。（陕西）

荔枝十花一子，龙眼一花十子。（福建）

正月施肥长花，七月施肥长果，冬季施肥长树。（湖南）

桃三李四梨五年，核桃柿子六七年，桑树七年能喂蚕，枣树栽上能卖钱。（河南）

七月核桃八月梨，九月枣儿甜蜜蜜。（四川）

七月十五枣儿红衫，八月十五枣儿落杆。（河北）

七不逢，八不查，九月毛栗笑哈哈。（安徽）

青叶不落黄叶落。（江苏）

山中没有树，茅草亦为尊。（江苏南京）

村中无大树，茄棵要算王。（浙江）

老树不还嫩枝。（山西）

辣椒树下不长草。（贵州）

黄豆裂，窝里裂。（江西）

爱花花结果，惜柳柳成荫。（汉族）

地上不长无名之草。（汉族）

柳树发芽暖洋洋，冷天不会有几长。（汉族）

种姜养羊，本短利长。（汉族）

牛无夜草不肥，菜不移栽不发。（汉族）

荷花开在夏至前，不到几天雨涟涟。（汉族）

芦花秀，早夜寒；芦花黄，大水狂。（汉族）

峨眉豆开花早，大干要来到。（汉族）

五月开茭花，大水淹篱笆。（汉族）

水里泛青苔，天有风雨来。（汉族）

桃花开，燕子来，准备谷种下田畈。（汉族）

桐子树开花，霜雪不再落。（汉族）

九尽杨花开，农活一齐来。（汉族）

柳絮乱攘攘，家家下稻秧。（汉族）

桃三，李四，梨五，柑八年。（汉族）

不知季节看花草，不知地气看五木。（汉族）

青草只是旺盛一夏，苍松可以四季常青。（鄂伦春族）

樱桃好吃树难栽，野花不栽遍地开。（东乡族）

虹霓的颜色虽然鲜艳，但是它不会长久；松柏的颜色虽不美观，它却能万年常青。（藏族）

花中算棉花第一。（朝鲜族）

有麋自来香，不用大风扬。（傈僳族）

春天盛开的牡丹花王，不如冬天的松柏寿长。（蒙古族）

杉木栽在沟沟里，桐子栽在田坎上；果子栽在寨子边，松树山顶也能栽。（苗族）

如果你喜欢莲子，你就得保护荷花。（撒拉族）

珍珠串在金丝上才闪光，映山红开在阳坡才鲜艳。（彝族）

一年种桑树，百年采"珍珠"。（乌孜别克族）

青草只是一夏之盛，苍松却是四季常青。（鄂伦春族）

灯草千年不长叶，杨柳万年不开花。（侗族）

西瓜是大的甜，辣子是小的辣。（基诺族）

草无露珠不鲜，花无绿叶不艳。（白族）

森林和果树是山岭的光彩。（维吾尔族）

根深叶才茂，树壮果才多。（布朗族）

要想富，多种树。（回族）

荒山变林山，不愁吃和穿。（壮族）

一棵松树一把伞，一棵柳树一汪泉。（傣族）

（二）自然景观

1. 自然风景

九寨归来不进沟，九寨归来不看水。（四川）

峨眉天下秀，三峡天下雄。（四川乐山）

名泉七十二，趵突天下无。（山东）

明湖奇景，佛山倒影。（山东济南）

七倍长江八倍巢，只抵洞庭半截腰。（湖南）

九寨沟的水，张家界的山。（湖南张家界）

江南园林甲天下，苏州园林甲江南。（江苏）

西湖景致六座桥，一枝杨柳一枝桃。（浙江杭州）

湖中有岛千岛湖，岛中有湖龙川岛。（浙江）

五岳归来不看山，黄山归来不看岳。（安徽）

走千走万，不如淮河两岸。（河南）

华山自古一条道。（陕西）

上有天堂，下有苏杭。（汉族）

桂林山水甲天下。（汉族）

阳朔山水甲桂林。（汉族）

陆家嘴上看潮头。（汉族）

黄河斗水七沙。（汉族）

神农谷里走一遭，有病不治自己消。（汉族）

布谷鸟欢乐地歌唱，是因为春风吹到草原；大雪山闪耀着银光，

是因为太阳发出光芒。(藏族)

内地苏杭,关外巴塘。(藏族)

孔雀是森林的点缀,白雪是高山的装饰。(藏族)

永不停息的溪水到了大海,寸步不移的雪山仍在原地。(藏族)

泡沫冒处,必有浅滩。(藏族)

顺河而下必有大海,顺水而上必有雪山。(藏族)

起雾的地方定有海,滚石的地方定有崖。(藏族)

上弦的月越来越亮,夏天的水越流越长。(藏族)

春天布谷叫,百花齐争艳。(纳西族)

乌云涂不黑雪山,白雪遮不住绿树。(纳西族)

山高显峻巍,水清显秀美。(蒙古族)

林密山则雄,水深湖则秀。(蒙古族)

喷涌的泉水清凉,茂盛的花卉清香。(蒙古族)

九乡溶洞九十九,数完溶洞白了头。(彝族)

长在山顶的松树最苍翠,出自竹根下的泉水最清凉。(彝族)

春天花美,冬天雪美。(白族)

下雨小溪涨涌,雨停江河涨。(傣族)

青山永在,江河永流。(达斡尔族)

2. 山川地理

争荒山,卖水田。(湖南)

府对府,三百五。(湖南)

聚尘土而成泰山。(山东)

急流下,有深潭。(山东)

高山出俊鸟,石砰坷垃出好草。(山东)

三山流水一分田。(安徽)

七里八外。(河北、天津)

不上高山,不见平川。(河南)

高山开荒,平地遭殃。(江西)

山崩石脱。(广西)

水绕壶公山,此时大好看;壶公山欲断,莆阳朱紫半。(汉族)

天在地外,水在地外。(汉族)

高山之阴,必有深谷。(汉族)

一山还有一山高。(汉族)

河有河道,山有山路。(汉族)

高山没有不长草的,大海没有不生鱼的。(汉族)

不登高山,不知天高。(汉族)

不上高山,不显平地。(汉族)

山水之名,千里外听。(汉族)

海无边,江无底。(汉族)

山上有山。(汉族)

一水隔千里,一地覆三山。(汉族)

江河湍急是真的,游不过去是假的。(藏族)

不翻高山,难到平川。(藏族)

千川万涧归大海,人人都在觅幸福;幸福不是小鸟,它不会自己飞来。(蒙古族)

江河也有源,深渊也有底。(蒙古族)

山高显得威严,水清才算好看。(蒙古族)

北山的树木,有高有低。(蒙古族)

不进深山,找不到美丽的猎物。(维吾尔族)

山峰多的地方没有直路。(维吾尔族)

山川永在,真理不灭。(苗族)

没有爬不过的高山,没有过不去的河流。(苗族)

高山有路不通天,深山有水不通路。(黎族)

一片山林住白鸟。(黎族)

荒山变绿山,不愁吃和穿。(壮族)

山里虽然有迷雾和乌云,看着北斗就能分清路径。(布依族)

山再高也有越岭人，水再深总有摆渡人。（满族）

山再高也能登，水再深也可渡。（赫哲族）

山有多高，水有多深。（景颇族）

山上的水沟又浅又短，满溢和干涸不过是转眼之间。（纳西族）

山上不会没有隘口，地上不会没有河流。（哈萨克族）

3. 各地风光

海宁宝塔一线潮。（浙江）

舟山田里山，金塘山里田。（浙江）

苏州锣，杭州婆，湖川绸缎赛绫罗。（浙江）

崇明常熟，常孰常明。（浙江）

苏杭两浙，春寒秋热，对面厮啜，背地厮说。（浙西）

上有天堂，下有苏杭。（江浙）

苏州的姑娘，杭州的郎。（江浙）

苏空头，杭戴头。（江浙）

清明要晴不得晴，黄明要阴不得阴。（江苏）

荷花开练塘，邑人登庙廊。（江苏）

圆山青，西湖平，此地出公卿。（福建）

春无三日晴，冬无三日雨。（福建）

永宁百家姓，深沪万人烟。（福建泉州）

庐山最美在山南，山南最美数三叠。（重庆）

十里温塘河，九曲十八弯。（重庆）

龙华十八湾，湾湾见龙华。（广东）

八分半山一分田，半分水路和庄园。（江西）

地上看石林，地下游九乡，石林之美在于峰，九乡之美在于谷。（云南）

生在苏杭二州，死在福建泉州。（台湾）

南习文，北习武，蛮子心肠如刀斧。（河北保定）

搬不空西北，塞不满东南，江南多才子，江北多勇将。（陕西）

金平湖，银嘉善，铜嘉兴，喜兴穷，还有十万八千铜。（汉族）

一年有四季，十里不同天。（汉族）

黄河九曲十八弯。（汉族）

天高云也蓝。（黎族）

鲜花开何处，蜜蜂飞何地。（彝族）

鲜红的花远远就能看见，芳香的花远远就能闻着。（苗族）

雀鸟在欢笑，果熟季节到。（苗族）

不留当年笋，哪有来年竹。（瑶族）

十月雨涟涟，高山也是田。（瑶族）

彩虹鲜艳难长久，松柏苍郁四季青。（藏族）

高山上的阳光，比平地上的流水珍贵。（塔吉克族）

浮云经不起狂风吹，晨雾经不起阳光晒。（蒙古族）

树干长得牢，不怕风来吹。（回族）

莫学野花一时开，要想松柏永远绿。（鄂伦春族）

无水苗不长，无肥苗枯黄。（侗族）

雷响惊蛰前，高山好种田；雷响惊蛰后，低田种芋豆。（白族）

乌云深不黑山，白雪遮不住绿树。（纳西族）

（三）矿物资源

1. 金属矿物

盐出水，铁出汗，雨水不久见。（广西）

先前铁钉咬得断，跟后豆腐咬不糜。（广西）

登高潭水竹竿深，龙农遍地出乌金。（汉族）

金沙县，银永安。（汉族）

七十铜，八十铁。（汉族）

金张泽，银亭林，铜叶榭，锡松隐。（汉族）

上有赭石，下有黄金。（汉族）

真金不怕铜炉火，熏石山不怕雨来淋。（汉族）

好子不当兵，好铜不铸钟。（汉族）

好铁不打钉，好人不当兵。（汉族）

锅是铁打的，喇叭是铜铸的。（汉族）

黄铜再亮也不能称作金子。（汉族）

钢再贵，也比不过金子；头发再粗，也比不过大腿。（汉族）

隔手的金子，不如在手的铜，远水解不了近渴。（汉族）

西斜热，出炉铁。（汉族）

夏草是金，秋草是银。（汉族）

人民行动起来，铁铸的宝座也不稳。（汉族）

打出来的铁，炼出来的钢。（汉族）

七金、八银、九铜、十铁。（汉族）

金临安，银大理，铜茶陵，铁攸县也。（汉族）

石沙里面有金子，众人里面有圣人。（土族）

有十万包银子比不上有十万百姓。（白族）

群众中有智者，高山里有金银。（蒙古族）

黄金被土埋，永久不变色。（蒙古族）

宁要好桶里的黄铜，不要无底桶里黄金。（蒙古族）

白又白的，是母乳；黄又黄的，是金子。（蒙古族）

平民中有圣贤，沙子里有黄金。（藏族）

再好的钢和铁，也须千锤百炼。（藏族）

银子是白的，却能使人心变黑。（维吾尔族）

在手时是黄铜，出手时是黄金。（维吾尔族）

百万金银财宝，不能带进棺材。（佤族）

金银可以抛弃，朋友不可忘记。（傣族）

水打千斤石，难打四两铁。（哈萨克族）

说石硬，铁更硬，说我强，人更强。（彝族）

江里有金银，关键勤不勤。（赫哲族）

2. 其他矿物

有眼不识荆山玉，拿着顽石一样看。（汉族）

有眼不识金镶玉。(汉族)

千样玛瑙万样玉。(汉族)

谷熟不葬玉。(汉族)

金周村，银潍县，戴打的章丘。(汉族)

山上石多白玉少，地上人多君子稀。(汉族)

上集的烧酒，下集的醋，南阳的玉石，洛阳的笔。(汉族)

粗石之中有美玉之藏。(汉族)

玉碎不改白，竹焚不毁节。(汉族)

良玉不琢。(汉族)

山大石广无金玉。(汉族)

要得好，舍得珍珠换玛瑙。(汉族)

钻石虽小，能穿瓷器；麦垛虽大，压鼠不死。(汉族)

稷山枣，孤山梨，新绛莲菜河津煤。(汉族)

河曲多矿藏：黑红蓝白黄。(汉族)

辽宁彰武有三宝：硅砂、砩石、珍珠岩。(汉族)

玉碎不改白，竹焚不改节。(汉族)

松石越擦越有光彩，玉石越擦越发闪光。(蒙古族)

穷牧民是坚强的，水晶石是永恒的。(蒙古族)

木炭的黑灰露在外表，坏人的黑心藏在里头。(蒙古族)

用斧砍岩石，石块崩人脸。(蒙古族)

煤炭虽黑能炼铁，羊皮虽粗能防寒。(蒙古族)

珍珠越擦越光彩，玉石愈磨愈放光。(蒙古族)

玉石不经雕刻仍然是块石头。(维吾尔族)

山泉冲洗的玉石洁白，患难结下的友谊牢固。(维吾尔族)

树不修不成材，玉不琢不成器。(维吾尔族)

玉石在山谷里和石头一样，雕刻出来和美女一样。(维吾尔族)

大麦糜子是粮食，玛瑙珊瑚是石子。(维吾尔族)

白玉石块形状难辨认，一贵一贱却有天地之差。(达斡尔族)

玉石不经过雕刻不能成为器具，人要是不经过学习不能成为有学问的人。（达斡尔族）

宝玉出在山石里，智慧出在年轻人。（哈萨克族）

智慧出自青年，宝石出自山石中。（哈萨克族）

珍珠玛瑙虽珍贵，也没有友谊珍贵。（彝族）

3. 矿藏开采

煤客子埋了未死。（汉族）

河里淘金，一日三分。（汉族）

十日淘金九日空，一日做了十日工。（汉族）

千柴百炭四两灰。（汉族）

水经硫黄山，不烧自然洎。（汉族）

淘金的不如卖水的。（汉族）

玉不琢，不成器。（汉族）

淘沙见金。（汉族）

遍地出黄金，就怕不用心。（汉族）

错认黄金当废铜。（汉族）

万物土中生，地能出黄金，勤劳得金银。（汉族）

只有深山探宝，没有地上捡来的黄金。（汉族）

千锤百炼，始成钢。（汉族）

金矿好，银矿好，没有本事宝难找。（汉族）

黄金从矿石中提炼，幸福从艰苦中取得。（汉族）

人间地狱十八层，十八层下边是矿工。（汉族）

精诚所至，金石为开。（汉族）

金银铜铁利不薄，不开盐矿人难活。（汉族）

井上井下两重天，挖煤的是小鬼，掌柜的是判官。（汉族）

望子成龙天上虹，毛铁久炼变成钢。（侗族）

铁要成钢先进炉，人要出息先吃苦。（侗族）

金子和黄铜，试金石上分。（藏族）

把黄铜当成金子。（藏族）

辨别金铜要靠试金石，辨别真伪要靠大法庭。（藏族）

煤块用水冲洗，也不会变成白玉。（白族）

人是学而成人，铁石炼而成钢。（土族）

黄金要从沙里淘，骏马要从马群找。（柯尔克孜族）

守得紧，千日够用；放得松，一时挖空。（乌孜别克族）

矿藏不会从勤劳的勘探者足下跑掉，知识不会从用功的读书人眼下溜走。（壮族）

金子在地下，是汗水换来了它。（哈萨克族）

（四）气候气象

1. 风霜雨雪

腊八有霜，稻谷满仓。（河南）

一日西风三日晴，三日西风一月晴。（汉族）

大雨大灾，小雨小灾，不雨旱灾。（汉族）

西风是佛，北风强盗，东风是贼，南风是鬼。（汉族）

南风不过三，过三就阴天。（汉族）

天黑亮了山，一晴晴三天。（汉族）

大雪纷纷下，柴米油盐都涨价。（汉族）

春雨贵如油，春风狂似虎。（汉族）

独脚独手独根草，风霜雨雪抵不了。（汉族）

风大随风，雨大随雨。（汉族）

风不刮，树叶不动。（汉族）

不经霜冻不知寒冷。（汉族）

草怕寒霜霜怕日。（汉族）

蜻蜓蔽日，雨在即日。（汉族）

近照黄光，明日风狂；午后云遮，夜雨滂沱。（汉族）

风要刮不大，晚上一定下。（汉族）

初霜来得晚，冬天雪雨少。（汉族）

下雨先刮风，打雷先闪电。（傣族）

鸟儿找树枝，快到下雨时。（傣族）

天要刮大风，小鸟钻草丛。（傣族）

云向北行晴天至，云向南飞雨将到。（彝族）

春后有星则下雨，秋后有星则下霜。（彝族）

云雾弥漫要下雨，寒风劲吹要降霜。（蒙古族）

雨前变冷，雪前交暖。（蒙古族）

纸鸢经不住风吹，泥人架不住雨打。（蒙古族）

山顶没有雪，山下哪有霜。（藏族）

天上无云不下雨，地上无霜人不冷。（藏族）

蜻蜓会集会，不久将下雨。（壮族）

狼是羊群的敌人，霜是庄稼的敌人。（哈萨克族）

日晒要用云遮阴，雨露要用伞遮身。（瑶族）

乌云染不黑蓝莹莹的天空，冰雪压不弯直挺挺的金竹。（纳西族）

风再大山岭也不会摇晃。（鄂温克族）

大雪大风连几天，狂风暴雨一阵子。（达斡尔族）

十冬腊月的雪花，过了晴天无处找。（苗族）

2. 云电虹雷

南闪半年，北闪跟前。（江苏常熟）

东霍三年，北霍眼前。（江苏常州）

日出红云升，劝君莫远行。（江苏）

东南方向闪电晴，西北方向闪电雨。（湖北）

早晨棉絮云，午后必雨淋。（湖北）

早虹雨滴滴，晚虹晒破脸。（湖北）

云从东南来，下雨不过晌。（河南）

黑猪过河，大雨滂沱。（河南洛阳）

东背晴，西背雨。（河南焦作）

电光乱明，无雨天晴。（陕西）

东虹萝卜，西虹菜，起了南虹遭水灾。（陕西）

南闪晴，北闪雨。（广东）

东霍霍，西霍霍，明天转来干卜卜。（福建）

电光西南，明日炎炎。（浙江义乌）

天上钩钩云，地上雨淋淋。（上海）

早晨东云长，有雨不过晌。（甘肃）

东虹轰隆，西虹雨。（四川）

日落胭脂红，无雨也有风。（湖南）

东边日头西边雨，道是无晴却有晴。（河北唐山）

七月初一，一雷九台来。（汉族）

电闪雷轰惊不醒。（蒙古族）

彩虹黑夜不现。（蒙古族）

月亮有圈，有雷有雨。（藏族）

彩云不能做衣裳，彩虹不能驰骏马。（藏族）

天上有云丝，晴天便可知。（白族）

早上薄薄云，中午晒死人。（白族）

未雨先雷，船去步归。（白族）

初雷不响，天不明亮。（纳西族）

朝虹雨洒洒，晚虹晒裂瓦。（纳西族）

朝起红云不过午，夜起红云晒破土。（壮族）

东虹日头西虹雨，早烧有雨晚烧晴。（撒拉族）

人人都说云烟好，我却说莫力达瓦黄烟好。（达斡尔族）

干打雷的老天难降雨，空喊叫的女人难降子。（鄂伦春族）

光阴像闪电一样过去，这个身子哪儿能永久保存。（鄂温克族）

胸有凌云志，无高不可攀。（苗族）

雷公先唱歌，有雨也不多。（土家族）

火云不出屋，快收场上谷。（黎族）

雷声绕圈转，有雨不久远。（阿昌族）
先雷后雨，下雨不过瓢把水。（侗族）
先雷后酉，当不到一场露。（傣族）
春雷不发冬雷不藏，兵起国伤。（回族）
朝虹满江水，夜虹草头枯。（维吾尔族）
朝虹晚雨，晚虹晒烂牛栏柱。（锡伯族）

3. 雾霾露雹

雾大不见人，大胆洗衣裳。（江苏无锡）
迷雾毒日头。（江苏常州）
一夜白露一场霜。（江苏常州）
白露白迷迷，秋分稻秀齐。（江苏泰州）
早雾阴，晚雾晴。（江苏泰州）
白露节气勿露身，早晚要叮咛。（苏北）
清晨雾浓，一日天晴。（河北）
一雾三晴。（河北）
早起雾露，晌午晒破葫芦。（河北）
露水起青天。（河北）
十雾九晴。（河南）
不刮东风天不潮，不刮南风不下雹。（河南）
云中若有白云扫，雨中雹子必不小。（闽西）
白露砍高粱，寒露打完场。（福建）
白露身不露，秋后少游水。（福建）
白露下雨，路干即雨。（福建）
伏天早上凉飕飕，午后冰雹打破头。（吉林）
乌云西北风，冰雹必定凶。（山东）
白露白茫茫，无被不上床。（河南）
红云夹黄云，定有冰雹跟。（上海）
春日长，有三热三冷；人寿长，有三苦三乐。（内蒙古）

雾被温州，雨伞不用收；雾拢黄岩，雨伞不用带。（汉族）

雹前风头乱。（汉族）

雾罩上坡，懒人唱歌；雾罩下坡，晒死懒人。（土家族）

黑云起了烟，雹子在当天。（土家族）

冰雹临头，天气温和。（藏族）

冰雹走老路，年年旧道窜。（藏族）

阴天带伞，雾天晒被。（白族）

早雾晴，晚雾雨。（白族）

上山雾里钻，下山到潭边。（白族）

暴热黑云起，雹子要落地。（白族）

黑黄云滚翻，冰雹在眼前。（蒙古族）

黑黄云滚翻，将要下冰蛋。（蒙古族）

霜后暖，雪后寒。（蒙古族）

霜前冷，雪后寒。（蒙古族）

雹走（打）老路。（蒙古族）

雹打一条线，年年旧道串。（蒙古族）

西北恶云长，冰雹在后响。（壮族）

大雾不过三，过三阴雨天。（满族）

雾露在山腰，有雨今明朝。（瑶族）

久晴大雾阴，久雨大雾晴。（彝族）

落雪勿冷，融雪冷。（普米族）

雹子本地生，外来很稀松。（门巴族）

雹来顺风走，顶风就扭头。（门巴族）

冷子沿山走。（鄂伦春族）

冰雹走老路。（塔塔尔族）

雹打一条线。（水族）

4. 潮汐地震

一十两头空，潮满顶天中。（河北）

房倒树不倒，有树不用跑。（河北唐山）
二十一二三，潮水不上滩。（浙江绍兴）
初一十五早晚潮，天亮时候渤滔滔。（浙江温州）
初八二十三，涨落是一天。（浙江金华）
初七初八两头空，日头一出潮就动。（浙江）
初三大潮十八水，二十来个追命鬼。（浙江）
初九一十二十五，潮满正子午。（浙江）
小的闹，大的到，地震前兆要报告。（福建）
鸡也飞，狗也叫，老鼠机灵先跑掉。（福建）
地震没地震，抬头看吊灯。（上海）
电气异常，不能不防。（上海）
灯影一跑，大事不好。（陕西）
井水是个宝，前兆来得早。（陕西）
寒潮没有谱，只要大风厍。（江苏）
先听响，后地动，听到响声快行动。（安徽）
地光闪，八成险。（鄂北）
上下颠一颠，来回晃半天。（广西）
房子酥在颠劲上，倒在晃劲上。（内蒙古）
七月八月地如筛，九月十月潮上来。（汉族）
朔望潮汐大，上下雨弦无。（汉族）
发了潮，不发水。（汉族）
地动出羊毛，夫妻各自逃。（汉族）
明朝会，后天会，后天看潮会。（汉族）
咸物返潮，天将下雨。（回族）
牛马驴骡不进厩，猪不吃屎拱又闹。（回族）
大震发声沉，小震发声尖。（回族）
冰天雪地蛇出洞，冬眠动物夏苏早。（藏族）
园中虎豹不吃食，熊猫麋鹿惊怪嚎。（藏族）

上半月，潮赶月，下半月，月赶潮。（朝鲜族）

倾听大群定向飞，蜜蜂群迁跑光了。（朝鲜族）

青蛙蛤蟆细无声，鱼翻白肚水上跃。（朝鲜族）

月亮露头，海水东流。（朝鲜族）

一潮迟三刻，三潮迟到黑。（朝鲜族）

月亮响，潮水涨。（满族）

野鸡乱叫怪声啼，蝉儿下树不鸣叫。（满族）

羊儿不安惨声叫，兔子竖耳蹦又跳。（蒙古族）

鸡不进窝树上栖，鸽子惊飞不回巢。（白族）

洼地重，平地轻；沙地重，土地轻。（彝族）

老鼠成群忙搬家，黄鼠狼子结队跑。（赫哲族）

5. 洪水旱涝

十年九旱。（山西）

小麦旱个死，打过石榴子。（山西）

小沟通大沟，大沟通河流，旱涝不用愁。（内蒙古）

烟袋油稀溜溜，天旱也别愁。（内蒙古）

湮了白露旱三百天。（河北）

五月不下伏里旱。（河北唐山）

晚霞似火焰，干红主久旱。（河北唐山）

小暑不落雨，旱死大暑禾。（江西）

西虹无雨，旱在千里。（江西）

夏至雾茫茫，洪水淹山岗。（广西桂林）

天旱不误拔草，雨涝不误浇水。（青海）

天干的芝麻，雨涝的棉花。（甘肃）

淹了得一半，旱了干瞪眼。（宁夏）

淹不死的白菜，旱不死的葱。（北京）

头耧谷子怕旱，二耧谷子怕淹。（湖南）

夏至响雷六月旱，旱就旱，不旱沤烂。（广东）

挑沟挡堰，不怕涝旱。（四川）

夏冬风，燥烘烘，防旱要注重。（浙江）

细中耕除草，防病又防旱。（河南）

夏旱不算旱，秋旱连根烂。（陕西）

窝高天旱，窝低天涝。（上海）

洪水是没有牙齿的敌人。（柯尔克孜族）

山洪中没有浮萍，暴风雨中有山鹰。（柯尔克孜族）

高山挡不住太阳，砂石挡不住洪流。（柯尔克孜族）

洪水漫天终消退，冰雪盖地能化解。（维吾尔族）

好马飞跑土不大，人多唾水成涝地。（维吾尔族）

蚂蚁搬上高山，洪水将要到草原。（藏族）

旱地的沙蓬，类聚才能生长；草原的牧民，结邻才能生存。（藏族）

洪水未到先筑堤，豹狼未到先磨刀。（藏族）

益智爱山，怕涝耐旱。（苗族）

涝不死的黄瓜，旱不死的葱。（苗族）

太阳打伞，年情奇旱；太阳带环，不久下雨。（壮族）

日晕田中水，水旱井中干。（壮族）

勤过日子勤操家，水灾旱灾都不怕。（蒙古族）

种胶有三观：栽植，割胶与营养。（黎族）

河边树成排，不怕洪水来。（哈尼族）

堤坝筑坝，旱涝不怕。（回族）

涝助田，旱锄田。（哈萨克族）

水库是个宝，抗旱又防涝。（土家族）

积家好比针尖挑土，浪费犹如洪水推沙。（满族）

在洪水之前，先修好堤防。（门巴族）

干旱识好泉，艰难识好汉。（侗族）

岩石日久会风化，水溪遇旱会断流。（布朗族）

(五) 四季更替

1. 春夏秋冬

要想多打粮，秋天耕翻忙。(内蒙古)

庄稼要长好，一年四季早。(内蒙古)

要想牲口不春乏，秋天早把草贮下。(陕西)

庄稼要唱四季水。(陕西)

要想长好麦，春天锄一回。(陕西)

西风透雪，四季东风皆属水。(广东)

一雷压九台，无雷祸就来；春夏观山头，秋冬察海江。(广东潮汕)

养菊株，春不出，夏不入，秋不干，冬不湿。(河南)

羊喂盐，夏一两，冬五钱。(甘肃)

一日之计在于晨，一年之计在于春。(山西)

一日冬雪十日饭。(黑龙江)

一日秋工十日粮。(吉林)

秧多苗好看，秋收叫皇天。(浙江)

秧好一年春。(贵州)

开春杀一个，强过秋季杀一千。(宁夏)

雁过不留声，不知春秋四季。(青海)

屋檐水，点点滴，一年四季不差异。(四川)

雁来雪花飘，燕来春天到。(上海)

小农经济好比冬天草，西风一吹就枯倒。(江苏)

春游天台，秋游雁荡。(汉族)

雨下便寒晴便热，不论春夏与秋冬。(汉族)

春无三日晴，夏无三日雨。(汉族)

一燕不成春，一鹊不成冬。(哈萨克族)

春天夕阳回头笑，牧羊老人靴缀好；秋天夕阳回头笑，割田阿哥镰磨好。(彝族)

春天的辛勤劳动，秋天的丰收保证。（维吾尔族）

夏天的苦劳，冬天的粮食。（维吾尔族）

说一句良言寒冬心里暖，说一句恶语盛夏心结冰。（土族）

不到夏天不开花，媒人不到事不成。（土族）

炎夏说：牛粪还没落地，我就能把它烘干。寒冬说：牛粪还没落地，我就能将它冻结。（塔吉克族）

冬天准备上大车，夏天要准备好雪橇。（塔吉克族）

最平坦的路，对春天更亲。（蒙古族）

春天盛开的牡丹花，不如冬天的松柏长寿。（蒙古族）

春天种下秋天收，如今存下将来用。（蒙古族）

花开在夏天，人美在少年。（蒙古族）

愿做红一夏的红莲花，不做一时红的春吊花。（畲族）

柳树只在春夏绿，松柏才能四季青。（白族）

到寒冬，才知道皮袄的重要；到饥渴，才知道水饭的丰美。（达斡尔族）

千千万万匹瘦马，不如冬天的松柏。（侗族）

青草只是旺盛一夏，苍松可以四季长春。（鄂伦春族）

夏天不要坐木头，冬天不要坐石头。（回族）

有勤劳的儿子，土地会四季翠绿。（柯尔克孜族）

木棉开花迎春来，槟榔开花送春走。（黎族）

夏涝冬必害。（壮族）

2. 廿四节气

正月立春倒春寒。（陕西）

种棉谷雨前，棉花用不完。（陕西）

早早插秧产量高，谷雨立春压断腰。（云南）

正月惊蛰莫在前，二月惊蛰莫在后。（云南）

无时无候，未惊蛰种豆。（福建）

小满做南风，早稻好三分。（福建）

头年冬天冷,不到春分就下种。(湖南)

早禾不吃清明水,二禾不吃谷雨水。(湖南)

羊盼清明牛盼夏,人过芒种说大话。(山西太原)

小满花,不回家;谷雨花,满地抓。(山西)

要避立夏风,早种能早收。(晋南)

要得棉,谷雨前。(湖北)

要得苞谷收,谷雨前种河地,立夏前种半山,小满前种高山。(湖北)

小满前后种糜子,谷雨前后种谷子。(甘肃)

枣发芽,种棉花,谷雨前后把粪拉。(甘肃)

要吃新白面,立夏一日旱。(甘肃)

未到惊蛰先响雷,四十九日天不开。(江西)

未到惊蛰闻雷声,四十五日暗天门。(上海)

夏至冬至,日夜相距;春分秋分,日夜平分。(北京)

燕子来在谷雨后,沤麻坑里种黑豆。(辽宁)

栽树清明谷雨间,埋下一千活一千。(吉林)

要穿棉,棉花种在立夏前。(安徽)

冬月菜茎,小雪小行,大雪大行,冬至不行。(汉族)

立夏雨不下,犁耙高高挂。(壮族)

六月十三有雨,白露、秋分有雨。(壮族)

喜鹊窝门朝天开,一年四季无雨来。(回族)

立秋三天遍地红。(回族)

白露种高山,秋分种平川。(满族)

寒露种菜,霜降种麦。(满族)

四月立夏到小满,菠萝上市胡椒红。(黎族)

立冬之日起大雾,水田里可种萝卜。(黎族)

立春三日,百草萌生。(黎族)

立春一到,农人起跳。(黎族)

立夏插秧日比日,小满插秧时比时。(土家族)

立春天下雨,当年雨水足。(瑶族)

立秋有雨,来年有米。(白族)

谷雨卖青苗,饿肚在年底。(傣族)

清明种芋,谷雨种姜,情如高山,心比河宽。(侗族)

秋分早,立冬迟,霜降前后正当时。(畲族)

霜降配羊,清明分娩。(哈尼族)

参考文献

安志伟：《汉语俗语辞书的义类编排对谚语义类体系构建的启示》，《内蒙古大学学报》（哲学社会科学版）2018年第2期。

陈炳迢：《辞书编纂学概论》，复旦大学出版社1991年版。

归定康：《俄汉义类词典》，河北科学技术出版社1994年版。

过伟：《民间谚语学家朱介凡与〈中华谚语志〉》，《广西师院学报》1997年第3期。

禾木：《中华谚语词典》，上海人民出版社2004年版。

衡孝军、王成志：《等值翻译理论在汉英成语和谚语词典编纂中的应用》，《中国翻译》1995年第6期。

黄冬丽：《古谚释义辨正——以〈古谚语辞典〉为例》，《陕西理工大学学报》（社会科学版）2019年第1期。

姜信道：《韩中谚语惯用语词典》，黑龙江朝鲜民族出版社2005年版。

李蓓：《汉语谚语中的性别差异——基于〈汉语谚语词典〉的穷尽性考察》，《长春理工大学学报》2011年第4期。

李庆军：《谚语分类词典》，黄山出版社1991年版。

李树新、王冲：《汉、蒙、藏谚语与诚信文化》，《内蒙古大学学报》（哲学社会科学版）2015年第6期。

厉振仪：《常用谚语分类词典》，上海大学出版社2000年版。

林杏光：《简明汉语义类词典》，商务印书馆 1987 年版。

马国凡：《谚语》，内蒙古人民出版社 2003 年版。

苏新春：《现代汉语分类词典凡例》，商务印书馆 2013 年版。

王冲：《模因论视阈下中华多民族谚语的传承与嬗变》，《内蒙古社会科学》2020 年第 2 期。

王冲：《谚语义类词典的编纂理念与创新研究》，《内蒙古大学学报》（哲学社会科学版）2019 年第 5 期。

王冲：《中华多民族谚语义类体系构建研究》，《内蒙古社会科学》（汉文版）2018 年第 4 期。

王冲：《中华多民族谚语与构建人类命运共同体的碰撞与耦合》，《民族学刊》2021 年第 2 期。

王冲、杨晓彤：《〈中华多民族谚语义类辞典〉理论构建与实践探索》，《语文学刊》2019 年第 4 期。

王冲、杨晓彤：《基于中外义类辞书发展大背景下的谚语义类体系构建初探》，《内蒙古师范大学学报》（哲学社会科学版）2017 年第 6 期。

王冲、杨晓彤：《中华多民族谚语义类体系构建刍议》，《内蒙古大学学报》（哲学社会科学版）2018 年第 1 期。

王冬云：《谚语——民族文化与智慧的结晶》，《贵州文史丛刊》1995 年第 2 期。

王枫、孟宪超：《〈中华谚语志〉的地域性特征》，《内蒙古大学学报》（哲学社会科学版）2014 年第 4 期。

王枫、许晋、姜德军等：《蒙汉谚语比较研究》，内蒙古教育出版社 2013 年版。

王赓唐：《编写谚语词典的几个问题》，《辞书研究》1980 年第 4 期。

王海静：《刍议谚语辞书编纂中谚语的同义与近义问题》，《晋中学院学报》2014 年第 1 期。

王建莉：《蒙古风俗鉴谚语研究》，《内蒙古师范大学学报》（哲学社会科学版）2016 年第 1 期。

王建莉：《中华多民族谚语史研究的回顾与前瞻》，《内蒙古大学学报》（哲学社会科学版）2020 年第 4 期。

王勤：《谚语的民族性》，《湘潭大学学报》（哲学社会科学版）2001 年第 4 期。

王琼、王枫：《〈中华谚语志〉中的类比性谚语》，《广播电视大学学报》（哲学社会科学版）2013 年第 3 期。

温端政：《现代汉语谚语词典》，上海辞书出版社 2009 年版。

温端政：《谚语》，商务印书馆 2002 年版。

温端政：《中国俗语大辞典》，上海辞书出版社 1989 年版。

温端政：《中国谚语大全》，上海辞书出版社 2004 年版。

温端政、温朔彬：《语典编纂的理论与实践》，商务印书馆 2014 年版。

温端政、周荐：《二十世纪的汉语俗语研究》，书海出版社 2000 年版。

温朔彬：《俗语辞书编纂史》，上海辞书出版社 2014 年版。

武占坤：《中华谣谚研究》，河北大学出版社 2000 年版。

武占坤、马国凡：《汉语熟语大辞典》，河北教育出版社 1991 年版。

夏茂丽、杨超：《〈通用谚语词典〉指瑕》，《内江师范学院学报》2011 年第 9 期。

许晋、贾徐维：《数字化时代中华谚语整理的标准化问题》，《广播电视大学学报》（哲学社会科学版）2019 年第 3 期。

许晋、李树新：《20 世纪中国谚语搜集整理与出版》，《中国出版》2006 年第 18 期。

杨兴发：《汉语熟语词典》，四川辞书出版社 2005 年版。

远钟：《马建东教授主编大型辞书〈谚语辞海〉一书出版》，《天水师范学院学报》2017 年第 6 期。

张履祥：《试论汉语谚语词典的编纂》，《辞书研究》1989 年第 3 期。

钟运伟：《国内熟语类词典考察及编纂研究》，硕士学位论文，鲁东大学，2012 年。

周启付:《评〈汉语谚语词典〉》,《辞书研究》1983年第3期。

周祖谟:《〈汉语谚语词典〉序》,《语言教学与研究》1990年第2期。

朱介凡:《中华谚语志》,台湾商务印书馆1989年版。

朱月兰:《从〈中国谚语与格言英译辞典〉看汉语谚语英译辞典的编纂特色》,《文教资料》2018年第26期。

致　　谢

　　特别感谢杨晓彤对本书的付出。

　　感谢国家社科基金重大项目"中华谚语整理与研究"（项目编号：16ZDA178）对本研究的资助，尤其感谢首席专家李树新教授对我长期以来的信任和帮助。

　　感谢内蒙古大学一流学科建设经费对本书的资助。

　　感谢内蒙古自治区高等学校青年科技英才支持计划对本书的资助。

　　感谢中国社会科学出版社的郭晓鸿编审以及中国社会科学院语言研究所的王冬梅老师，帮助我顺利出版此书。